成像侦察系统原理

张凤晶 主编

哈尔滨工业大学出版社

内 容 简 介

本书在充分考虑航空摄影技术发展的基础上,着力突出航空特色,从航空成像概述及成像基础切入,以各类成像侦察系统的结构组成、工作原理等内容展开,注重理论与实际相结合,突出各类成像侦察系统的实际应用。本书主要介绍航空成像的基础知识和各类成像侦察系统。航空成像的基础知识包含电磁辐射原理、成像侦察的投影原理和诸元计算;成像侦察系统涵盖可见光成像系统、红外成像系统、光谱成像系统和合成孔径雷达成像系统,内容包括成像系统的发展、基本组成及各个分系统的工作原理。

本书可供图像情报分析、遥感科学与技术、通信与信息系统等专业的本科生、研究生使用,也可供相关技术人员参考。

图书在版编目(CIP)数据

成像侦察系统原理/张凤晶主编.—哈尔滨:哈尔滨工业大学出版社,2023.8
　ISBN 978－7－5767－1005－2

Ⅰ.①成… Ⅱ.①张… Ⅲ.①航空摄影－成像－侦察系统－研究 Ⅳ.①E87

中国国家版本馆 CIP 数据核字(2023)第 152318 号

策划编辑　王桂芝
责任编辑　周一瞳
出版发行　哈尔滨工业大学出版社
社　　址　哈尔滨市南岗区复华四道街 10 号　邮编 150006
传　　真　0451－86414749
网　　址　http://hitpress.hit.edu.cn
印　　刷　哈尔滨午阳印刷有限公司
开　　本　787 mm×1 092 mm　1/16　印张 13.75　字数 275 千字
版　　次　2023 年 8 月第 1 版　2023 年 8 月第 1 次印刷
书　　号　ISBN 978－7－5767－1005－2
定　　价　58.00 元

(如因印装质量问题影响阅读,我社负责调换)

前　言

近年来,随着侦察装备和科学技术的发展,航空成像侦察平台由有人机发展为无人机,航空成像侦察也从光化影像侦察载荷发展为数字影像侦察载荷,而且这些新型的数字影像侦察载荷在现代航空成像侦察体系中起着至关重要的作用。

本书充分考虑到航空成像侦察技术的发展,对内容进行重组更新,注重内容的全面性,内容涉及成像基础知识和各类成像系统原理,成像系统涵盖目前应用到空天成像侦察的各类侦察手段,从可见光、红外、多(高)光谱延伸到微波成像侦察。

本书在充分考虑航空摄影技术发展的基础上,着力突出航空特色,从航空成像概述及成像基础切入,以各类成像侦察系统的结构组成、工作原理等内容展开,注重理论与实际相结合,突出各类成像侦察系统的实际应用。

本书共分6章:第1章绪论,介绍成像侦察的分类与发展;第2章成像基础知识,主要介绍电磁辐射、成像侦察的投影原理和成像侦察诸元计算;第3章可见光成像系统,从可见光成像侦察系统的分类和组成入手,介绍可见光成像系统的光学系统、图像传感器、信号处理系统、曝光量控制系统、调焦控制系统、像移补偿系统及温度控制系统等几大系统的构造及工作原理;第4章红外成像系统,主要介绍红外成像系统的分类、组成,以及红外探测器与制冷器的种类和工作原理;第5章光谱成像系统,介绍光谱成像系统的分类、组成、分光原理及成像方式;第6章合成孔径雷达成像系统,主要介绍雷达成像基础知识、合成孔径雷达原理及SAR图像的信息特点。

本书由张凤晶担任主编,范秀英担任副主编,参加编写的还有王志强、谭海峰。具体编写分工如下:张凤晶负责第3、4章内容的编写;范秀英负责第2、6章内容的编写;王志强负责第5章内容的编写;谭海峰负责第1章内容的编写。本书由杨桄教授主审,其给本书的编写提供了宝贵的意见和建议。本书在编写过程中参阅了国内外专家学者的大量研究成果、教材及论文等相关资料,在此一并表示感谢。

本书既可以作为航空侦察专业课程的教学用书,也可以作为部队、院校相关专业人员学习的参考用书。限于编者水平,书中难免存在不足之处,敬请广大读者批评指正。

编　者

2023 年 6 月

目 录

第 1 章 绪论 ··· 1
   1.1 成像侦察的分类 ·· 1
   1.2 空天成像侦察的发展 ·· 8
   思考题 ·· 15

第 2 章 成像基础知识 ··· 16
   2.1 电磁辐射 ·· 16
   2.2 成像侦察的投影原理 ·· 31
   2.3 成像侦察诸元计算 ··· 46
   思考题 ·· 61

第 3 章 可见光成像系统 ··· 62
   3.1 概述 ·· 62
   3.2 光学系统 ·· 65
   3.3 图像传感器 ·· 75
   3.4 信号处理系统 ··· 95
   3.5 曝光量控制系统 ·· 100
   3.6 调焦控制系统 ··· 107
   3.7 像移补偿控制系统 ··· 111
   3.8 温度控制系统 ··· 123
   思考题 ·· 124

第 4 章 红外成像系统 ··· 126
   4.1 概述 ·· 126
   4.2 红外光学系统 ··· 133

4.3 红外探测器 ·· 139
4.4 制冷器 ·· 147
4.5 电信号处理系统 ·· 153
思考题 ·· 156

第5章 光谱成像系统 ·· 157
5.1 概述 ·· 157
5.2 光谱分光方式 ·· 162
5.3 成像光谱仪的成像方式 ···································· 169
思考题 ·· 179

第6章 合成孔径雷达成像系统 ·································· 180
6.1 雷达成像基础知识 ··· 180
6.2 合成孔径雷达原理 ··· 190
6.3 SAR图像的信息特点 ······································ 199
思考题 ·· 210

参考文献 ·· 211

第1章 绪 论

随着信息化、数字化的快速发展,空天成像侦察技术在现代战争中发挥的作用越来越重要。未来战场瞬息万变,实时掌握准确的情报是取得战争主动权的重要因素。在各种类型的情报中,图像情报以其信息丰富、形象直观、准确度高、时效性强等特点而尤其受到重视。近年来,各国均在大力发展各种先进的成像侦察装备,并开展相关的图像情报解译技术研究,以期提高战场感知能力,为军事行动提供强有力的情报保障。

1.1 成像侦察的分类

成像侦察是指利用运载工具上安装的侦察传感器来获取目标图像情报的侦察,它是技术侦察的手段之一。

1.1.1 从成像波段角度分

成像侦察按照所利用的电磁波段不同,分为可见光成像侦察、热红外成像侦察、光谱成像侦察和微波成像侦察。

1. 可见光成像侦察

可见光波段是成像侦察最早使用的波段,波长范围为 $0.38 \sim 0.76~\mu m$,侦察设备接收来自地物目标的电磁波能量,主要是目标和地物对太阳入射到其表面的电磁波反射。可见光成像侦察是目前侦察手段中分辨率最高的一种侦察手段,虽然它受大气能见度和目标伪装的影响较大,但其获得的照片较真实、清晰、易读,所以可见光成像侦察仍是现在成像侦察最主要的侦察手段。

2. 热红外成像侦察

热红外成像侦察是继可见光成像侦察之后发展起来的又一种光学遥感侦察手段,它可通过探测目标的红外辐射能量获取目标有关的信息,在夜间侦察和揭露伪装方面比可见光有更明显的优势。热红外成像侦察是记录目标自身发出热辐射所形成的影像,并且反映目标各部分温度差别的成像方法。热红外成像侦察不需要其他光源,能透过黑暗拍摄目标,具有一定的温度分辨能力,能将目标各部分之间或目标与背景之间的温度差别区分开来,对于判明目标的性质及其所处的状态具有特殊的效能。但遇到大的云层或下雨时,由于地面温度和目标温度降低扩散,温度变低,因此热红外成像侦察效果不佳。

3. 光谱成像侦察

光谱成像侦察按成像谱段的多少,可分为多光谱成像侦察、高光谱成像侦察和超光谱成像侦察。

(1) 多光谱成像侦察。

多光谱成像侦察是把入射的全波段或宽波段的光信号分成若干个窄波段的光束,然后把它们分别成像在相应的探测器上,从而获得不同光谱波段的图像。其原理是不同地物有不同的光谱特性,同一地物则具有相同的光谱特性。同一地物在不同波段的辐射能量有差异,使得不同波段的图像上有差别。根据多光谱成像技术的发展,多光谱成像侦察可以揭露处于绿色背景中,用伪装网、树枝等伪装的目标和用反红外线侦察涂料伪装的目标。通过对照片的分析,可以判明海岸线、浅滩、暗礁和水深等不同情况,为登陆部队提供登陆地区的情报资料。但多光谱成像不能拍摄没有光源照射的目标。

(2) 高光谱成像侦察。

高光谱成像侦察是利用成像光谱仪获得感兴趣的物体很窄(通常波段宽度<10 nm)、完整而连续的光谱数据。高光谱成像侦察始于成像光谱仪的研究计划,它的发展得益于卫星技术、传感器技术及计算机技术的高速发展。

成像光谱仪是在红外扫描仪和多光谱扫描仪等传统的成像技术及光谱分光技术、长线列和大面阵光电探测器基础上发展的。它最显著的特征是光谱分辨率大大提高。它可把可见光、红外光分解成几十个甚至几百个窄的波段,每一个波段均对同一采样点成像。随着波段越分越细,波段数越来越多,对采样点采集的光谱特征接近于连续。成像光谱仪把目标几何形状的图像和光谱特征综合为一体,几十个或几百个平面图像构成一个按光谱顺序排列的立体图。可以从任何一个波长位置看到这个窄波段的光谱图像,也可以从图像的任何一像元取出它的几十个或几百个光谱的数据,形成该像元的光谱特性曲线。由此可见,成像光谱仪得到的图像和光谱数据反映的地物特征信息极为丰富,它已成为研究地球表面物体的特征、识别其种类、分析其成分最有力的手段。

(3) 超光谱成像侦察。

现在光谱成像技术已经发展到超光谱时代,获取的图像数据通常超过1 000个谱段,光谱分辨率在1 nm以下。这类仪器通常用于大气探测等精细光谱探测方面,比较典型的有美国NASA研制的地球同步成像傅里叶变换光谱仪。

4. 微波成像侦察

微波的波长范围是1 mm~1 m,其波长比可见光、红外的波长都长得多,因此成像机理有很大的区别。微波成像侦察是通过获取地物发射或反射的微波辐射,经过图像分析解译来识别地物的。微波的特点是当遇到障碍物尤其是金属时,就会被反射回来,利用这一特性可以确定物体的方位、距离、大小和形状。微波成像侦察不易受云、雾、雨、雪等自然条件的影响,具有全天时、全天候工作的能力;有穿透地表植被和土壤成像侦察的能力;可以多波段、多模式、多极化、多视角、多平台成像;能远距离、大面积成像;能探测动目标。

1.1.2 从活动空间角度分

成像侦察按活动空间可分为航空成像侦察、航天成像侦察和临近空间成像侦察。临近空间的概念首先由美军提出,是指现有飞机的最高飞行高度与卫星的最低轨道高度之间。通常,临近空间定量描述为距地面 20~100 km 的高空区域,又称近空间、近地空间、亚轨道或空天过渡区,大致包括大气平流层区域(20~50 km)、中间大气层区域(50~85 km)和部分电离层区域(80~100 km),中国学术界说的"亚太空""超高空""高高空"也是指这一区域。低于 20 km 的空域通常称为"天空",是传统航空器的主要运行空间;高于 100 km 的空域就是平常所说的"太空",是航天器的运行空间。

1. 航空成像侦察

航空成像侦察按照不同的依据有不同的分类。

(1) 按侦察平台分。

航空成像侦察按侦察平台分,可分为有人驾驶飞机侦察、无人驾驶飞机侦察、气球侦察和飞艇侦察。

① 有人驾驶飞机侦察。

有人驾驶飞机侦察即由飞行人员驾驶固定翼飞机进行的侦察。有人驾驶侦察机侦察灵活机动,便于执行各种复杂的侦察任务,特别是对动态目标侦察时,可以通过驾驶飞机进行各种水平和垂直机动飞行,跟踪监视各种目标,因此是主要的侦察平台。

直升机也可以用于有人驾驶飞机侦察,即由专用的侦察直升机、多用途直升机或普通直升机执行侦察任务。随着直升机的快速发展,许多国家的武装力量,特别是陆军,编制越来越多的直升机。在军事大国的直升机部队中,专门编有侦察直升机分队,并占有相当大的比例。直升机由于适合低空飞行,便于高度、速度和位置机动,又可以安装多种侦察设备,因此非常适合对战场目标进行侦察,是陆军实施战术侦察的主要手段。

② 无人驾驶飞机侦察。

无人驾驶飞机侦察即由没有飞行人员驾驶而依靠无线电遥控或自备程序

控制的侦察飞机进行的侦察。这种侦察由于不能随机性机动或可以机动的范围受到较大限制,因此通常侦察飞行航线曲折较少。无人驾驶侦察机通常装有多种侦察设备和信息实时传输设备,不需要顾及飞行人员的生命安全,因此在军事实力强的国家使用的比例越来越高,在20世纪60年代和80～90年代出现了两次使用高潮。随着科学技术的发展,无人驾驶飞机侦察将是以后航空侦察的主要发展方向。

③ 气球侦察。

气球侦察即由气球挂载侦察设备进行的侦察。气球侦察开始了原始的空中照相侦察,这种侦察在飞机问世之前使用比较广泛,但由于可控性差、回收工作复杂,因此在飞机出现之后就逐渐减少,但其仍不失为一种侦察手段。

④ 飞艇侦察。

飞艇侦察是在气球侦察的基础上发展起来的,即由飞艇挂载侦察设备进行成像侦察的一种方法。在第一次世界大战中,德国曾用飞艇进行战略和战术成像侦察,由于飞机发展较快,加上飞艇在进行战术侦察时需要降低高度,危险性较大,因此使用飞艇完成侦察任务逐渐减少。但是,现代科学技术的发展使浮空器——飞艇获得了新生。安装有高功率发动机的飞艇,不仅载重量大,而且飞行速度快,采用新材料蒙皮和多气囊技术的飞艇,再也不惧怕炮火的攻击,即使在受到攻击后也能坚持数小时飞行,填充惰性气体则有效地减少了飞艇爆炸的危险。高能燃料、电池和太阳能利用技术的发展使得高空飞艇有可能获得更轻便的动力系统。当代先进科学技术使飞艇的研制可以突破以往技术和使用上的限制,促使人们对飞艇用于军事用途的方式和能力重新进行评价,并由此掀起了浮空器军事应用的一场新的革命。

(2) 按侦察高度分。

航空成像侦察按侦察高度分,可分为超高空侦察、高空侦察、中空侦察、低空侦察和超低空侦察。

① 超高空侦察。

超高空侦察是指航空器在高度15 km以上进行侦察。这个高度层通常进行成像侦察。由于超高空空气密度逐渐稀薄,飞机的操纵性、安定性变差,因此通常只有专门设计的超高空侦察飞机才可能在这个高度层进行长时间侦察飞行。当使用战斗机改装的侦察机进行超高空侦察时,由于飞行受气流影响较大,飞机的机动性能受到限制,容易偏离侦察航线,而偏离以后又难以用大坡度进行修正,因此超高空侦察应周密计算,准确操纵飞机。

② 高空侦察。

高空侦察是指航空器在高度7～15 km进行侦察。这个高度层也主要进行成像侦察。高空侦察,特别是 12 000 m 以上的侦察,有近似超高空侦察的特点,需要与超高空侦察一样严密组织、准确飞行。

③ 中空侦察。

中空侦察是指航空器在高度 1～7 km 进行侦察。这个高度层适合于进行目视、成像和电子等各种侦察,因此是侦察活动最频繁的高度层。特别是战术侦察机,安装的成像系统大都是中、短焦距的光学相机。

④ 低空侦察。

低空侦察是指航空器在高度 100～1 000 m 进行侦察。这个高度层多是目视侦察和安装短焦距的广角相机或扫描相机的飞机活动的高度。特别是对地面防空火力较强、面积不大的目标侦察时,为达成突然性,常需要在这个高度层以大速度进行照相侦察。

⑤ 超低空侦察。

超低空侦察是指航空器在高度 100 m 以下进行侦察。这个高度层不便于进行侦察活动,只是在使用小速度飞机需要对单个目标详细观察或装有低空相机的飞机快速通过目标等特殊情况下采用。就多数战术侦察机而言,为达成突然性,只是利用这个高度层进行突防,然后跃升到一定的高度进行侦察。

2.航天成像侦察

航天侦察作为国家战略侦察手段,已经成为国家威慑力量和军队战斗力的重要组成部分,成为世界各国竞相争夺的战略"制高点"。航天成像侦察与其他侦察手段相比具有以下突出特点:一是侦察速度快、覆盖范围广,可在短时间内侦察辽阔的地域;二是可对特定地区、特定目标实施长期、反复或定期、连续的侦察与监视;三是不受国界和地理条件的限制,使侦察合法化;四是提供的情报准确可靠,侦察效果好。航天成像侦察按不同的依据可以分为不同的类型。

(1)按侦察平台分。

航天成像侦察按侦察平台分,可分为卫星侦察、航天飞机侦察和飞船侦察。

① 卫星侦察。

卫星侦察是把卫星作为侦察平台的侦察方法,是航天成像侦察的主要侦察方式。卫星侦察不受领空的限制,可以快速获取大范围的战略战术图像情报,可以对战场实施监视,可以把空间获取的信息直接传给作战系统。卫星侦察的最主要的优点就是其侦察的覆盖能力非常强,包括空间覆盖、时间覆盖和频谱覆盖。空间覆盖包括侦察卫星沿轨道两边的覆盖宽度和地球南北极之间能覆盖的纬度范围;时间覆盖包括夜间侦察和恶劣气象条件下的侦察,即全天时全天候侦察;频谱覆盖包括可见光、红外和微波等谱段。

② 航天飞机侦察。

航天飞机侦察就是利用航天飞机作为侦察平台所实施的侦察。航天飞机是部分可重复使用的,往返于地面与近地轨道之间运送有效载荷并完成特定任务的空间飞行器。航天飞机有多种设计方案,现已研制成功的航天飞机是由轨道器、助推器、外燃箱三部分组成的,这种航天飞机垂直发射,由火箭运载入轨,入轨时助推火箭及燃料箱均抛掉,只有轨道器在轨道飞行,执行空间侦察,对地面目标进行监视、跟踪,可以对敌方弹道导弹发射和飞机进行预警,还可以用于部署、维修和回收各种侦察卫星,以及拦截摧毁或俘虏敌方卫星,执行完这些任务后再重返大气层并滑翔着陆,完成侦察任务。航天飞机成功研制是航天技术的重大突破,是人类航天历史上一项划时代的成就。然而,实际研制的航天飞机还没有达到预期的效果,还需要进一步的完善。

③ 飞船侦察。

飞船侦察是利用飞船的有效载荷进行成像侦察的侦察方法。飞船侦察的运行时间有限,仅能一次使用,可独立进行航天活动,也可以作为往返于地面与空间站之间的"渡船",还能与空间站或其他航天器在轨道上对接后进行联合飞行,可用于对特定目标的侦察与监视等。

(2) 按侦察信息回收方式分类。

航天成像侦察按侦察信息回收方式分,可分为返回式侦察和传输式侦察两种。

(3) 按分辨能力分。

航天成像侦察按侦察分辨能力分,可分为普查式侦察和详查式侦察两种。

① 普查式侦察。

普查式侦察的分辨率为 $3\sim 5$ m,一幅图像面积达几千到一两万平方公里,主要用于大面积监视目标地区的军事活动、战略目标和设施的特征,以及对危机地区和局部地区的战略侦察。

② 详查式侦察。

详查式侦察的分辨率优于 2 m,一幅图像可覆盖几十到几百平方公里,主要用于获取局部地区重要目标详细信息的战略和战术侦察。

普查式侦察与详查式侦察的主要区别在对侦察目标的分辨力程度上。普查式和详查式对地面分辨力的要求在国外有两种说法:一是根据有关资料报道,美国对 20 多种目标发现概率进行分析后,提出航天成像侦察的地面分辨力应具有四个等级,即 4.6 m、3 m、1.5 m 和 0.6 m,其中 $4.6\sim 3$ m 为普查式, $1.5\sim 0.6$ m 为详查式;二是由联合国建议的研究认为,为完成普查,要求地面分辨力为 $3\sim 5$ m,详查则要求地面分辨力为 $0.5\sim 2$ m。有关武器系统的技术分析要求优于1 m的地面分辨率。航天成像侦察自问世以来就在维护国家安全和局部战争中发挥着重要作用。有关统计表明,美国80%、苏联70%以上的战略情报来自航天侦察。从近几年的战争中可以看出,航天成像侦察在现代局部战争中的地位和作用日趋明显。

3.临近空间成像侦察

由于临近空间的大气密度稀薄,常规的飞行器无法到达这一高度,因此临近空间便成了相对独立的"真空"层。在临近空间这一高度,传统飞机遵循的空气动力学和卫星遵循的轨道动力学均难以适用,由于其空间环境独特,因此近太空飞行器与飞机和卫星相比具有得天独厚的发展优势,主要集中体现在三个方面:一是实现空、天、地领域间无缝衔接,临近空间的武器装备相对天基武器经济性佳,相对空基武器安全性好,相对地基武器作战半径大,部署在战场可以充分发挥各领域武器装备的优势,实现更高的效费比;二是具备良好的平台浮空环境,根据大气组成状况,临近空间属大气均质层,在此区域没有剧烈的气候变化,风速风向相对稳定,太阳能量充分,为平台的高空定点部署提供了理想的应用条件;三是具有极强的作战灵活性,没有空间轨道的束缚和躲避地面防空火力安全性的限制,临近空间平台相对能够更加深入敏感地区。

临近空间侦察平台是取得临近空间信息侦察能力的基础。临近空间侦察平台大致可以分为低速飞行器(马赫数<1.0)和高速飞行器(马赫数>1.0)两类。

(1)低速侦察平台。

低速临近空间侦察平台主要包括浮空气球、平流层飞艇和高空长航时无人机等。它们具有悬空时间长、载荷能力大、飞行高度高、生存能力强等特点,能够携带可见光、红外、多光谱和高光谱、雷达等信息获取载荷;可作为区域信息获取手段,用于提升战场信息感知能力,支援作战行动,又可携带各种电子对抗载荷,实现战场电磁压制和电磁打击,破坏敌方信息系统;可携带通信及其他能源中继载荷,用于野战应急通信、通信中继及能源中继服务。

① 浮空气球。

浮空气球是一款漂浮在临近空间的大气球。它具有较大的气囊,没有推进动力装置,里面可以充灌轻质气体。其优点是制作简单、成本不高、技术含量较低;缺点是易受风力影响,定点和机动性能较差,因此其军事用途相对有限。

② 平流层飞艇。

平流层飞艇是可以在临近空间飞行的飞行器。它有很大的气囊,里面充满了轻质气体,依靠螺旋桨的推力来克服空气的阻力,可以依靠太阳能来提供动力,能低速水平飞行,可定点悬停,机动性能较好。飞艇具有制造运行成本低、连续工作时间长、作战高度较适中、部署位置不受领空属权限制等特点,成为低速临近空间平台优先发展的对象。特别是作为信息载荷的承载平台,可以使信息载荷在覆盖范围、链路损耗、工作时间、机动能力等方面得到很大改善,投入应用后能够大大增加战场信息获取与传递能力,有效提升情报监视侦察(Intelligence Surveillance Reconnarssance,ISR)能力,特别是持久 ISR 能力,从而产生巨大的军事经济效益。

③ 高空长航时无人机。

高空长航时无人机是可以在临近空间执行飞行任务的无人飞机。其优点是体积小、耗能低、可快速机动,可执行边境巡航、情报搜集等军事任务,与侦察卫星的用途相似。

(2)高速侦察平台。

临近空间高速飞行器可分为超声速和高超声速飞行器,飞行高度涵盖20～100 km,一般以火箭或吸气式发动机为动力,主要包括超声速飞机和巡航导弹、高超声速巡航导弹、高超声速滑翔导弹及可重复使用的空天飞行器等。临近空间高速飞行器通过助推－滑翔或动力巡航/爬升方式实现临近空间内长时间高速机动飞行,携带战斗部、传感器或摄像机等打击、侦察设备,可执行监视、侦察、精确打击、战斗毁伤评估、空中无线中继和战略威慑等任务,未来还可实现空天往返。临近空间高速飞行器具有航速快、航距远、机动能力高、生存能力强、可适载荷种类多等特点,具有远程快速到达、高速精确打击、可重复使用、远程快速投送等优点,既可携带核弹头,替代弹道导弹实施战略威慑,又可选择携载远程精确弹药,作为"杀手锏"手段,攻击高价值或敏感目标,还可携带信息传感器,作为战略快速侦察手段,对全球重要目标实施快速侦察,不仅能显著加快战争节奏,实现快速全球打击,对现有的军事作战样式产生重要影响,而且在减灾防灾、反恐维稳等民用方面也具有广阔的发展空间。近年来,世界军事强国纷纷制定发展规划,在临近空间高速飞行器技术方面取得了较大突破。

1.2 空天成像侦察的发展

1.2.1 航空成像的发展

1911 年,俄国军官 V. F. 波特设计出第一种半自动胶片型航空专用相机,每个暗盒装有 10 m 长的胶卷,可拍摄 50 张 13 cm×18 cm 像幅的照片,除卷片是自动控制外,其他操作仍需手动进行。1912 年,蔡司公司也生产出带有握把和瞄准的手持式照相机,便于飞行员使用。第一部半自动航空照相机的基本组成部分是照相机本体和操纵器,操纵器用于远距离控制和检查照相机的工作状态,照相机与操纵器之间有电缆相连接。但是半自动的航空相机存在控制精度低、速度慢、故障率高等缺点,并且还只适用于处理模拟信号。1915年,英国空军开始装备实用型航空相机。1918年,美国柯达公司制造了第一种全自动K-1型航空相机,其快门可在时间间隔控制器作用下按规定时间自动曝光,有侦察任务管理系统,专门管理全部侦察器,还有数据传输卡来支持数字信号。

以胶片为载体的航空侦察相机从20世纪初即开始研制,经历了焦距从短到长、分辨力从低到高、载片量从少到多的发展过程。至20世纪80年代,许多国家的胶片型航空相机已经非常成熟,如Fairchild公司的KA-112全景式航空相机、芝加哥工业公司的KS-146画幅式航空相机等。胶片相机在技术上已很成熟,它具有以下优点:分辨率高;具备前向运动补偿和角位移补偿;性能可靠;覆盖范围大;相机系统全球适用,易处理和运行;完善的注记和测量系统;良好的定标和后勤支持(如冲洗、扩印)。但胶片相机的一个固有缺点是时效性较差,所拍摄的胶片必须送回地面进行后续处理,扫描成数字影像还需要更多时间,越来越不能满足现代高技术战争对战场侦察和作战评估的时效性要求,也不便于利用测绘数据建立地理信息系统。

由于航空侦察实时性的需求,因此传输型航空相机得到了极大的发展。自1970年美国贝尔实验室发布了电荷耦合器件(Charge-Coupled Device,CCD)的成像原理以来,固体成像传感器的发展迈入了一个新阶段。从20世纪80年代开始,发达国家着手研发CCD实时传输型相机。CCD航空相机按成像方式分为线阵和面阵两类。CCD相机的发展大致经历了三个发展阶段:美国Intel公司在1970年研制出第一代CCD相机,以多片CCD拼成线性阵列,随载机飞行方向向前推进,一行一行地扫描出地面目标的图像,扫描效果受飞行状态影响较大;第二代CCD相机引入了时间延时积分技术改善图像质量,但仍沿用推扫方式,不能像胶片相机那样获得分幅图像,而且线阵加大后会出现画面畸变;到1990年,随着制造技术的成熟,高像素的CCD面阵传感器开始投入应用,美国侦察光学公司将含有前移补偿技术的芯片结合到CCD面阵中,推出了第三代分幅式相机CA-260,可从空间一点对整个目标进行快速拍摄,几何精度高,并具有立体成像能力,还能有效消除飞行机动造成的位移模糊。目前,CA-260已经装备在F-16战斗机的模块化侦察吊舱内使用,适于远距离倾斜拍摄的CA-261、具备可见光和红外双波段拍摄能力的DB-110和CA-295等更先进的CCD相机也陆续面世。CA-261相机为中空可见光侦察相机,经多年研制试验,于1999年正式推出。它将CA-260相机的前移补偿与CA-236

的远距离倾斜摄影和稳定技术相结合,获得了更宽的覆盖率、更好的图像质量及战略使用性能。DB-110 航空相机是 Goodrich 公司在为 U-2 高空侦察机研制的千禧年(SYERS)系列相机的基础上发展而来的,它是中高空可见/红外双波段航空侦察相机,拍照高度为 10 000～80 000 ft(1 ft=304.8 mm),可昼/夜侦察拍摄,采用内部自稳定的稳像方式,在振荡剧烈的环境下工作仍可获得高分辨率的图像,具有大面积搜索、点目标捕获、目标跟踪和立体成像方式交错进行的能力。CA-295 是一种中高空长焦距斜视光电侦察相机,可以红外和可见光双波段同时或分别拍照,它代表了当前航空侦察相机领域的较高水准。在发展趋势上,CCD 相机一方面向多光谱甚至全光谱化扩展,提高了反伪装和反隐身能力;另一方面追求高灵敏度、多功能和微型化,以适应信息化作战的需要。

20 世纪 70 年代末,美国加州喷气推动实验室开始研究光谱成像技术,于 1983 年制成世界上第一台成像光谱仪 AIS-1。此后,先后研制的航空成像光谱仪有美国机载先进的可见光红外成像光谱仪(AVIRIS)、加拿大的荧光线成像光谱仪(FLI)和在此基础上发展的小型机载成像光谱仪(AIS)、美国 Deadalus 公司的 MIVIS 和 GER 公司的 79 波段机载成像光谱仪(DAIS-7915)、芬兰的机载多用成像光谱仪(DAISA)、德国的反射式成像光谱仪(ROSIS-10 和 ROSIS-22)、美国海军研究所实验室的超光谱数字图像采集试验仪(HYDICE)等。其中,AVIRIS 的影响最大,是一台有革命性意义的成像光谱仪,极大地推动了高光谱遥感技术和应用的发展。

20 世纪 80 年代中期以后,在红外行扫仪和多光谱扫描仪的基础上又研制出一种具有扫描成像和精细分光两种功能的新型多光谱/超光谱成像仪,可在多个光谱波段获取景物图像。

近年来,热红外成像光谱仪已经有了实质性的进展。最具有代表性的是美国宇航公司研制的空间增强宽带阵列光谱仪系统(Satally Enhanced Broadband Array Spectrograph System,SEBASS)。这是一台没有任何运动部件的固定成像仪,共有两个光谱区:中波红外,$3.0～5.5\ \mu m$,带宽 $0.025\ \mu m$;长波红外,$7.8～13.5\ \mu m$,带宽 $0.04\ \mu m$。它在中波红外区有 100 个波段,在长波红外区有 142 个波段,所使用的探测器为 2 块 128×128 的 Si:As 焦平面,有效帧速率为 120 Hz,温度灵敏度为 ±0.05 ℃,信噪比$>2\ 000$。热红外成像光谱仪为更好地反映地物的本质,提供了珍贵的数据源,已经被应用于环境监测、植被长势和胁迫监测、农林资源制图、地质填图及探矿等许多领域。

利用可见光、红外技术和光谱技术成像,可实现全天时侦察和多谱段侦察,但无法实现全天候侦察,因此发展了微波成像,利用微波的穿透能力实现对目标的全天时全天候侦察。

如今,将微波图像或雷达图像也称为合成孔径雷达(Synthetic Apecture Radar,SAR)图像。SAR 是在雷达基础上发展起来的一种探测技术,雷达主要是利用电磁波的散射进行目标探测和测距,在第二次世界大战期间发挥了重要作用。传统的雷达主要解决有无目标的问题,获得的信息主要是回波脉冲及回波的强弱,并无图像。20 世纪 50 年代,人们采用多普勒锐化技术,实现了雷达回波方位向的高分辨率成像,后来逐渐发展为 SAR。SAR 拓展了原始的雷达概念,使雷达具有对目标和区域进行成像和识别的能力,为人们提供越来越多的信息。

1951 年,Carl Wiley 首次利用雷达回波信号中的多普勒频移方法改善了雷达的方位向分辨率,这个技术标志着 SAR 的诞生。1953 年,伊利诺伊大学采用非聚焦方法使角度分辨率由 $4.13°$ 提高到 $0.4°$,并获得了第一张全聚焦 SAR 图像。1959 年秋,美国密西根大学研制成功世界上第一台机载 SAR 应用样机。经过近 20 年,美国于 1978 年 6 月发射了 Seasat 卫星,它是世界上第一颗装载 SAR 的卫星。继 Seasat 发射后不久,美国又开始研制高分辨率军事雷达卫星——Lacrosse,其地面分辨率 $\leqslant 1$ m。到 1997 年,Lacrosse 卫星系里共发射了三颗。在 Lacrosse 卫星研制的同时,美国另一项大型 SAR 研制计划是航天飞机成像雷达 SIR 系列。这个系列研制并发射了三个型号,即 SIR－A、SIR－B 和 SIR－C/X。其中,SIR－C/X 由 SIR－C 和 X－SAR 两部 SAR 构成:SIR－C 由 NASA 研制,具有 L、C 两频段 SAR;X－SAR 则由德国航空航天中心(Germany Aerospace Center,DLR)和意大利航天局(Italian Space Agency,ASI)联合研制,为 X 波段。近年来,星载 SAR 得到了快速发展,如 2006 年发射升空的日本 PALSAR、2007 年和 2008 年两年间发射的意大利 COSMO－SkyMed 系列 SAR、德国的 TerraSAR－X 系统及加拿大的 RadarSat－2 系统。

机载 SAR 系统是星载 SAR 系统的试验基础,具有灵活、低成本等优势,欧美等国家和地区的机载 SAR 系统都很发达。国外著名的机载 SAR 系统有 DLR 的 E－SAR、日本的 PISAR、美国的 AIRSAR、德国的 AeS－1 SAR 等。这些 SAR 系统能够实现多频、高空间分辨和干涉测量的组合模式,进而获取数据。

美国在机载 SAR 系统的研究方面一直处于领先地位,例如,ERIM 公司研制的 P3/SAR 装配在海军 P3 飞机上,其空间分辨率可达 0.33 m,有条带、聚束、分置相位中心天线(Displaced Phase Center Antenna,DPCA)和扫描等多种工作模式;Sandia 国家实验室研制的 Lynx SAR 有条带、聚束和地面动目标检测(Ground Moving Target Indication,GMTI)等多种工作模式,其空间分辨率可达 0.1 m,测绘带宽达 935 m。另外,联合侦察目标攻击雷达系统、无人机载 SAR 侦察系统等已用于实战。目前,发达国家的机载 SAR 空间分辨率已达到 0.1 m,具有获取地物目标的多极化、高程、速度信息,以及进行宽测绘带大面积观测及目标自动检测的能力。

由于不同地物对不同波段电磁波的反射特性不同,因此在可见光和红外相机以及双波段相机的基础上,现已研究了具有更强功能的多光谱、高光谱、超光谱航空相机。多光谱、高光谱、超光谱航空相机的基本成像原理是利用目标与背景杂波的固有光谱的差别,具有更好的反伪装、反隐身能力。美国计划将设计的第一种机载超光谱传感器系统安装在"捕食者"无人机和"先驱"无人机上,二代可见光超光谱传感器正处于研制的最后阶段,将构成未来无人机新型传感器的基础。此外,美国海军为 EP-3 飞机设计了具有远距离大范围探测能力的长波红外超光谱成像系统 HISTAR,并探索了 HISTAR 与 APY-6 SAR 的结合。

1.2.2 航天成像的发展

我国于 2002 年 3 月发射的神舟三号无人飞船中搭载了一个中分辨率的成像光谱仪(China Moderate Resolution Imaging Spectroradiometer,CMODIS)。CMODIS 有 34 个波段,波长范围在 $0.4 \sim 12.5~\mu m$。在我国即将发射的环境与减灾小卫星星座中,也包括一个 128 波段的高光谱遥感器。2007 年发射的"嫦娥一号"卫星搭载我国自行研制的干涉成像光谱仪来探测月球表面物质。2008 年发射的环境与减灾小卫星 HJ-1A 包括一台 128 个波段的高光谱成像仪。2008 年发射的"风云-3"气象卫星搭载的中分辨率成像光谱仪具有 20 个波段,成像范围包括可见光、近红外、中红外和热红外。

2013 年在酒泉卫星发射中心由长征二号运载火箭成功发射的"高分一号"卫星是一种高分辨率对地观测卫星(简称"高分卫星")。这是高分辨率对地观测系统国家科技重大专项的首发星,配置两台 2 m 分辨率全色/8 m 分辨率多光谱相机和四台 16 m 分辨率多光谱宽幅相机。

2014 年在太原卫星发射中心用长征四号乙运载火箭成功发射"高分二号"遥感卫星,卫星顺利进入预定轨道,空间分辨率优于 1 m,同时还具有高辐射精度、高定位精度和快速姿态机动能力等特点,标志着中国遥感卫星进入亚米级"高分时代",其主要用户是国土资源部、住建部、交通运输部和林业局。

美国的锁眼系列卫星是当前世界上最为先进的光学成像卫星,从 1960 年开始,共经历了 12 代的发展。KH-12 是其最新一代的产品,搭载了高分辨率可见光相机、多光谱成像设备、红外热成像仪等光学设备,具有普查和详查功能(在普查模式下分辨率为 3～5 m,在详查模式下分辨率可达 0.1 m)。而其相较于前代产品而言更为先进的地方在于采用了哈勃望远镜成像技术,在一定程度上克服了光学望远镜的最大缺陷——受大气影响较大,无法保障全天候侦察。

美国的长曲棍球系列卫星于 1988 年发射至今,有三颗卫星在轨工作,该系列卫星搭载 SAR、光学遥感器和大型抛物面可跟踪天线,可排除天气和光线影响,弥补锁眼等光学成像侦察卫星的不足,实现全天候的成像侦察,最高成像分辨率可达 0.3 m。

俄罗斯的角色系列卫星自 20 世纪末开始研制,至今已经发射三颗卫星,目前仍有两颗在轨工作,该卫星采用柯尔施式三镜消像散结构的光学系统,最高分辨率为 0.3 m,是俄罗斯当前分辨率最高的光学成像侦察卫星。俄罗斯的秃鹰系列卫星搭载三种 SAR 和 S 频段抛物面天线,在聚束、条带和扫描三种模式下,分辨率分别为 1 m、1～3 m 和 5～30 m,但该系列卫星工作状况并不稳定,发射至今出现多次故障。

法国的光学空间段系列卫星是欧洲发起的多国天基成像系统的重要组成部分,该系列共包括三颗光学成像侦察卫星,当前有一颗已经在轨工作,搭载了高分辨率可见光相机和红外热成像仪,分辨率可达到 0.35 m。

日本的情报搜集卫星系列卫星由四颗光学成像侦察卫星、四颗雷达成像侦察卫星及两颗数据中继卫星组成,其中光学成像侦察卫星最高分辨率可达 0.3 m。日本的 IGS 卫星星座运行在高度 500 km、倾角 97.3°的太阳同步圆轨道,分布于降交点地方时 10:30 和 13:30 的两个轨道面上。标准配置下,每个轨道面部署一颗 IGS－O 光学卫星和一颗 IGS－R 雷达卫星。四颗卫星组成星座时,重访周期小于 1 天。2015 年,日本为提高重访频率和时效性,决定增加 IGS 星座卫星数量,由原来的四颗增至八颗,并与两颗数据中继卫星配合使用。

IGS－O1 为第一代光学成像卫星,质量约为 850 kg,功率为 2～3 kW,采用三轴稳定控制方式,设计寿命 5 年,星上载有全色相机和多光谱相机,全色分辨率为 1 m,多光谱分辨率为 5 m,幅宽为 10～20 km。IGS－R1 为雷达成像卫星,质量约为 1 000 kg,功率为 3～4 kW,采用三轴稳定控制方式,设计寿命 5 年,星上载有 SAR,分辨率为 1～3 m,幅宽为 10 km。2007 年 3 月,IGS－R1 卫星在即将达到 5 年设计寿命时因电源故障而失效。

与 IGS－O1 卫星相比,第二代 IGS－O2 卫星成像速度有所提高。IGS－O3 卫星采用在 IGS－O3 试验星上经过验证的有效载荷和重新研制的卫星平台,平台姿态敏捷机动能力有所提高,全色分辨率由第一代的 1 m 提高到

0.6 m。IGS－O4 与 IGS－O3 卫星采用相同的系统设计,全色分辨率为0.6 m,IGS－O4 卫星的指向性能也有所提高。

目前已发射的第三代 IGS 卫星包括 IGS－O5 试验星、IGS－O5、IGS－O6、IGS－O7、IGS－R5 和 IGS－R6,共六颗卫星。IGS－O5 试验星属于第三代 IGS 卫星,用于验证第三代光学成像技术,与第二代光学卫星相比,其分辨率进一步提高到 0.4 m。IGS－O5 试验星设计寿命为 2 年。IGS－O5 和 IGS－O6 是第三代光学成像业务星,分辨率为 0.3 m,设计寿命 5 年。IGS－R5 和 IGS－R6 是第三代雷达成像业务星,分辨率为 0.5 m,设计寿命不详。2020 年发射的 IGS－O7 卫星是第三代光学成像业务星,分辨率为 0.3 m。

1.2.3 空天成像的发展趋势

由于成像侦察装备在现代信息化战争中发挥着越来越重要的作用,因此世界军事强国都很重视成像侦察技术的发展和应用。基于将太空域作为新型作战域的认识,各国持续提升军事航天装备能力,推动航天装备从信息支援转向作战应用,体系层面推动弹性化和防护能力发展,系统层面推动高性能和抗干扰能力发展,应用层面则推动向实战应用发展。

1. 高空间分辨率和高时间分辨率是成像侦察技术的长期发展目标

准确识别敏感军事地区的重点目标,要求成像侦察系统具有较高的空间分辨率;对全球热点区域实施持续监视,要求成像侦察系统具有较高的时间分辨率。从各国天基成像侦察技术现状和后续规划来看,进一步提高成像侦察卫星的空间分辨率和时间分辨率,大力发展具有全天时全天候侦察能力的 SAR 卫星、实现多颗不同类型侦察卫星的组网将是未来军用成像侦察卫星发展的主要方向。

2. 多平台多传感器组网融合与集成是情报侦察系统发展的重要内容

未来战争中,面对日趋复杂的战场环境和形式多样的情报保障需求,必须将部署在天基、空基和地基平台的多种成像传感器和非成像传感器综合组网,使不同平台、执行不同任务的多种侦察装备最优地连接起来,实现信息的快速获取、融合和分发,解决目前各信息系统条块分割、不便访问、一致性差等问题,极大地提高信息融合和集成能力,使情报侦察能力得到全面提升。已有多个国家将搭载多种成像侦察装备的多功能卫星和高分辨率侦察卫星星座列入其天基情报系统发展规划,主要军事强国都已建立起在轨运行的高分辨率多功能侦察卫星星座。与此同时,搭载高性能 SAR、高光谱、光电成像装备的高空长航时无人机、临近空间飞行器成为成像侦察卫星的重要补充手段。

3. 成像侦察技术领域的多国合作和资源共享机制将进一步加强

欧洲各国在天基成像侦察系统的建设上进行了广泛合作,拥有不同侦察卫星资源的国家进行能力共享,在较短的时间内为欧洲建立起独立于美国的天基情报侦察能力;日本更是依赖于同美国的密切合作,建立起了亚洲的综合情报侦察力量;韩国、印度成像侦察技术也是在多国合作的过程中逐步得以提高的。可以预见,成像侦察技术领域的多国合作和资源共享机制将进一步得以加强。

4. 向着大规模协同监测星座发展

在侦察监视领域,星座卫星将具备自主运行能力,具备星间通信链路以实现大容量数据高速传输。每颗卫星均搭载了高性能的计算机,单星为分布式计算节点,多节点构建网状网实现数据星上分布式计算能力,有望针对时敏目标产生火控级目标指示信息。此外,高分辨率光学成像卫星向轻小型化发展,光学卫星平台的稳定性、敏捷性不断提升,工作模式越来越多。SAR卫星领域正向着高分辨率、宽覆盖、双/多基地、多成像模式、小型化组网及高频重访等多个方向发展。

军事方面,主要仍以大型SAR卫星为主,骨干系统开始升级换代,侦察监视能力大幅提升。例如,德国"天基雷达侦察系统"雷达星座将利用编队飞行控制和干涉SAR技术,进一步提升地面动目标探测GMTI和数字高程模型测量能力。各国持续提高广域探测和敏捷成像能力,高分辨率宽幅成像、多模式SAR星座成为发展热点。正在研制高分辨率宽覆盖成像卫星,攻关数字波束形成技术,以克服传统SAR的限制,同时具备甚高分辨率和大幅宽,实现高精度广域探测。

思 考 题

1. 什么是成像侦察?
2. 成像侦察按照所利用的电磁波段不同,可分为哪几种?
3. 成像侦察活动空间可分为哪几种?
4. 简述成像侦察系统的发展趋势。

第 2 章　成像基础知识

任何地物目标都具有发射、反射和吸收电磁波的性质,空天成像就是利用地物反射或辐射不同波长的电磁波特性来探测地物目标的。空天成像的物理基础是物体的电磁辐射,电磁辐射是能量传播的一种形式,是空天成像的信息源。本章从电磁波谱入手,先介绍黑体辐射的基本定律和光辐射在大气中的传输,再介绍成像侦察的投影原理及诸元计算。

2.1　电磁辐射

2.1.1　电磁波与电磁辐射

1.电磁波

电场和磁场是物质存在的一种形式。通过传播电磁场的振动而传输电磁能量的波称为电磁波。电磁波是通过电场与磁场之间的相互联系和转化传播的,是物质运动能量传递的一种特殊形式,空间任一处只要存在着电磁场就存在着能量,变化的电场在它周围产生变化的磁场,变化的磁场在它周围感应出变化的电场。电磁振荡的传播如图 2-1 所示。

在电磁波里,电场强度矢量 *E* 与磁场强度矢量 *H* 是相互垂直的,并且垂直于电磁波的传播方向,所以电磁波是一种横波,如图 2-2 所示。

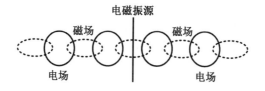

图 2-1　电磁振荡的传播

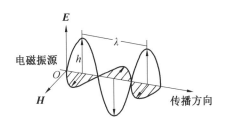

图 2-2 电磁波

在光波中,将 E 称为光矢量,E 的振动称为光振动,包含电场强度矢量 E 的平面称为偏振面。如果电场强度矢量 E 在一个固定的平面内沿一个固定方向振动,则称该电磁波是偏振的。对于自然光,由于光源中大量的分子或原子所发出的光及不规则的次序在所有可能的方向进行振动可以看作相等,因此自然光(如太阳光)是非偏振的。介于自然光与偏振光之间的光称为部分偏振光。偏振在微波遥感中又称"极化",它对微波雷达是非常重要的,不同极化方式得到的图像是不同的。若雷达波的偏振方向与地面平行或与雷达波束入射面垂直,则称为水平极化,用 H 表示;若雷达波的偏振方向与地面垂直或与雷达波束入射面平行,则称为垂直极化,用 V 表示。

2.电磁波谱

按电磁波在真空中的波长或频率,依顺序划分为波段,排列成谱,即电磁波谱,如图 2-3 所示。从电磁波谱图中可以看出,电磁波的波长范围非常宽,从波长最短的 γ 射线到波长最长的无线电波。电磁波谱区段的界线是渐变的,一般按产生电磁波的方法或测量电磁波的方法来划分。

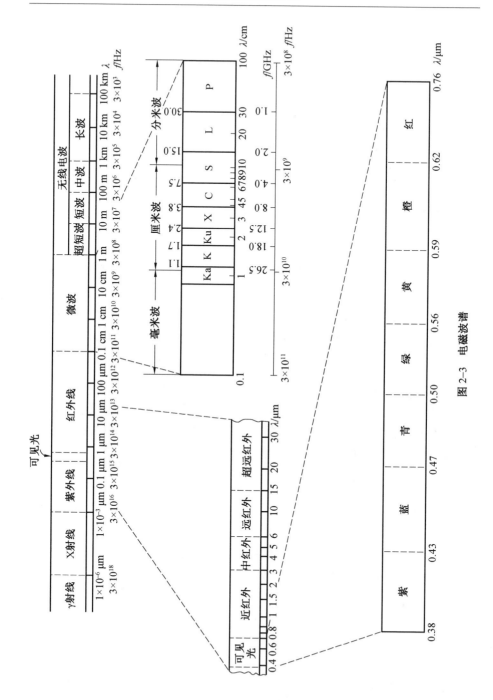

图 2-3 电磁波谱

整个电磁波谱中,不同类型的电磁波有不同的波长和不同的频率。通常认为各种电磁波具有一定的频率,在不同的介质中有不同的传播速度,此时认为改变的是电磁波的波长。正是由于电磁波间有着频率的差别,因此电磁波的产生及电磁波与物质的相互作用都有很大的差别。不同波长的电磁波谱既有共同特点,又有内部差异,各波段的特点如下。

(1) γ射线。

γ射线的波长小于 10^{-6} μm。由于 γ射线波长短、频率高,因此其具有很大的能量和很高的穿透能力。来自太阳辐射中的 γ射线完全被高空大气层吸收,因此不能用于遥感。但是来自放射性矿物的 γ射线可以被低空的传感器探测。

(2) X射线。

X射线波长范围为 $10^{-6} \sim 10^{-3}$ μm,能量也较大,穿透能力较强。X射线辐射在大气中会全部被吸收,因此不能用于遥感。

(3) 紫外线。

紫外线波长范围为 $10^{-3} \sim 3.8 \times 10^{-1}$ μm,它介于 X射线与可见光之间,一般靠近 X射线的部分称为超紫外线,近于可见光的部分称为近紫外线,而在这两者之间的部分称为远紫外线。高温物体能发射紫外线,太阳光本身也含有丰富的紫外线,但通过大气层时,波长小于 0.3 μm 的紫外线几乎完全被大气吸收,能达到地面的只有 0.3~0.4 μm 这一部分紫外线,而且能量也不大。这部分紫外线是人眼看不见的,但能使溴化银底片感光,通常把 0.3~0.4 μm 的波段称为摄影紫外波段,又称近紫外波段,可用此波段摄影或扫描获得目标物的影像。

(4) 可见光。

可见光波长范围为 0.38~0.76 μm,由分子外层电子跃迁产生,是电磁波中眼睛能观察到的唯一的狭窄波区。可见光能通过透镜聚焦,经过棱镜色散分成红、橙、黄、绿、青、蓝、紫等色光波段,人眼对它有着敏锐的感觉,不仅对可见光的全色光,而且对其不同波段的单色光都具有非常敏锐的分辨能力,所以可见光是人们鉴别物质特征的主要波段,它对视网膜的刺激使人产生了视觉,使人眼感觉到不同的颜色。波长最长的部分呈红色,波长最短的部分呈紫色,随着波长的变短,颜色按红、橙、黄、绿、青、蓝、紫变化。太阳辐射中的可见光能全部穿透大气层,不受大气的干扰到达地面。成像遥感所使用的电磁波谱段主要在可见光范围内。在遥感中主要是用它以光学摄影和光电扫描方式接收和记录目标物对可见光的反射光谱特征,从而达到识别目标物性质的目的。

(5) 红外线。

红外线介于可见光与微波之间,波长 λ 为 0.76~1 000 μm,由分子振动和转动产生,按波长不同,可分为近红外(0.76~3 μm)、中红外(3~6 μm)、远红外(6~15 μm)和超远红外(15~300 μm)。近红外是地球反射来自太阳的红外辐射,在性质上与可见光相似,所以又称光红外,其中0.76~1.4 μm 的辐射可以用摄影方式探测,所以又称摄影红外。中红外、远红外和超远红外是产生热感的原因,是物体发射的一种热辐射,所以又称热红外。自然界中任何物体不仅反射太阳辐射出来的红外线,而且当其处于绝对温度即 0 K(等同于-273 ℃)以上时,还自行向外发射红外线。因此,热红外遥感不仅在白天进行,而且在夜晚也能进行。另外,由于远红外波长较长,不易被大气散射,因此在大气能见度差甚至有薄雾时也能应用。红外波段是一个很有发展潜力的遥感波段。

(6)微波。

在电磁波谱中,一般规定波长 1 mm~1 m 范围内的电磁波为微波,由固体金属分子转动产生。微波还可以分为毫米波、厘米波和分米波。微波没有明显的衍射现象,碰到物体就反射回来。利用微波这个特性制成雷达,雷达发射微波并接收物体反射回来的微波,从而确定物体的方向、距离、大小、形状和性质等。微波受大气中云、雾的散射干扰很小,所以能够全天候和全天时地进行遥感。微波对某些物质如冰、雪、土壤、水体等有一定的穿透能力,可以利用微波探测地表以下一定深度的情况。但微波的辐射能量较小,对地物的分辨率较低,这是微波的最大缺点。在微波遥感中,所观测的电磁波的辐射源有被动和主动两种。在被动微波遥感中观测目标物的微波辐射;在主动微波遥感中观测目标物对雷达发射的微波信号的散射强度,即后向散射系数。

(7)无线电波。

无线电波不能用于遥感,因为它不能通过大气层。无线电波中的短波可被大气层中的电离层全部反射,而中波和长波被电离层吸收严重。因此,无线电波只能用于远距离通信或无线电广播。

电磁波谱中的高频波段,如宇宙射线到大部分紫外线,粒子性特征明显;低频波段,如大部分红外线、微波、无线电波,波动特征明显;处于中间波段的可见光和部分紫外线、红外线具有明显的波粒二象性。这些不同的电磁波从理论上讲都可以进行遥感。但是,由于技术的限制和其他干扰,因此目前遥感使用的主要波段为可见光、红外线和微波。

2.1.2 黑体辐射的基本定律

1. 绝对黑体

1860 年,基尔霍夫得出了好的吸收体也是好的辐射体这一定律。它说明了吸收热辐射能力强的物体，其热发射能力也强；吸收热辐射能力弱的物体，其热发射能力也弱。

自然界中的一切物体，只要温度高于绝对零度，都会产生不同程度的辐射。天体中的太阳就是一个极强的热辐射体，且辐射在 0.45～0.65 μm 波段有最大的平均功率分布。人体、地球也都是热辐射体，只因温度较低，故其最大辐射波长在远红外区的 9～10 μm 处。很多军事目标，如坦克的发动机和排气管、大炮射击时的炮管、舰艇的烟囱和废气、飞机及导弹的尾喷口和蒙皮等，都是强烈的红外辐射源，是红外成像系统探测的主要目标。千变万化的目标，其辐射特性有很大的差异。为方便研究，本书从绝对黑体的辐射特性讨论入手，通过与黑体辐射相比较及修正，获得其他辐射体的辐射特性。

如果一个物体对于任何波长的电磁辐射都全部吸收，则这个物体是绝对黑体。

一个不透明的物体对入射到它上面的电磁波只有吸收和反射作用，且此物体的光谱吸收率 $\alpha(\lambda,T)$ 与光谱反射率 $\rho(\lambda,T)$ 之和恒等于 1。实际上，对于一般物体而言，上述系数都与波长和温度有关，但绝对黑体的吸收率 $\alpha(\lambda,T) \equiv 1$，反射率 $\rho(\lambda,T) \equiv 0$；与之相反的绝对白体则能反射所有的入射光，即反射率 $\rho(\lambda,T) \equiv 1$，吸收率 $\alpha(\lambda,T) \equiv 0$，与温度和波长无关。

按照基尔霍夫定律，对于热平衡辐射来说，任何物体的发射本领与吸收本领之比为一普适函数，这就是黑体在同一温度下的发射本领。该定律说明吸收本领大的物体发射本领也大。各种物体中吸收本领最大的是绝对黑体，因此绝对黑体的发射本领也最大。

2. 黑体辐射方程

黑体处于绝对温度下时，对波长为 λ 的辐射出射度 W_λ 可用普朗克公式表示，即

$$W_\lambda = \frac{2\pi hc^2}{\lambda^5} \times \frac{1}{e^{ch/\lambda kT} - 1} \tag{2-1}$$

式中　W_λ——单色辐射通量密度，$W/(cm^2 \cdot \mu m)$；

　　　λ——波长，μm；

　　　h——普朗克常数，$6.625\,6 \times 10^{-34}$ J·s；

　　　c——光速，3×10^{10} cm/s；

　　　k——玻尔兹曼常数，1.38×10^{-23} J/K；

　　　T——绝对温度，K。

3. 其他黑体辐射定律

根据普朗克公式可以推导出多个实用定律的表达式。

(1)斯忒藩-玻尔兹曼定律。

斯忒藩-玻尔兹曼定律描述了黑体对全部波长的总辐射出射度 M 与其绝对温度之间的关系,即

$$M = \sigma T^4 \qquad (2-2)$$

式中　σ——斯忒藩-玻尔兹曼常数,$5.669\ 6 \times 10^{-8}\ \text{W}/(\text{m}^2 \cdot \text{K}^4)$。

(2)维恩位移定律。

维恩位移定律描述了黑体辐射最大波长 λ_m 与其绝对温度 T 之间的关系,即

$$\lambda_m T = 2\ 898 \qquad (2-3)$$

(3)最大波长辐射定律。

最大波长辐射定律描述了黑体在其最大辐射波长处的辐射出射度 M_{λ_m} 与其绝对温度 T 之间的关系,即

$$M_{\lambda_m} = B T^5 \qquad (2-4)$$

式中,$B = 1.286\ 7 \times 10^{-11}\ \text{W}/(\text{m}^2 \cdot \mu\text{m} \cdot \text{K}^5)$。

(4)其他辐射体。

自然界中并不存在理想的绝对黑体,但可根据对黑体吸收本领的要求制造出适于一定波长范围的实用黑体。按照基尔霍夫定律,非黑体的发射本领总小于同温度下黑体的发射本领。为描述这一差异,引入了辐射发射率的概念,简称发射率、比发射率或比辐射率,用 $\varepsilon_{\lambda,T}$ 表示,其定义式为

$$\varepsilon_{\lambda,T} = \frac{M_{\lambda,T}}{M_{0\lambda,T}} = \frac{e_{\lambda,T}}{e_{0\lambda,T}} \qquad (2-5)$$

式中,下标中带"0"的表示黑体的参量;不带"0"的表示非黑体的参量。

比辐射率是波长和温度的函数,由发射体材料的性质和表面状况决定,其值为 0~1。按照比辐射率的变化,辐射体可分为以下几类。

① 黑体,$\varepsilon_{\lambda,T} = 1$。

② 灰体,$\varepsilon_{\lambda,T} = \varepsilon_T < 1$,即与波长无关。

③ 选择体,$\varepsilon_{\lambda,T} < 1$,随波长和温度变化。

各种发射体的典型发射本领的光谱曲线如图 2-4 所示。可见,在非黑体辐射计算中,最重要的是知道待算物体的辐射发射率。

常用材料及地面覆盖物的辐射发

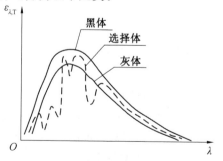

图 2-4　各种发射体的典型发射本领的光谱曲线

射率见表 2-1。

表 2-1 常用材料及地面覆盖物的辐射发射率

材料	温度/℃	$\varepsilon_{\lambda,T}$	材料	温度/℃	$\varepsilon_{\lambda,T}$
毛面铝	26	0.55	黄土	20	0.85
氧化的铁面	125~525	0.78~0.82	雪	-10	0.85
磨光的钢板	940~1 100	0.55~0.61	皮肤/人体	32	0.98
铁锈	500~1 200	0.85~0.95	水	0~100	0.95~0.96
无光泽黄铜板	50~350	0.22	毛面红砖	20	0.93
非常纯的水银	0~100	0.09~0.12	无光黑漆	40~95	0.96~0.98
混凝土	20	0.92	白色瓷漆	23	0.90
干的土壤	20	0.90	光滑玻璃	22	0.94
麦地	20	0.93	牧草	20	0.98
平滑的冰	20	0.92			

2.1.3 光辐射在大气中的传输

由辐射源发出的光辐射都需经过大气才能到达探测器,并为其所接收,而大气的吸收和散射将使辐射在传输中受到衰减。由于散射的作用,因此还会产生非信号的附加辐射,使对比度下降。可见,辐射的大气传输情况对成像系统的探测性能有着直接的影响。

1.指数衰减定律

对于均匀大气层,如组成均匀的水平路程中的大气,辐射通量传输中的衰减符合指数衰减定律,又称布格尔-朗伯定律,其表达式为

$$\Phi_\lambda = \Phi_{0\lambda} e^{-K_\lambda l} \tag{2-6}$$

式中 Φ_λ——通过大气层厚 l 后的单色辐射通量;

$\Phi_{0\lambda}$——入射大气的单色辐射通量;

K_λ——对波长 λ 的衰减系数。

辐射在大气中的衰减主要由吸收和散射造成,于是 K_λ 可分为两部分,即

$$K_\lambda = \alpha_\lambda + P_\lambda \tag{2-7}$$

式中 α_λ——吸收系数;

P_λ——散射系数。

α_λ 和 P_λ 都随波长变化,是波长的函数。

2.透明度与能见距离

大气透过性能常用透射比 τ 来表示,有

$$\tau = \frac{\Phi}{\Phi_0} = e^{-kl} \qquad (2-8)$$

式(2-8)可表示为某波长的情况,也可以是某波段的平均情况。

在气象学上,把可见光通过 1 km 水平路程大气的透射称为大气透明度 τ_0。在一定透明度条件下,人眼能发现以地平天空为背景的视角大于 30′ 的黑色目标物的最大距离称为能见度或能见距离 R_V,R_V 与 τ_0 的关系为

$$R_V = \frac{\ln(c_R/c_0)}{\ln \tau_0} \qquad (2-9)$$

式中 c_R——距离 R 处的表观对比度,对人眼观察极限对比度约为 0.02;

c_0——以地平天空为背景的目标物固有对比度,按气象学规定,$c_0 = 1$。

于是,大气透明度 τ_0 与能见度 R_V 及衰减系数 k 的关系可简化为

$$R_V = \frac{-3.912}{\ln \tau_0} = \frac{3.912}{k} \qquad (2-10)$$

或

$$k = 3.912/R_V$$

不同大气状态下的透明度和能见距离见表 2-2。

表 2-2 不同大气状态下的透明度和能见距离

大气状态	透明度	能见距离/km
绝对透明	0.99	400
透明度特别高	0.97	200
很透明	0.96	100
良好透明度	0.92	50
中等透明度	0.81	20
空气少许浑浊	0.66	10
空气浑浊(霾)	0.36	4
空气很浑浊(浓霾)	0.12	2
薄雾	0.015	1
雾	$2 \times 10^{-4} \sim 8 \times 10^{-10}$	$0.5 \sim 0.2$
浓雾	$10^{-9} \sim 10^{-34}$	$0.2 \sim 0.05$

3. 大气散射

大气中气体分子的热运动使其光学折射率不均匀,大气中的悬浮粒子使大气浑浊,由此造成了大气对辐射的散射。表征大气散射能力常用散射系数 P_λ 和 P 表示,单位为 cm^{-1}。

散射系数与大气中散射粒子的特性、数量、大小和入射辐射波长有关。按辐射波长和散射粒子大小的不同,散射可分为三类:瑞利散射或分子散射、衍射散射或迈散射、几何散射或无选择性散射。

(1)瑞利散射或分子散射。

当散射粒子半径 r 远小于辐射波长 λ 时,散射服从瑞利散射规律,其散射系数为

$$P_\lambda = \frac{32\pi^3(n-1)}{3N\lambda^4} \tag{2-11}$$

式中　n——散射粒子的折射率;

N——单位体积中散射粒子的数目。

由于 $P_\lambda \propto \lambda^{-14}$,所以当 $\lambda > 1~\mu m$ 时,瑞利散射可以忽略。

瑞利散射的散射辐射强度 I_P 与散射方向角 φ(辐射入射方向 $\varphi=0$)有如下关系

$$I_P \propto 1 + \cos^2\varphi \tag{2-12}$$

可见,沿入射辐射的正反两方向上的散射强度最大。

(2)衍射散射或迈散射。

当散射粒子半径与辐射波长相当时,散射服从迈散射规律,它主要由气溶胶引起,其散射系数表示为

$$P_\lambda = 2\pi N r^2 K(\alpha) \tag{2-13}$$
$$\alpha = 2\pi r/\lambda$$

式中,$K(\alpha)$ 是 α 的复杂函数。图 2-5 所示是 $n=1.33$ 的水滴的衍射散射 $K(\alpha)$ 与 α 的关系,曲线在 $\alpha=6.2$ 处 $K(\alpha)$ 有一极大值,恰表明水滴半径等于波长时,产生最大的散射。

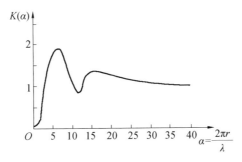

图 2-5　水滴的衍射散射 $K(\alpha)$ 与 α 的关系

通常认为当 $2\pi r/\lambda < 1$ 时为瑞利散射,当 $2\pi r/\lambda \geqslant 2$ 时为迈散射,当 $2\pi r/\lambda > 20$ 时为无选择性散射。

由于大气中云雾等不少悬浮粒子的直径约为 $0.76 \sim 14~\mu m$,因此迈散射严

重,在有雾的情况下 3~5 μm 中红外窗口不会有高的透射比。

(3)几何散射或无选择性散射。

当散射粒子半径远大于辐射波长时,粒子对入射辐射的反射、折射占主要地位。这种无规则的折、反射在宏观上形成与波长无关的无选择性散射,其散射系数与单位体积内粒子的个数 N 和粒子的半径 r_i 有关,即

$$P = \pi \sum_{i=1}^{N} r_i^2 \qquad (2-14)$$

可见,散射系数 P 实际上只与单位体积中粒子的总截面积有关。

大气的衰减由吸收和散射两部分组成,对其进行准确的计算是非常不容易的。为此,国内外研究大气特性的专门部门研制了有关大气特性的模型和计算软件,国际上较权威的是美国 Lortron 大气计算系列。

4. 大气吸收

除大气散射外,电磁辐射能穿过大气层时,还受到大气分子的吸收作用,使其能量衰减。大气中的主要吸收气体是水蒸气、臭氧和二氧化碳,大气吸收谱如图 2-6 所示。

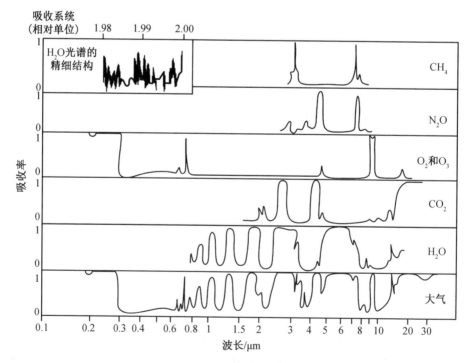

图 2-6 大气吸收谱

臭氧吸收带主要在 $0.3~\mu m$ 以下的短波区域。此外,在远红外波段 $9.6~\mu m$

附近也有一个较强吸收。二氧化碳吸收带主要发生在近—远红外波段,在 2.7 μm、4.3 μm、14.5 μm 附近都有较强吸收。水蒸气的吸收带主要集中在红外和热红外波段,在 2.5～3.0 μm 和 5.5～7 μm 等处形成多个吸收带,对微波也有强烈的吸收。此外,氧气、甲烷、一氧化碳、氨气、硫化氢等也有一些吸收作用,除个别特征波段外吸收率都很低,一般可忽略不计。

各吸收带间存在着吸收很小的区域,相应波长辐射的"透明度"很高。通常把电磁波通过大气时较少被反射、吸收或散射的透过率较高的波谱段称为大气透射窗口,简称大气窗口,其示意图如图 2-7 所示。只有有效地利用这些窗口波段,才能使成像系统有效地工作。

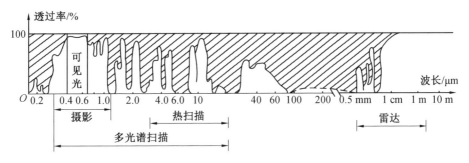

图 2-7 大气窗口示意图

从图 2-7 中可以看出,大致可以分为以下几个大气透射窗口。

①0.32～0.38 μm 大气窗口,属于紫外波段窗口。

②0.4～0.76 μm 大气窗口,属于可见光波段窗口,摄影方式的传感器成像波段。

③0.76～1.1 μm 大气窗口,属于近红外波段窗口。

④1.1～2.5 μm 大气窗口,属于近红外波段反射光谱的范畴,但不能用胶卷感光。

⑤3.5～4.2 μm 大气窗口,属于中红外波段,是物体热辐射波段,能用扫描方式成像。

⑥8～14 μm 大气窗口,属于远红外波段,是物体的热辐射光谱,工作在这个波段的红外扫描仪可以昼夜成像。

⑦1.0 mm～1 m 大气窗口,处于微波波段,微波穿透能力强,可以全天时、全天候观测。

大气吸收引起的辐射量衰减符合指数衰减定律

$$\Phi = \Phi_0 e^{-al} \tag{2-15}$$

和

$$\tau_a = e^{-al}$$

由于式中 Φ_0 和 a 都是波长的函数,因此通常在计算时采用窄波段求平均值,然后按要求波段实行累加的办法。

在不同高度处,由于大气压力和温度不同,因此辐射透射比也有较大的变化,通常高度越高,大气压力越小,温度越低,而透射比却越大。其中,主要影响因素是大气压。因此,在不同高度计算辐射透射比时要对大气压力的变化进行简单的修正。

设高度 h 上的水平路程为 d,大气压力为 P,海平面大气压力为 P_0,则等海平面路程长度 d_0 可表示为

$$d_0 = d \left(\frac{P}{P_0} \right)^x \tag{2-16}$$

式中　x——常数,对于水蒸气 $x=0.5$,对于二氧化碳 $x=1.5$。

斜路径的大气透射比计算比水平情况要复杂得多。一个粗糙近似的方法是把斜路径分成 n 段,对每段的中点做上述高度修正,求出每段的等效水平路径,然后把 n 段作用积累起来,得到整个斜路径的透射比。

2.1.4　地物的波谱反射特性

太阳的电磁辐射能量经过大气的吸收和散射到达地球表面,入射到地球表面的电磁波与物体之间发生三种作用——反射、吸收和透射。

图 2-8 所示为入射到单位体积的水体单位面积上的辐射能。应用能量守恒原理,可以将它们的关系表述为

$$E_i(\lambda) = E_\rho(\lambda) + E_\alpha(\lambda) + E_\tau(\lambda) \tag{2-17}$$

式中　$E_i(\lambda)$——入射能;

　　　$E_\rho(\lambda)$——反射能;

　　　$E_\alpha(\lambda)$——吸收能;

　　　$E_\tau(\lambda)$——透射能。

它们均是波长的函数。

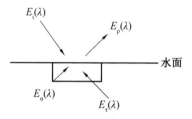

图 2-8　入射到单位体积的水体单位面积上的辐射能

能量反射、吸收和透射的比例及每个过程的性质对于不同的地表特征是变化的。这种变化一方面依赖于地表的性质与状态,如物质的组成、几何特征、光照角等,可以根据这些差异在图像上识别不同特征的地物;另一方面依赖于波长,不同波长表现出不同特征的相互作用过程。因此,在某个波长范围内不识别的两个物体,可能在另一个波长范围内易于识别。

在反射、吸收和透射物理性质中,使用最普遍、最常用的仍是反射这一性质。

1.物体反射的类型

同一照度的电磁波辐射到物体表面时,从某一方向观测到的反射能量随入射方向、物体表面状况、观测方向的变化而不同。一般物体的反射可以分为以下三种情况(图2-9)。

(1)镜面反射。

镜面反射是在平滑物体表面发生的,满足反射定律。入射波和反射波在同一平面内,入射角与反射角相等,如图2-9(a)所示。当镜面反射时,只有在反射波射出的方向上才能探测到电磁波,而其他方向则探测不到。对可见光而言,其他方向上都应该是黑的。自然界中,真正的镜面反射很少,非常平静的水面可以近似认为是镜面。

(2)漫反射。

当物体表面具有一定的粗糙度时,无论入射方向如何,虽然反射率与镜面反射一样,但反射方向却是各个方向都有,如图2-9(b)所示。因此,从某一方向看反射面,其亮度一定小于镜面反射的亮度。理想的漫反射面为朗伯面,漫反射又称朗伯反射,即当入射辐照度一定时,从任何角度观察反射面,其反射亮度是一个常数。

(3)方向反射。

大多数的物体产生的既不是镜面反射,也不是漫反射。由于地形起伏和地面结构的复杂性,因此往往在某些方向上反射最强烈,这种反射称为方向反射,如图2-9(c)所示。发生方向反射时,在不同的观测方向看到地物的亮度是不一样的,所接收到的反射能量也是不一样的。

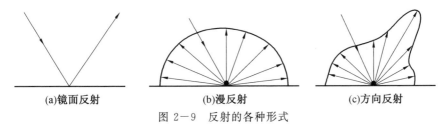

图 2-9 反射的各种形式

地物表面产生这三种反射形式主要与地物表面的光滑程度有关。通常地物表面分成光滑和粗糙两大类。地物表面的粗糙程度是相对入射电磁波的波长 λ 和入射角 θ 而言的,当地物表面光滑时,入射到其表面的电磁波产生镜面反射,否则会产生漫反射或方向反射。

2. 反射率和反射波谱

(1) 反射率。

反射率为物体的反射辐射通量与入射通量之比,即

$$\rho = \frac{\Phi_\rho}{\Phi} \tag{2-18}$$

这是理想的漫反射,是指在整个电磁波波长范围的平均反射率。实际上由于物体的固有结构特点,因此对不同波长的电磁波是有选择性反射的。反射率的范围总是 $\rho \leqslant 1$。

(2) 反射波谱。

物体的反射波谱是指物体反射率随波长的变化规律,通常用平面坐标曲线表示,横坐标表示波长,纵坐标表示反射率。各种物体由于其结构和成分不同,因此发射光谱特性是不同的。几种物质的反射波谱曲线如图 2-10 所示。

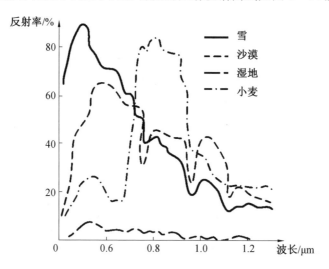

图 2-10 几种物质的反射波谱曲线

从图中曲线可以看出,雪的反射光谱与太阳光谱最相似,在蓝光 0.47 μm 附近有一个峰值,随着波长增加,反射率逐渐降低;沙漠的反射率在橙光 0.6 μm 附近为峰值,但在长波长范围内比雪的反射率强,看起来呈黄色;湿地在图中的波长范围均较弱,色调发暗灰;小麦叶子的反射光谱与太阳光谱有很大的差别,

在绿光波长处有一个反射峰值,而在红外部分 0.7~0.9 μm 附近有一个强峰值。

同类物体反射光谱特性曲线形状相似,在某些波长处光谱反射率很接近,甚至一样,但在另一些波长处差别很大。四种同类物体的反射光谱特性曲线如图 2—11 所示。同一物体的波谱曲线反映出不同反射率,将此与遥感传感器对应波段接收的辐射数据相对照,可以得到遥感数据与对应物体的识别规律。

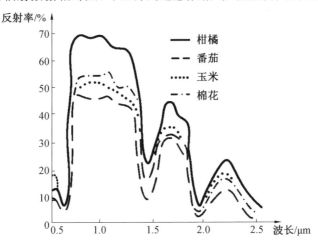

图 2—11　四种同类物体的反射光谱特性曲线

2.2　成像侦察的投影原理

成像侦察的投影原理是研究地面物体在空中图像上的投影规律的,它是成像侦察诸元计算和图像判读的理论基础。要了解成像侦察的投影规律,也必须懂得它的投影情形、投影性质,以及它在投影时与有关诸元的关联关系。

2.2.1　成像侦察的投影特性

1.投影

投影的现象在日常生活中经常可以看到,例如:晚上把手放在白炽灯与墙壁之间,在墙壁上就会出现手的影子;飞机停放在停机坪上,在阳光的照射下,地面上就会出现飞机的影子等。可见,投影就是用一组光线(投影线)将物体的形象投射到一个平面(投影面)上。因此,用投影的方法就能把空间某一物体的形状、大小和各部分的相关位置在平面(或图纸)上表现出来。

投影的方法有很多,不同的方法有不同的投影结果,常见的投影有垂直投影和中心投影。

(1)垂直投影。

物体的投影线平行而垂直地投射到投影面上,获得物体平面影像的投影称为垂直投影,其示意图如图2—12所示。

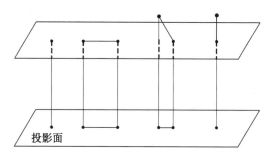

图2—12 垂直投影示意图

垂直投影具有如下投影规律:被投影物体的各点,在投影面上仍显现成点;水平直线显现成等长的直线;倾斜的直线显现成比原来短的直线;若是垂直的直线,则所投的影像就成为一点。例如,通常使用的地形图就是地形的垂直投影。

(2)中心投影。

中心投影是由一组可会聚于一点或其延长线可会聚于一点的光线通过物体后与某平面相交而获得的透视影像。例如,用白炽灯照射物体时投射在墙壁上的影子(图2—13(a))、针孔成像所呈现的景物影像(图2—13(b))、在写生画中为将景物缩小而构成的假想图景(图2—13(c))等,所有这些投影都是中心投影。

在上述投影图中,A、B表示空间的物点,a、b表示像点,P为投影面,光线通过的共同点S(如白炽灯、针孔、眼睛等)称为投影中心,投影中心与物点的连线SA、SB就是投影线。在中心投影时,任何一对相应点的投影中心一定位于同一条直线上,称为三点共线。相应的点称为共轭点,即相应点为共轭关系。

在中心投影中,投影面、投影中心和物体三者之间的关系位置可以任意改变,投影面既可以在物体或投影中心的一侧(图2—13(a)、(b)),也可以在物体与投影中心之间(图2—13(c))。这三种情况都符合中心投影的规则,所以它们投射在投影面上的几何形象都一样。但是投影面的关系位置不同时,影像和物体各部分的相关位置也会不同。图2—13(a)、(c)的投影面所得到的影像,其部位与实际物体完全一致,而在图2—13(b)中所得的影像则与实际物体相反。前者投影面所处的位置称为正位,后者投影面所处的位置称为负位。

比较上述两种投影可知,同样一个物体的垂直投影和中心投影结果是不同的。垂直投影的影像为物体的顶部平面形象,各像点间的距离与相应物点间的

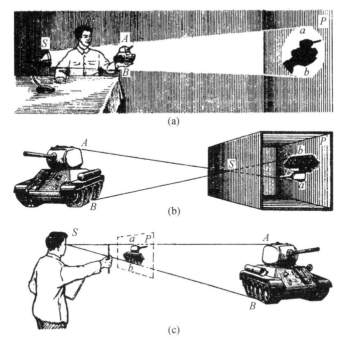

图 2-13 中心投影的三种情况

水平距离完全一致,与物体的高低起伏和投影距离无关。中心投影却不同,它所获得的影像为物体的透视像,像点间的距离随着物体高低起伏和投影距离的不同而变化。垂直投影与中心投影的比较如图 2-14 所示,由图中的两个水塔投影可以看出,在垂直投影中,两个水塔的距离与实际物体是一致的,而在中心投影中,塔顶的距离与塔底的距离就有差别。

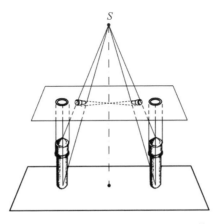

图 2-14 垂直投影与中心投影的比较

2. 成像侦察的影像是地面的中心投影

由物体在无限远成像的原理可知,航空航天成像侦察的影像可用物体各点的中心光线(通过光学系统两个主点的光线)与像面的交点来表示,航空成像侦察物点投影图如图2-15所示。从图中可以看出,航空航天成像侦察投影与中心投影的差别是:航空航天成像侦察的投影中心不是一个点,而是光学系统的两个主点(S_1、S_2);每一物点的投影线也不是一条直线,而是两段互相平行的直线。

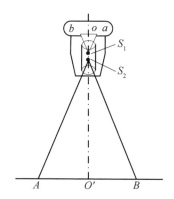

图 2-15 航空成像侦察物点投影图

成像侦察的投影与中心光线虽然存在差别,但投影性质却完全一样,因为进行航空航天成像侦察时,各点的中心光线被光学系统分成的两部分是互相平行的,其投影的结果不会改变,而且光学系统两个主点的距离与光学系统到地面的距离比较起来非常小,在实际应用中可以看成一点(这一点称为光学系统中心或投影中心),即把通过光学系统的中心光线看成一条直线。这样,每一物点的影像可视为通过光学系统的中心光线与像面的交点,航空成像侦察的中心投影图如图 2-16 所示。这种情况与中心投影规则完全一致,所以说航空航天成像侦察的影像就是地面物体的中心投影。根据这一原理,航空航天成像侦察的几何图形得以简化,以便于研究中心投影的几何关系。

与中心投影的投影面一样,航空航天成像侦察的像面也可以在正位或负位。图 2-16 中的像面所处的位置即负位,在负位上所取得的影像与物体的实际位置相反,画幅式成像就是这种情形。

为便于研究航空航天成像侦察的投影,常把像面放在正位上,并要求正位上影像的大小与负位上一样,只是相关位置不同。像面由负位变为正位的方法是:将像面以光学系统的主光轴为中心旋转 $180°$,然后向下推移2倍焦距($2f'$)的距离,这样正位上的各像点与负位上的各相应点仍在同一投影线上,其几何

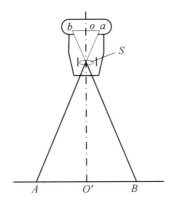

图 2－16 航空成像侦察的中心投影图

关系和大小都没有改变,仅仅是像点的相关位置旋转了 180°。

在实际工作中,若将航空航天成像侦察图像当作大比例尺的地形图使用,应看到航空航天成像侦察的投影与地形图的投影是有差别的。这种差别对于一般的使用可不必计较,但是若需要在图像上进行精确测量,则必须将图像的中心投影修正成垂直投影后才能使用。

3. 中心投影的主要特征

掌握地面物体在图像上的投影规律,除研究航空航天成像侦察是什么性质的投影外,还需要研究各种物体处于不同状态时,它的中心投影有何特征。

地面物体的种类多得数不胜数,表面形状也极为复杂,但是地面物体形状无论多么复杂,从几何观点来看不外是由点、线、面所组成的几何体。因此,在研究各种物体的投影时,就可以从这些最简单的形态入手,了解了这些简单形态(点、线、面)的投影,对于各种复杂物体的投影也就会有所了解。

(1)点的投影。

一个物点只有一条中心光线,一条中心光线与像面相交时也只能有一个交点,这个交点就是物点的影像。如果有数个点在同一投影线上,那么它们的影像就会重合,仍是一个点,点的中心的投影如图 2－17 所示。可见,点的投影始终是点。

(2)线的投影。

线的投影可分为直线投影和曲线投影两种。

①直线投影。空间直线有单独一条的,有数条相交的,也有数条相互平行的,这些直线的投影也各不相同。

a. 一条直线的中心投影。一条直线的中心投影就好似用单眼观看手中的铅笔。当铅笔横放时,看起来为一直线,若任意改变其空间状态,看起来一般仍

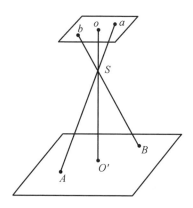

图 2-17 点的中心的投影

是直线,但是长短不同,只有当铅笔杆的延长线与眼睛的视线完全一致时,才不是一条直线,而是一个点。直线的中心投影也与这种现象相同。图 2-18 所示为一条直线的中心投影,从图中可以看出,图上 AB 为空间的一条直线,它与投影中心(S)构成一个投射面,投射面与像面的交线(ab)就是这条直线(AB)的影像。因为两平面相交只能有一条直线,所以直线的投影仍是直线。任意改变直线的空间状态时,该直线仍然可以与投影中心构成投射面,所以它的影像还是一条直线,只是长短不同。只有当直线的延长线通过投影中心时,其影像才不是一直线,而是一个点,图 2-18 中 AB' 的投影就是这种情况。由此可知,地面上为直线状的物体如桥梁、公路、铁路线等,在航空航天图像上仍然是直线状的;垂直线状的物体如烟囱、电线杆、水塔等,在航空航天图像上一般为缩短的直线状,只有在一定的部位上才成点状。

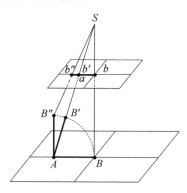

图 2-18 一条直线的中心投影

b.交叉直线的中心投影。交叉直线的中心投影是随着交叉直线与像面的相关位置而变化的。当交叉直线与像面平行时,它的影像仍为相同形状的交叉直线;当交叉直线所决定的平面通过投影中心时,它的影像就为一直线。交叉直线的中心投影如图 2-19 所示。

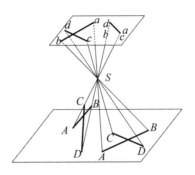

图 2-19　交叉直线的中心投影

还有一种交叉直线,平面上许多直线相交于顶点,称为射线束。根据点的投影仍为一点、直线的投影仍为一直线的道理,射线束的投影也仍然是一射线束,如图 2-20(a)所示。射线束与像面的相关位置发生变化时,射线束投影的形状就会随之变化,但通常仍为射线束。只有当射线束顶点(A)的中心光线与像面平行时,由于它与像面相交于无限远,其像点也在无限远,因此就不是一个射线束,而是一束互相平行的直线,如图 2-20(b)所示。

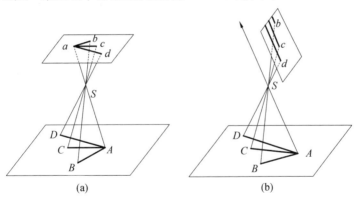

图 2-20　射线束的中心投影

c.平行直线的中心投影。平行直线可以看成顶点在无限远的射线束。因此,平行直线顶点的中心光线就可以看成与平行直线相平行的直线,如图 2-21 所示平行直线的直线投影中 AS 所示。这样,对于平行直线的投影就可用上述射线束投影的特征来说明,即当平行直线与像面相平行时,顶点的中心光线也与像面平行,则平行直线的影像也依然是平行直线,如图 2-21(a)所示。如果平行直线与像面不平行,则有两种情况:当其顶点的中心光线 AS 与像面不相交时,则间隔相等的平行直线,其影像为间隔不等的平行直线,如图2-21(b)所示;当其顶点的中心光线 AS 与像面相交时,则平行直线的影像是以交点为合点的射线束,如图2-21(c)所示。平行直线投影后成为射线束,在日常生活中也经常见到,如站在铁道中间观看两条平行铁轨,它们在无限远处就相交于一点,这一现象就是平行直线的中心投影。如果被投影的平行直线垂直地面,如城市中互相平行的高大建筑物、工业区林立的烟囱、火电厂中的冷却塔、城市中的高层楼房等,则它们影像的延长线也是以合点为顶点的射线束,如图2-22(a)所示。

由以上平行直线的中心投影可知,各平行直线的影像都是以合点为顶点的射线束。这样在研究平行物体的投影时,只要知道像面上合点的位置,就可以了解影像的变形情况。像面上的合点位置可用作图法求得,如图2-22(b)所示,即将图像上的地面平行物体投影进行连接,这两条直线的交点就是它的合点。

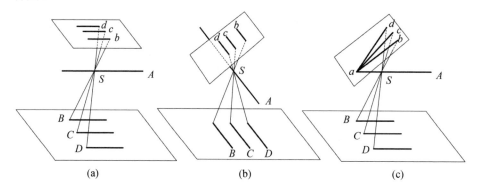

图 2-21 平行直线的中心投影

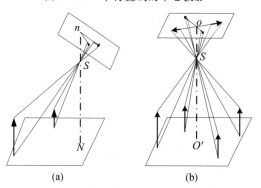

图 2-22 地面垂直平行线在倾斜和水平像面上的投影

② 曲线的中心投影。曲线可分为两种:一种是平面曲线,如江、河、湖泊的轮廓等;另一种是立体曲线,如山区的盘旋公路等。

a.平面曲线的中心投影。平面曲线在像面上一般仍为曲线,因为曲线上各点与投影中心的连线所构成的面是一个曲面,而曲面与像的交线必然是一曲线,如图 2—23(a)所示。但是如果曲线上各点与投影中心的连线都在同一投影面内时,则该曲线即成为一条直线,如图 2—23(b)所示。

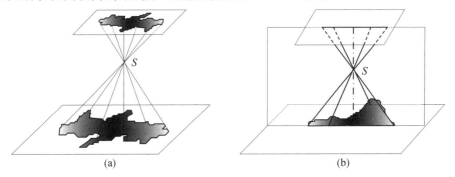

图 2—23 平面曲线的中心投影

b.立体曲线的中心投影。立体曲线投影在像面上,任何情况下都是曲线。因为立体曲线上各点与投影中心的连线,在任何情况下都不可能在同一平面上,所以它与像面的交线也不可能是直线,盘山公路的中心投影就是这种情况。立体曲线的中心投影如图 2—24 所示。

图 2—24 立体曲线的中心投影

c.面的中心投影。由线的投影知识可推想面的投影。图 2—25 所示为面的中心投影。空间的平面投影在像面上通常仍为平面,平面的形状需视该平面与像面的相关位置而定。对于垂直投影来说,如图 2—25(a)所示,地面上为一个正方形的平面,如果平面与像面平行,其影像就成为一个梯形或者为其他形状的四边形。但是,如果平面在它本身的投射面内时,其影像就不是一个平面而是一条直线。对于倾斜投影来说,如果地面上为一个正方形的平面,或者平面与像面不平行,其影像就成为一个梯形或其他形状的四边形,如图2-25(b)所示。

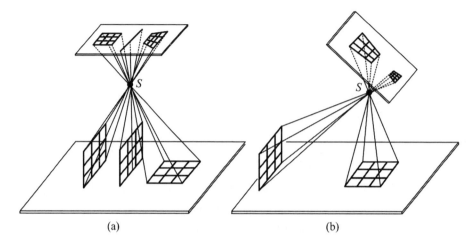

图 2-25 面的中心投影

以上就是中心投影的主要特征。这些特征表明,像面上的点、线、面所反映的实际物体一般仍是点、线、面,只是线的长短和面的形状有所不同。但也不是绝对的,因为在中心投影的特征中,当空间直线的延长线通过投影中心时,像面上的点所反映的实际物体就不是一个点,而是一条直线;当空间的平面或曲线在其投射面内时,像面上的直线所反映的实际物体也不是一直线,而是一平面或一曲线。由此推理可知,物体投影在航空航天图像上的形状、大小和相关位置随着物体与像面的相关位置而变化,同一物体投影在水平像面上和倾斜像面上的结果也不相同。因此,从航空航天图像上判读物体的形状和大小,必须根据中心投影的原理对影像进行具体的分析。

2.2.2 像面上的特别点和特别线

航空航天图像上的影像是通过一系列点、线来反映的。在航空航天图像上研究物体影像的形状、大小和相关位置,就需要通过一定的点、线来进行。对于研究上述变化规律具有特殊意义的点和线统称为特别点和特别线。

1. 特别点、特别线的概念

特别点有像主点、像底点、等角点和主合点;特别线有主纵线、主横线、等比线和地平线。倾斜像面上特别点、线的位置如图 2—26 所示。

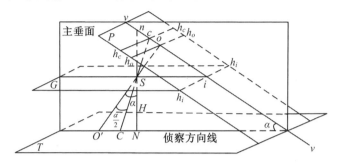

图 2—26　倾斜像面上特别点、线的位置

(1) 像主点(o)。

光学系统主光轴和像面的交点称为像主点(简称主点),它在地面上的相应点(O')称为地主点。航空航天图像上的像主点通常是根据航空航天图像的对角线或框标连线的交点确定的(图 2—27),因此这个交点又称坐标原点。

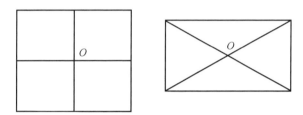

图 2—27　利用航空航天图像框标或对角线确定像主点的位置

(2) 像底点(n)。

通过光学系统中心的铅垂线称为主垂线,它与像面的交点称为像底点(简称底点),前面所讲的地面垂直平行直线的合点就在这一点上。像底点在地面上的相应点(N)称为地底点。光学系统中心到地底点的距离 SN 就是侦察高度,用 H 表示。

(3) 等角点(c 或 C)。

主光轴与主垂线的夹角 α 称为像面倾斜角(或称相机倾斜角),倾斜角的二等分线与像面和地面的交点就称为等角点。等角点在像面上用小写 c 表示,在地面上用大写 C 表示。

(4) 主纵线(vv)。

由主光轴与主垂线所决定的平面称为主垂面,主垂面与像面的交线就是主纵线,它在地面上相应的直线称为侦察方向线。

(5)主横线(h_oh_o)。

在像面上凡是与主纵线相垂直的直线都称为像水平线,通过像主点的一条像水平线就称为主横线。主横线与主纵线构成了以像主点(o)为原点的直角坐标系。主纵线为直角坐标系的纵轴,用 yy 表示;主横线为横轴,用 xx 表示。通过这个坐标系可以确定像面上任何一点的坐标位置。

(6)等比线(h_ch_c)。

通过等角点的像水平线称为等比线。在等比线上的比例尺与同一条件(同样相机,同一高度)下的垂直侦察的比例尺相等,因为此时等比线是水平像面和倾斜像面上的公共线,所以它们的比例尺也相等。

(7)地平线(h_ih_i)。

站在旷野里举目远眺时,在远方可以看到一条天地相交的直线,这条直线称为地平线或天地线。地平线投影在像面上仍称为地平线,是像水平线之一。

地平线在像面上的位置可通过作图法求得,即通过光学系统中心作一个水平面,使该平面与像面相交,其交线就是地平线,如图 2—26 所示倾斜像面上特别点、线的位置中的 h_ih_i。地平线要在较大倾斜角的倾斜成像侦察时才能出现在成像面上。

(8)主合点(i)。

主纵线与地平线的交点称为主合点。主合点也是平行于侦察方向线的各平行直线投影的合点。

综上所述,像面上四个特别点分别在主纵线、主横线、等比线和地平线上,三条特别线都是像水平线,分别与主纵线相垂直。各特别点、线在像面上的位置随像面倾斜状态而定。在垂直成像侦察时,由于像面呈水平状态,因此等角点、像底点与像主点相重合,等比线与主横线相重合,像面上没有地平线和主合线。

2.特别点、线间的数学关系

研究各特别点、线间的数学关系,也就是要了解在不同倾斜角和不同相机焦距时,各特别点、线在航空航天图像上位置的变化规律。

各点、线间的数学关系可通过图 2—28 求得。图上倾斜角 α 和焦距 f' 在航空航天成像侦察时都是已知的,所以根据三角学的原理即可求出它们之间的如下关系。

(1)像底点至像主点的距离(no)。

在 Rt$\triangle oSn$ 中,$no = oS \cdot \tan \alpha$,因为

$$oS = f'$$

所以

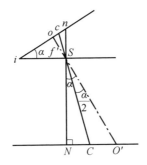

图 2-28 倾斜成像侦察特别点、线的关系

$$no = f' \cdot \tan \alpha \tag{2-19}$$

(2) 等角点至像主点的距离 (co)。

在 Rt△oSc 中,其顶点 S 的夹角为倾斜角的二等分角,即

$$\angle oSc = \frac{\alpha}{2}$$

与式(2-19)同理,有

$$co = f' \tan \frac{\alpha}{2} \tag{2-20}$$

(3) 主合点至像主点的距离 (io)。

在 Rt△ioS 中,其顶点 i 的夹角等于倾斜角,即

$$\angle oiS = \alpha$$

于是

$$io = oS \cdot \cot \alpha = f' \cdot \cot \alpha \tag{2-21}$$

由上列各式即可确定像底点、等角点和主合点在主纵线上的位置,特别点的位置确定后,特别线的位置也就相应确定了。

2.2.3 像面和地面相应点的坐标关系

在航空航天成像侦察时,如果像面的空间状态发生了变化,则地面上各物点投影在像面上的位置也会发生变化。因此,要了解航空航天图像上每一像点在地面上的实际位置或地面物点在航空航天图像上的位置,就必须知道像面与地面相应点间的坐标关系。

图 2-29 所示为像面倾斜时像点与物点的坐标关系。像面上坐标以主纵线作为 y 轴,主横线作为 x 轴,像主点 o 作为原点;地面上的坐标系则为像面坐标系的投影,即以地主点 O' 作为原点,侦察方向线作为 Y 轴,过地主点 O' 而垂直于侦察方向线作为 X 轴。此时,倾斜角为 α,等于 y 轴与 Y 轴的夹角,而 x 轴与 X 轴则互相平行。设像面上任意一点 a 的坐标为 (x_a, y_a),地面上相应

点 A 的坐标为 (X_A, Y_A)，它们在横向和纵向上的坐标关系可由下面方法求得。

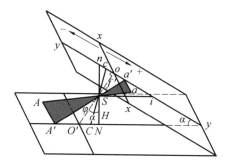

图 2-29 像面倾斜时像点与物点的坐标关系

1. 横向坐标的关系式

在图 2-29 中，由相似三角形 $\triangle SAA'$ 和 $\triangle Saa'$ 得

$$\frac{AA'}{aa'} = \frac{SA'}{Sa'}$$

因为

$$AA' = X_A, aa' = x_a$$

所以

$$\frac{X_A}{x_a} = \frac{SA'}{Sa'} \tag{2-22}$$

由 $Rt\triangle SNA'$ 可知

$$\cos(\alpha + \varphi) = \frac{H}{SA'}$$

则有

$$SA' = \frac{H}{\cos(\alpha + \varphi)} = \frac{H}{\cos\alpha\cos\varphi - \sin\alpha\sin\varphi} \tag{2-23}$$

由 $Rt\triangle Soa'$ 可知

$$\cos\varphi = \frac{f'}{Sa'}$$

则有

$$Sa' = \frac{f'}{\cos\varphi} \tag{2-24}$$

将式 (2-23) 和式 (2-24) 代入式 (2-22) 中，即得

$$\frac{X_A}{x_a} = \frac{H\cos\varphi}{f'(\cos\alpha\cos\varphi - \sin\alpha\sin\varphi)}$$

等式右边的分子分母同除以 $\cos\varphi$，即得

$$\frac{X_A}{x_a}=\frac{H}{f'(\cos\alpha-\sin\alpha\tan\varphi)} \qquad (2-25)$$

在 Rt△Soa' 中,有

$$\tan\varphi=\frac{oa'}{oS}=\frac{y_a}{f'} \qquad (2-26)$$

再将式(2-26)代入式(2-25)中,展开即得横向坐标关系式为

$$X_A=\frac{H\cdot x_a}{f'\cos\alpha-y_a\sin\alpha} \qquad (2-27)$$

2.纵向的坐标关系式

由图 2-29 可知

$$Y_A=A'N-O'N \qquad (2-28)$$

在 Rt△$A'SN$ 中,有

$$A'N=H\tan(\alpha+\varphi)=H\frac{\tan\alpha+\tan\varphi}{1-\tan\alpha\tan\varphi}$$

已知 $\tan\varphi=y_a/f'$,代入上式即得

$$A'N=H\frac{f'\tan\alpha+y_a}{f'-y_a\tan\alpha} \qquad (2-29)$$

再由 Rt△$O'SN$ 得

$$O'N=H\tan\alpha \qquad (2-30)$$

然后将式(2-29)和式(2-30)代入式(2-28)中,即得

$$Y_A=H\left(\frac{f'\tan\alpha+y_a}{f'-y_a\tan\alpha}-\tan\alpha\right)=H\frac{f'\tan\alpha+y_a-f'\tan\alpha+y_a\tan^2\alpha}{f'-y_a\tan\alpha}$$
$$=H\frac{y_a(1+\tan^2\alpha)}{f'-y_a\tan\alpha}=\frac{H\cdot y_a\sec^2\alpha}{f'-y_a\tan\alpha}$$

$$(2-31)$$

因为

$$\sec\alpha=\frac{1}{\cos\alpha},\tan\alpha=\frac{\sin\alpha}{\cos\alpha}$$

故代入式(2-31)中化简后得

$$Y_A=\frac{H\cdot y_a}{(f'\cos\alpha-y_a\sin\alpha)\cos\alpha} \qquad (2-32)$$

式(2-27)和式(2-32)为像面和地面相应点坐标关系的普遍式,它不仅可以求倾斜像面上的坐标关系,也可以求水平像面上的坐标关系。将 $\alpha=0$ 代入式(2-27)和式(2-32)中,即可求得水平像面的坐标关系式。

式(2-27)和式(2-32)是以像主点(o)和地主点(O')作为坐标原点的,如

果以像底点(n)和地底点(N)或等角点c和C作为坐标原点,则也可推求类似的公式。

2.3 成像侦察诸元计算

航空航天成像侦察时,为保证不发生目标遗漏或立体判读,需要在连续摄取的相邻图像上具有相同的目标影像。这种连续获取的相邻图像上具有相同目标影像的部分称为图像的重叠部分,简称图像重叠。图像重叠是实施连续航空侦察的基本要求之一,它是保障图像镶嵌、立体判读和图像测量的一个重要条件。而时间间隔则是保障获得预定图像重叠的一个重要因素。航空航天成像侦察比例尺的大小是实施航空航天成像侦察的基本要求之一,也是进行航空航天成像侦察诸元计算、测量图像上目标实际大小的根本依据。本节主要阐述比例尺的计算方法、图像重叠、时间间隔和收容宽度。

2.3.1 成像侦察参数确定

1. 成像距离

航空侦察时,成像距离即光学成像计算中所使用的物距,其与飞行高度密切相关,直接影响图像的比例尺。

飞行高度是指飞机在空中到某一个基准面的垂直距离,简称高度(H),单位为 m。按选定的基准面不同,飞行高度大致可分为以下四种。

(1)真实高度。

真实高度($H_真$)以飞机正下方地点平面为基准面的高度,即飞机到其正下方的垂直距离,简称真高。

(2)相对高度。

相对高度($H_相$)是指以起飞或降落机场的平面为基准面的高度,即飞机到某机场平面的垂直距离。

(3)绝对高度。

绝对高度($H_绝$)是指以平均海平面为基准面的高度,即飞机到平均海平面的垂直距离。

(4)气压高度。

气压高度($H_压$)是指以某一气压面为基准面的高度,即飞机到某一气压面的垂直距离,其中以 760 mmHg(1 mmHg=133.322 Pa)气压面为基准的高度称为标准气压高度($H_{标压}$)。

对地面目标进行成像侦察时,垂直成像时实际物距应是真实高度 $H_真$,倾斜成像时实际物距是斜距即 $H_真/\cos\varphi$(φ 为光轴倾斜角度)。

2.地速

飞行速度也是航空侦察中的一个重要的物理量,直接影响影像的变形情况和侦察速度。

飞机在空中航行时,一方面相对于空气运动,另一方面又相对于地面运动。飞机相对于空气运动的速度称为空速,方向用航向表示,用符号 V 表示,常以 km/h 为单位。飞机对地面运动的速度称为地速,其方向是飞机在地面的投影点移动的轨迹的方向。飞机在地面的投影点移动的轨迹称为航迹线,简称航迹,航迹的方向以经线北端顺时针量到航迹去向的角度表示,这个角度称为航迹角(HJ),范围是 $0°\sim360°$,用 W 表示。

飞机在无风情况下航行时,由于不存在风的影响,因此飞机对地面的运动与飞机对空气的运动完全一致:在方向上,航迹线与航向线一致,航迹角等于航向;在速度的大小上,地速等于空速。可见,飞机在无风情况下航行时,将机头对向哪里,飞机就能飞到哪里。

地速、空速和风速均为矢量,飞机在有风情况下航行时,地速矢量是空速矢量和风速矢量的合成,风对航行的影响如图 2-30 所示。可以分以下三种情况讨论。

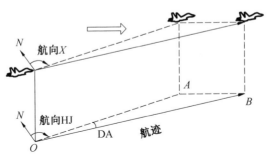

图 2-30 风对航行的影响

(1)顺风中航行时,在方向上,航迹角等于航向;在大小上,地速等于空速加上风速。

(2)逆风中航行时,在方向上,航迹角等于航向;在大小上,地速等于空速减去风速。

(3)侧风中航行时,航迹角不再等于航向,大小也不再是简单的加减,存在着偏流。偏流角的定义是以航迹线偏离航向线的角度,用 DA 表示。飞机纵轴与地速矢量的夹角相对飞机纵轴右偏为正,反之为负。

2.3.2 成像侦察的比例尺

像面上某线段长与地面上相应线段长之比称为比例尺(或图像比例尺),其大小是用图像上一个单位长相当于地面上若干单位长来表示的。如果图像上一个单位长相当于地面上一万个单位长,则其比例尺就是 1∶10 000 或 1/10 000。

航空航天成像侦察比例尺的大小是实施航空航天成像侦察的基本要求之一,也是进行航空航天成像侦察诸元计算、测量图像上目标实际大小的根本依据。因此,无论是为了获取预定的航空航天成像侦察比例尺,还是为了计算某些图像上的比例尺,都要了解航空航天成像比例尺的特点和它的计算原理。

1. 垂直成像侦察的比例尺

(1) 垂直成像侦察比例尺的特点。

垂直成像侦察时,侦察设备的主光轴是垂直于地面的,如果被侦察地面很平坦,那么垂直成像侦察的比例尺在像面上各个部分和各个方向上都一致,或者说图像上的比例尺处处一致。这一特点可以从图 2-31 中得到证明。图中 ab 为像面上的任意线段, AB 为地面上的相应线段, oSO' 为成像侦察设备的主轴,它垂直于像面和地面。假定所侦察的地面是非常平坦的,那么像面上任意线段和地面上相应线段就都互相平行。因此,由像面上任意线段和地面上相应线段与投影中心所构成的各对三角形也是相似的,即

$$\triangle aSb \backsim \triangle ASB, \triangle bSo \backsim \triangle BSO'$$

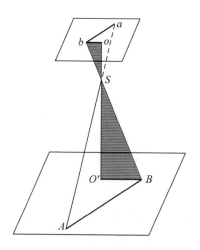

图 2-31 垂直成像侦察的比例关系

由相似三角形对应边成比例的道理可知

$$\frac{ab}{AB}=\frac{bS}{BS}, \frac{bS}{BS}=\frac{oS}{O'S}$$

则有

$$\frac{ab}{AB}=\frac{oS}{O'S}$$

式中　$\frac{ab}{AB}$——图像比例尺；

　　　oS——像距；

　　　$O'S$——物距。

此式表明，像面上任意线段的比例尺只取决于像距和物距之比，而与线段所处的位置无关，在垂直成像侦察时，任意两相应点间的像距与物距之比都相等，所以其像面各部分的比例尺也都一致。

然而，被侦察地面不可能是绝对平坦的，侦察设备的主光轴在侦察时也不可能保持绝对垂直于地面，所以垂直成像侦察像面各部分的比例尺并非绝对一致，必然会有一定的误差。当地形起伏较小或侦察设备倾斜角不大时，误差很小，可以忽略不计。如果被侦察地区的地形起伏很大，则其比例尺的误差也必然较大，图 2—32 中的 AB 和 $A'B'$ 的投影就是这种情况。这种垂直成像侦察的比例尺就不能认为是处处一致的，必须根据地面的高度差分别来确定比例尺，或者取其最高点的比例尺与最低点比例尺的平均值。

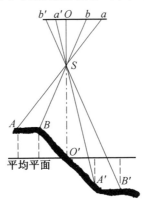

图 2—32　地形起伏对比例尺的影响

(2)垂直成像侦察比例尺的计算。

由上述垂直成像侦察比例尺的特点可知，只要知道任意两个相应点之间的像距和物距，就可以求出它的比例尺。在垂直成像侦察中，像主点与地主点之间的像距和物距是已知的，分别等于侦察设备的焦距和侦察高度，如图 2—32 所示，即

$$So = f', SO' = H$$

所以

$$\frac{1}{m} = \frac{f}{H} \tag{2-33}$$

式中 $\dfrac{1}{m}$ ——垂直成像侦察比例尺或垂直图像比例尺。

由式(2—33)可知,垂直图像比例尺的大小取决于侦察高度和侦察设备的焦距。当侦察设备的焦距一定时,侦察高度越高,图像比例尺越小;侦察高度越低,图像比例尺就越大。如果侦察高度一定,则图像比例尺就随着侦察设备焦距长短而变化:焦距长,比例尺就大;焦距短,比例尺就小。因此,只要知道这两个因素的数值,就可以求出垂直成像侦察图像的比例尺。例如,侦察高度为 5 000 m,使用某相机(焦距长为 50 cm)进行垂直成像侦察,则该侦察图像的比例尺由式(2—33)可得

$$\frac{1}{m} = \frac{50}{500\ 000} = \frac{1}{10\ 000}$$

上式所用的高度为侦察时飞行器的真高,即飞行器距被侦察地面的垂直距离,如果被侦察地面的地形起伏较大,则应取其平均的高度。

2. 倾斜成像侦察的比例尺

倾斜成像侦察通常以航空为主,航天中很少使用。因此,下面主要以航空倾斜成像侦察为例来讲述倾斜成像侦察比例尺。

(1)倾斜成像侦察比例尺的特点。

倾斜成像侦察是在侦察设备的主轴与地面倾斜的情况下实施的。由于主轴倾斜,因此像面与地面互不平行,其比例尺的特点也就与垂直成像侦察不同。倾斜成像侦察图像比例尺的特点是,除在同一条像水平线上各点的横向比例尺相等外,在像面的其他各部分、各个方向均不相等,是一个变数。这一特点可从像面和地面相应点坐标关系中看出,地面上原为一些等大的方格,投影在倾斜像面上就成为一些大小不同的梯形,而且这些梯形沿像面纵向上每一间隔的大小都不同,它随着投影距离的增大而减小。但是在同一条像水平线上,横向的间隔却是相等的。

(2)倾斜航空成像侦察比例尺的计算。

倾斜航空成像侦察像面各部分的比例尺不同,其计算方法也不同,因此下面从横向和纵向两个方面分任意像水平线的比例尺和主纵线比例尺两个问题来研究倾斜航空成像侦察图像比例尺的计算。

① 任意像水平线的比例尺。任意像水平线的比例尺就是倾斜像面的横向比例尺,其计算公式可由图 2—29 求得。图 2—29 中的 aa' 表示任意像水平线

上某线段，AA' 为其地面上的相应线段，按照比例尺的意义，任意像水平线的比例尺可表示为

$$\frac{1}{m_x}=\frac{aa'}{AA'}$$

由图 2-29 中像面和地面相应点间坐标关系可知，线段 aa' 和 AA' 的横坐标分别为

$$aa'=x, AA'=X$$

则有

$$\frac{1}{m_x}=\frac{aa'}{AA'}=\frac{x}{X}$$

再由式（2-27）可知

$$\frac{x}{X}=\frac{f'\cos\alpha-y\sin\alpha}{H}=\frac{f}{H}\left(\cos\alpha-\frac{y}{f}\sin\alpha\right)$$

所以

$$\frac{1}{m_x}=\frac{f}{H}\left(\cos\alpha-\frac{y}{f}\sin\alpha\right) \tag{2-34}$$

式中 y——所求像水平线至像主点的距离，即像水平线的纵坐标。

由像主点至远景（i）方向取正值，由像主点至近景方向取负值，如图 2-29 所示。

式（2-34）为任意像水平线比例尺的公式，用它可以计算出任意一条像水平线的比例尺。

式（2-34）表明，倾斜成像侦察任意像水平线的比例尺仅取决于侦察高度（H）、倾斜角（α）、相机焦距（f'）和像水平线的位置（y）。在同一张图像上，H、α、f' 是不变的，各像水平线的比例尺只与 y 值有关，它随着 y 值的变化而变化，所以各条像水平线的比例尺都不相等。但在同一条像水平线上，由于各点的 y 值相等，因此其比例尺也相等。

为进一步了解倾斜成像侦察比例尺的变化规律，除研究各像水平线比例尺的共同公式外，还要根据这个共同的公式研究特别线的比例尺公式。

a.等比线的比例尺。等比线是通过等角点（c）的像水平线，其纵坐标为 y_c，由式（2-20）可知

$$y_c=-co=-f'\tan\frac{\alpha}{2}$$

将它代入式（2-34）中即可得到等比线的比例尺公式为

$$\frac{1}{m_{xc}} = \frac{f'}{H}\left(\cos\alpha - \frac{-f'}{f'}\tan\frac{\alpha}{2}\cdot\sin\alpha\right) = \frac{f'}{H}\left(\cos^2\alpha + \frac{\sin\frac{\alpha}{2}}{\cos\frac{\alpha}{2}}\cdot 2\sin\frac{\alpha}{2}\cos\frac{\alpha}{2}\right)$$

$$= \frac{f'}{H}\left(\cos^2\frac{\alpha}{2} + \sin^2\frac{\alpha}{2}\right)$$

所以

$$\frac{1}{m_{xc}} = \frac{f'}{H} \qquad (2-35)$$

由式(2—35)可知，等比线的比例尺与相同高度的垂直成像侦察比例尺相等。

b.过像底点像水平线的比例尺。由图 2—29 得知，过像底点 n 的像水平线纵坐标 $y_n = -no = -f'\tan\alpha$，将它代入式(2—34)中即可得到过像底点的像水平线比例尺公式为

$$\frac{1}{m_{xn}} = \frac{f'}{H}\left(\cos\alpha - \frac{-f'}{f'}\tan\alpha\cdot\sin\alpha\right) = \frac{f'}{H}\cdot\frac{\cos^2\alpha + \sin^2\alpha}{\cos\alpha} = \frac{f'}{H}\cdot\frac{1}{\cos\alpha}$$

所以

$$\frac{1}{m_{xn}} = \frac{f'}{H\cos\alpha} \qquad (2-36)$$

将上式与等比线的比例尺公式相比，要多乘一个 $1/\cos\alpha$，在 $0°\sim 90°$ 范围内，$1/\cos\alpha$ 的值都大于 1，所以过像底点的像水平线比例尺总是大于等比线的比例尺。

c.主横线的比例尺。主横线是通过像主点 o 的像水平线，其纵坐标为 y_o，代入式(2—34)中可得主横线的比例尺公式为

$$\frac{1}{m_{xo}} = \frac{f'}{H}\left(\cos\alpha - \frac{0}{f'}\cdot\sin\alpha\right) = \frac{f'}{H}\cos\alpha \qquad (2-37)$$

主横线的比例尺公式要比等比线的比例尺公式多乘一个 $\cos\alpha$，由于在 $0°\sim 90°$ 范围内，$\cos\alpha$ 的值总是小于 1，因此主横线的比例尺总是小于等比线的比例尺。

d.地平线的比例尺。地平线为通过主合点 i 的像水平线，由式(2—21)可知，主合点的纵坐标 $y_i = oi = f'\cot\alpha$，将它代入式(2—34)中可得

$$\frac{1}{m_{xi}} = \frac{f'}{H}\left(\cos\alpha - \frac{f'}{f'}\cot\alpha\cdot\sin\alpha\right)$$

$$= \frac{f'}{H}\left(\cos\alpha - \frac{\cos\alpha}{\sin\alpha}\cdot\sin\alpha\right) = \frac{f'}{H}\cdot 0 = 0(无限小)$$

上式推导的结果表明，倾斜图像地平线处的比例尺为无限小，因此它是倾

斜像面上图像比例尺最小的部分，投影在这部分上的影像是无法求出其实际大小的。

总体来说，过像底点的像水平线比例尺大于等比线的比例尺，等比线的比例尺又大于主横线的比例尺，到地平线处的比例尺最小。由此可知，各条像水平线比例尺是不等的，由像底点向主合点方向逐渐变小，直至无限小。如果将倾斜成像侦察的比例尺与同高度的垂直成像侦察进行比较，则各部分的情况是：等比线的比例尺与垂直成像侦察的比例尺相同；由等比线向像底点方向的各条像水平线的比例尺都大于垂直成像侦察比例尺；由等比线向主合点方向的各条像水平线的比例尺都小于垂直成像侦察比例尺。

以上所研究的就是各像水平线的比例尺的变化规律，但它只反映了倾斜像面横向比例尺的变化情况。因此，要全面了解倾斜成像侦察比例尺的变化规律，还必须研究其纵向比例尺的变化情况。

② 主纵线的比例尺。主纵线的比例尺就是通过像主点在纵向上的比例尺。推求主纵线的比例尺公式与推求像水平线的比例尺公式不同，这是因为在主纵线上每一点的比例尺都不相等，通常只取某点附近的极小线段来求其比例尺公式。

倾斜像面上像水平线的比例关系如图 2-33 所示，在主纵线上任意取一个无限小的线段 ab，它与地面相应线段 AB 之比就是主纵线的比例尺，即

$$\frac{1}{m_y} = \frac{ab}{AB}$$

为求证 $\dfrac{ab}{AB}$ 与倾斜成像侦察诸元的关系，需经下列推算步骤。

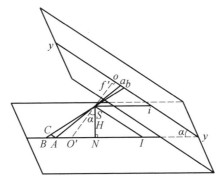

图 2-33 倾斜像面上像水平线的比例关系

过 A 点作平行于主纵线的直线，与 B 点的投影线相交于 C 点，则得相似三角形 $\triangle aSb$ 和 $\triangle ASC$。过 S 点作平行于主纵线的直线 SI，则得相似三角形

△aSi 和△ASI。根据相似三角形对应成比例的道理,则有

$$\frac{ab}{AC} = \frac{aS}{AS} = \frac{ai}{SI} \qquad (2-38)$$

式中

$$ai = oi - oa$$

在 Rt△oSi 中,$oi = oS \cdot \cot \alpha = f' \cot \alpha$,$oa$ 像主点至 a 点的纵坐标即 $oa = y$,所以

$$ai = f' \cdot \cot \alpha - y$$

由 Rt△SNI 得知

$$SI = \frac{SN}{\sin \alpha} = \frac{H}{\sin \alpha}$$

将 ai 和 SI 代入式(2-38)中可得

$$\frac{ab}{AC} = \frac{f'\cot\alpha - y}{\dfrac{H}{\sin\alpha}} = \frac{f'}{H}\left(\cos\alpha - \frac{y}{f'}\sin\alpha\right) \qquad (2-39)$$

再由相似三角形△CBA 和△bSi 得知

$$\frac{AC}{AB} = \frac{bi}{Si} \qquad (2-40)$$

式中

$$bi = oi - oa - ab$$

因为 ab 取的是无限小线段,可以略去不计,所以

$$bi = oi - oa - ab = f'\cot\alpha - y, \quad Si = \frac{oS}{\sin\alpha} = \frac{f'}{\sin\alpha}$$

将 bi 和 Si 的值代入式(2-40)中可得

$$\frac{AC}{AB} = \frac{f'\cot\alpha - y}{\dfrac{f'}{\sin\alpha}} = \cos\alpha - \frac{y}{f'}\sin\alpha \qquad (2-41)$$

再将式(2-39)与式(2-41)相乘,即

$$\frac{ab}{AC} \times \frac{AC}{AB} = \frac{f'}{H}\left(\cos\alpha - \frac{y}{f'}\sin\alpha\right)^2$$

简化即得

$$\frac{1}{m_y} = \frac{ab}{AB} = \frac{f'}{H}\left(\cos\alpha - \frac{y}{f'}\sin\alpha\right)^2 \qquad (2-42)$$

式(2-42)即主纵线的比例尺公式。主纵线的比例尺取决于 H、f'、α 和 y 四个因素,而且在主纵线上各点的比例尺只与 y 值有关,所以每一点的比例尺都不相等。

上式只适用于计算沿主纵线方向某一点的比例尺,如果用它来计算主纵线某一线段的比例尺,则所取的线段必须是极短的,否则误差会很大。

把各特别点纵坐标 y 值代入上式,即可求得各特别点的纵向比例尺。

a.像主点的纵向比例尺。

$$\frac{1}{m_{yo}} = \frac{f'}{H} \cos^2 \alpha \quad (2-43)$$

b.像底点的纵向比例尺。

$$\frac{1}{m_{yn}} = \frac{f'}{H} \cdot \frac{1}{\cos^2 \alpha} \quad (2-44)$$

c.等角点的纵向比例尺。

$$\frac{1}{m_{yc}} = \frac{f'}{H} \quad (2-45)$$

由以上各式可知,倾斜成像侦察主纵线比例尺的变化规律与横向比例尺一样,也是由像底点向主合点方向逐渐变小。不过,纵向比例尺的 cos α 是成平方变小的,因此要比横向比例尺变化得迅速。

倾斜像面上任意点和各特别点在横向和纵向上比例尺的公式见表 2-4。

表 2-4　倾斜像面上任意点和各特别点在横向和纵向上比例尺的公式

点名	横向	纵向(沿主纵线)
任意点	$\dfrac{1}{m_x} = \dfrac{f'}{H}\left(\cos\alpha - \dfrac{y}{f'}\sin\alpha\right)$	$\dfrac{1}{m_y} = \dfrac{f'}{H}\left(\cos\alpha - \dfrac{y}{f'}\sin\alpha\right)^2$
像主点	$\dfrac{1}{m_{xo}} = \dfrac{f'}{H}\cos\alpha$	$\dfrac{1}{m_{yo}} = \dfrac{f'}{H}\cos^2\alpha$
等角点	$\dfrac{1}{m_{xc}} = \dfrac{f'}{H}$	$\dfrac{1}{m_{yc}} = \dfrac{f'}{H}$
像底点	$\dfrac{1}{m_{xn}} = \dfrac{f'}{H} \cdot \dfrac{1}{\cos\alpha}$	$\dfrac{1}{m_{yn}} = \dfrac{f'}{H} \cdot \dfrac{1}{\cos^2\alpha}$

由表 2-4 可以看出,倾斜成像侦察的纵向与横向的比例尺是有差别的。在像主点上,由于 cos α<1,cos α²<cos α,因此其横向比例尺大于纵向比例尺;而在像底点上则恰相反,横向比例尺小于纵向比例尺;只有在等角点上,横向比例尺才等于纵向比例尺。

根据这一特点可知,地面上的一个圆形物体投影在倾斜像面的不同位置上,其影像就会发生变形,物体影像在倾斜像面上变形的情况如图 2-34 所示。当圆形物体的影像位于等角点(c)时,由于纵向比例尺与横向比例尺相等,因此仍为圆形;当位于像主点(o)时,由于纵向比例尺小于横向比例尺,因此就成为纵向小横向大的椭圆形;当该物体的影像位于像底点(n)时,则恰好与像主点的位置相反,成为一个纵向大横向小的椭圆形。

③ 近景线、远景线和主景线的比例尺。

近景线和远景线是指图像上两条互相平行的边线。近景线又称近边,用 $l_{近}$ 表示,所获取的为近景目标。远景线又称远边,用 $l_{远}$ 表示,所获取的为远景目标。主景线是通过图像中心(像主点)且平行于近景线和远景线的一条中心线,用 $l_{主}$ 表示。它们在地面上的相应线段也称近景线、远景线和主景线(图2—35)。在倾斜成像侦察时,为便于计算图像近边和远边的实地收容长,便于确定图像中心主景部分的比例尺,必须知道近景线、远景线和主景线的比例尺公式。

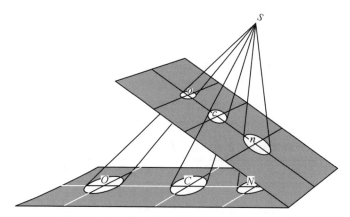

图 2—34 物体影像在倾斜像面上变形的情况

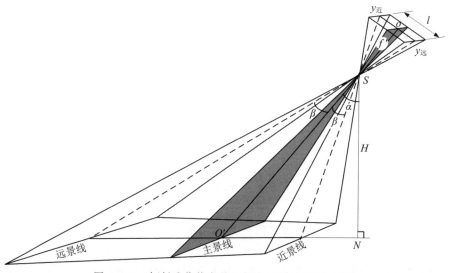

图 2—35 倾斜成像侦察的近景线、远景线和主景线

当图像旋角为零时,图像近景线和远景线与地平面平行,就相当于像水平线,因此其比例尺的公式可以用任意像水平线的比例尺公式推出,此时主景线与主横线重合,其比例尺的公式就是主横线的比例尺公式。实际上,图像都有一定的旋角,只是角度较小,对成像侦察的诸元计算影响不大,一般不加以考虑。

推导近景线和远景线的比例尺公式与推导其他各条像水平线的比例尺相同,也是将近景线和远景线处的纵坐标分别代入式(2-34)中求得。

由图 2-35 可知,近景线的纵坐标 $y_{近} = -f'\tan\beta$,远景线的纵坐标 $y_{近} = f'\tan\beta$。分别代入式(2-34)中,即可得到

$$\frac{1}{m_{近}} = \frac{f'}{H}\left(\cos\alpha - \frac{-f'}{f'}\tan\beta\sin\alpha\right) = \frac{f'}{H} \cdot \frac{\cos\alpha\cos\beta + \sin\alpha\sin\beta}{\cos\beta}$$

最后得到

$$\frac{1}{m_{近}} = \frac{f'}{H} \cdot \frac{\cos(\alpha - \beta)}{\cos\beta} \tag{2-46}$$

同理可得

$$\frac{1}{m_{远}} = \frac{f'}{H}\left(\cos\alpha - \frac{-f'}{f'}\tan\beta\sin\alpha\right) = \frac{f'}{H} \cdot \frac{\cos\alpha\cos\beta - \sin\alpha\sin\beta}{\cos\beta}$$

最后得到

$$\frac{1}{m_{远}} = \frac{f'}{H} \cdot \frac{\cos(\alpha + \beta)}{\cos\beta} \tag{2-47}$$

以上两式就是计算近景线和远景线的比例尺公式。式中,$\cos\beta$ 在侦察设备视角较小时,由于其函数值接近于 1,在实用中为便于计算,可以忽略不计,因此上面两式又可写成

$$\begin{cases} \dfrac{1}{m_{近}} \approx \dfrac{f'}{H}\cos(\alpha - \beta) \\ \dfrac{1}{m_{远}} = \dfrac{f'}{H}\cos(\alpha + \beta) \end{cases} \tag{2-48}$$

主景线的比例尺公式可直接用式(2-37)表示,即

$$\frac{1}{m_{主}} = \frac{f'}{H}\cos\alpha$$

在同一张图像上,收容地面的宽度近景线为最小,远景线为最大,所以倾斜图像上的比例尺是由近景线向远景线方向逐渐变小的。如果将倾斜图像与同一高度的垂直图像相比,远景线的比例尺始终小于垂直图像的比例尺,近景线的比例尺则不一定,根据成像时倾斜角的大小不同,有以下三种情况(图 2-36)。图 2-36 中,a 表示近景线所通过的像点;c 表示等比线所通过的像点;β 为相机视场角的 $1/2$;α 为相机倾斜角。

从图 2-36 中可以看出:当 $\alpha/2 = \beta$ 时,如图 2-36(a)所示,近景线的比例

尺就等于垂直图像的比例尺；当 $\alpha/2 < \beta$ 时，如图 2-36(b) 所示，近景线的比例尺大于同一高度的垂直图像的比例尺，通常摇摆成像侦察就属于这种情况；当 $\alpha/2 > \beta$ 时，如图 2-36(c) 所示，近景线的比例尺就小于同一高度的垂直图像的比例尺，倾斜成像侦察一般均属于这种情况。

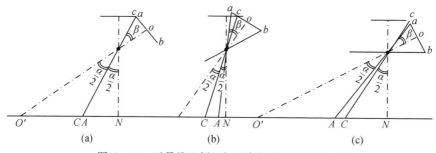

图 2-36　近景线比例尺与垂直摄影比例尺的比较

2.3.3　图像重叠

航空航天成像侦察图像的重叠按其重叠的方向可分为两种：一是图像沿飞行方向的重叠，称为纵向重叠（又称前后重叠）；二是图像左右航线之间的重叠，称为横向重叠（又称左右重叠）。进行单航线侦察（一条航线的连续侦察）时，要求所获取的图像有一定的纵向重叠（图 2-37）。进行复航线成像侦察（两条以上平行航线的连续侦察）或摇摆侦察时，要求所获取的图像不仅有纵向重叠，还应有横向重叠（图 2-38）。

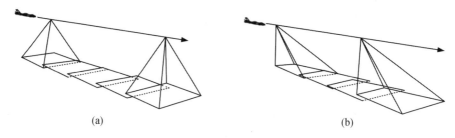

图 2-37　单航线侦察的重叠

图像重叠量的大小用图像重叠率来表示。图像重叠率就是图像的重叠部分边长占整个图像边长的百分比。表示图像纵边重叠百分比的称为纵向重叠率，用符号 $P\%$ 表示；表示图像横边重叠百分比的称为横向重叠率，用符号 $Q\%$ 表示。

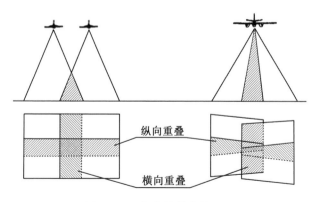

图 2-38 复航线侦察的重叠

2.3.4 时间间隔

侦察设备连续两次曝光所需间隔的时间称为时间间隔。在实施成像侦察时,为获得一定的图像纵向重叠率,需要有相应的时间间隔。

垂直单航线侦察的基线如图 2-39 所示,由图可知,无论是垂直还是倾斜航空摄影,时间间隔均等于拍摄前后两片应飞的距离(B)除以飞行地速(W),即

$$t_{间} = \frac{B}{W} \qquad (2-49)$$

式中,拍摄前后两帧图像应飞的距离(B)称为摄影基线,它是根据图像重叠率、图像比例尺的要求和图像幅面的大小预先计算出来的。由于垂直和倾斜航空摄影计算基线的方法不同,因此用上述公式来计算时间间隔也有所不同。

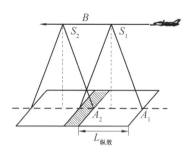

图 2-39 垂直单航线侦察的基线

进行垂直航空摄影时,式中的摄影基线值应按图像纵边有效收容地面长度($L_{纵效}$)来计算。图 2-39 中阴影部分为平行四边形,B 和 $L_{纵效}$ 为四边形相对的两边,所以 $B = L_{纵效}$,图像纵边有效长度($L_{纵效}$)就是图像纵边的未重叠部分的长,它等于图像纵边长($l_{纵}$)减去图像纵边重叠部分长($l_{纵}P\%$)。将它乘以

比例尺的分母(m)就是图像纵边有效收容地面的长度,即

$$L_{纵效}=l_{纵}(1-P\%)m \qquad (2-50)$$

计算垂直航空摄影的时间间隔,应先求出 $L_{纵效}$,然后根据飞行中所测得地速进行计算,即

$$t_{间}=\frac{l_{纵}(1-P\%)m}{W}=\frac{l_{纵}(1-P\%)}{W}\cdot\frac{f'}{H}=\frac{l_{纵}(1-P\%)}{f'(W/H)} \qquad (2-51)$$

垂直成像侦察时,相机的控制系统根据相机参数和设定的重叠率及速度、高度信息计算时间间隔,从公式中可以看出,一旦参数确定后,两次成像的时间间隔是由地速与真高的比值决定的。成像过程中,相机相对于被摄景物的移动线速度与成像高度之比称为速高比,用 W/H 表示,其单位取 rad/s 或 s^{-1}。

式(2-51)中,W/H、$P\%$ 是变量;其他的各数值在摄影过程中是固定不变的,可以看作一个常数。$P\%$ 是根据侦察任务需要选择的,相机的照相周期 T 是所允许最小照相时间间隔,所以一旦 $P\%$ 确定,就可以求出所允许的最大速高比,其计算公式为

$$\left(\frac{W}{H}\right)_{max}=\frac{l_{纵}(1-P\%)}{Tf'}$$

进行倾斜航空摄影时,侧方倾斜航空摄影的摄影基线等于像水平线有效收容地面长(图 2-40)。但由于倾斜照片各像水平线的比例尺不一致,因此其有效收容的地面长也只能以某一像水平线来计算,通常多以照片近景线或主景线来计算,即

$$B=L_{近效}$$

或

$$B=L_{主效}$$

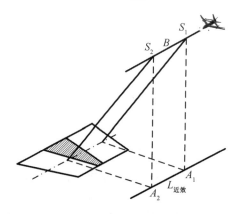

图 2-40　倾斜单航路摄影的摄影基线

与垂直航空摄影计算 $L_{纵效}$ 计算的原理一样,倾斜航空摄影也是以照片近景线或主景线比例尺分母乘照片有效长,即

$$L_{近效}=l(1-P\%)m_{近}$$

或

$$L_{主效}=l(1-P\%)m_{主} \qquad (2-52)$$

2.3.5 收容宽度

单次成像时,地面收容宽度取决于相机的横向视场角。

垂直成像时,地面收容宽度 L 的计算公式为

$$L=2H\tan\frac{\alpha}{2} \qquad (2-53)$$

式中　L——收容宽度;
　　　H——侦察高度;
　　　α——相机横向视场角。

向左或右侧视扫描成像时,地面收容宽度 W 的计算公式为

$$L=H\left[\tan\left(\varphi+\frac{\alpha}{2}\right)-\tan\left(\varphi-\frac{\alpha}{2}\right)\right]$$

式中　φ——扫描成像时,视场中心指示线相对于竖直方向的倾斜角度。

在相同飞行高度下,大倾斜扫描成像的成像距离比垂直成像的成像距离大得多,因此在视场角相同时,大倾斜成像的图像地面收容宽度也大得多。

思　考　题

1. 说明航空成像的特点和分类。
2. 什么是航空成像的纵向重叠和横向重叠?
3. 什么是大气透明度?影响大气透明度的因素有哪些?
4. 简述垂直成像和中心投影的特点。
5. 简述航空成像侦察的点、线、面的投影特征。
6. 成像高度为 8 000 m,使用航空照相机的焦距长为 65 cm 进行垂直航空成像,求成像比例尺。
7. 分析各特别点纵向比例尺的特点和规律。
8. 分析近景线、远景线和主景线比例尺的特点和规律。
9. 分析飞机的飞行速度与照片重叠率的关系。
10. 分析倾斜航空成像的成像特点。

第 3 章 可见光成像系统

安装在运载工具上,利用 0.38~0.76 μm 波段的电磁波,并记录目标影像的成像侦察系统称为可见光成像系统。该系统可安装在侦察车、侦察船、气球、飞艇、飞机、飞船、卫星、航天飞机上,或由侦察兵手持,在不同高度上获取目标物体的影像。

3.1 概 述

3.1.1 可见光成像系统的分类

国外从 20 世纪初即开始研制以胶片为载体的可见光成像系统,经历了焦距从短到长、分辨力从低到高、载片量从少到多的发展过程。到 20 世纪 80 年代,许多国家的胶片型航空相机已经非常成熟了,如 Fairchild 公司的 KA-112A 全景式航空相机、芝加哥工业公司的 KS-146 画幅式航空相机等。胶片型相机的分辨率高,但实时性差。由于航空侦察实时性的需求,因此传输型航空相机得到了极大的发展。从 20 世纪 80 年代开始,发达国家着手研发 CCD 实时传输型可见光成像系统,按照成像方式的不同可分为推扫、摆扫、步进分幅系统。比较典型的中低空线阵可见光相机有英国 Vinten 公司的 8010、8040 系列航空相机,以及 BAE 公司的中空光电(MAEO)航空相机等。典型的国外中低空线阵可见光 CCD 相机的主要技术参数见表 3-1。

表 3-1 典型的国外中低空线阵可见光 CCD 相机的主要技术参数

相机型号	8010	8040	MAEO
像元数	4 096	12 228	12 000
感光单元尺寸	12 μm	8 μm	10 μm
焦距	38 mm 152 mm	450 mm	304.8 mm
成像方式	推扫	摆扫	推扫

Vinten 公司的 8010 系列航空相机可以在恶劣的环境下工作;而 8040 系列(发展型号为 8042)航空相机的镜头具有较高的性能,并且采用摆扫成像,具有很广的侦察范围。Vinten 公司航空相机外型如图 3-1 所示。

线阵推扫型航空相机在其成像的过程中由于容易受到飞机姿态变化等因素的影响,因此图像的清晰度与几何保真度不容易得到保障。面阵探测器能够对地面目标区域同时成像且曝光时间短、受载机姿态的影响小,可大大提高航空侦察能力和战场生存能力。20 世纪 90 年代初期,美国开始研发以面阵 CCD 为成像介质的航空相机。目前较为先进的中低空面阵可见光航空相机有 ROI 公司的 CA-260、CA-261 和 Fairchild 公司的 F-985C 相机。典型中低空面阵可见光 CCD 相机技术参数见表 3-2。

(a)8010

(b)8042

图 3-1　Vinten 公司航空相机外型

表 3-2　典型中低空面阵可见光 CCD 相机技术参数

相机型号	CA-260	CA-261	F-985C
像元数	2 048×2 048 5 040×5 040	2 048×2 048 5 040×5 040	9 216×9 216
感光单元尺寸	12 μm×12 μm	12 μm×12 μm	8.75 μm×8.75 μm
焦距	37.5 mm 300.0 mm	304.8 mm 405.7 mm	25.4 mm 457.2 mm
成像方式	分幅	步进分幅	分幅

3.1.2　可见光成像系统的组成

可见光成像系统是安装在运动平台从空中或空间摄取地球表面景物影像的精密光学仪器,因此要求其对温度、压力、震动和加速度等环境变化具有较好的适应性,能够改善或消除相对运动引起的影像位移,并能按预定程序进行自动侦察。可见光成像系统主要由光学系统、图像传感器、曝光量控制系统(自动调光系统)、调焦系统、影像位移补偿系统、电路系统、座架系统、温度控制系统、图像注释信息及附属系统组成。

3.1.3 可见光成像系统的功用

1. 光学系统

光学系统用来收集地物目标物体对日光的反射辐射,将其聚焦到焦面上,为感光介质记录物体的光学影像提供能量。

2. 图像传感器

图像传感器是利用光电器件的光电转换功能将感光面上的光像转换为与光像成相应比例关系的电信号的设备。与光敏二极管、光敏三极管等"点"光源的光敏元件相比,图像传感器是将其受光面上的光像分成许多小单元,将其转换成可用的电信号的一种功能器件。图像传感器主要有 CCD 器件和 CMOS 器件,按器件的排列结构又分为线阵器件和面阵器件。

3. 曝光量控制系统

曝光量控制系统又称自动调光系统,其作用是保证图像传感器获得正确、合适的曝光量。其原理是通过测光元件获得被摄景物的亮度,再根据图像传感器的感光度,运用曝光量方程运算,控制系统的曝光参数,如快门速度、光电器件的积分时间、光圈数或电路增益等。曝光量控制系统按工作原理可分为光圈优先式和快门优先式;按快门的结构可分为帘幕式和叶片式;按快门的安装方式可分为镜间式和焦面式。

4. 调焦系统

以固定焦距的方式工作的成像系统焦距不太长,多属于短焦或中焦,加上照相时拍照高度变化有限,因此照相高度变化、环境条件变化引起最佳成像面的移动对具有中等分辨率的照相系统的像质影响不大。另外,固定焦距工作方式使像面位置易于精确保持。对于高性能成像系统或较大成像高度的成像系统,为防止相机在高空因温度和压力变化而使光学系统产生离焦,影响成像质量,必须设有自动调焦系统。

5. 影像位移补偿系统

航空航天成像与一般地面摄影的主要区别在于,航空航天成像在其工作过程中始终处于运动状态。在曝光时间或光积分时间内,被拍照的地物影像与感光介质之间的相对运动就产生了像点移动,简称像移。这种像移导致图像质量降低,因此必须设法消除,所以空天成像系统都有自动影像位移补偿系统。航空航天成像按补偿形式可分为光学式、机械式和电子式。

6. 电路系统

电路系统包括通信系统、控制系统和信号处理系统。通信系统主要负责与平台上的侦察任务处理机之间的通信,进行信息交换,把控制命令和飞行参数传输给相机的控制系统或把相机的状态数据传输给侦察任务处理机;控制系统则负责对成像系统的工作协调控制和状态的检测,并将状态数据给通信系统;信号处理系统包括图像传感器正常工作时的驱动电路、图像传感器输出信号的放大、A/D 转换、扫描变换、非均匀性校正、图像增强等。

7. 座架系统

座架系统用来固定成像系统,并对其进行减震、稳定姿态和通过摇摆或步进实现多航线成像。座架系统按结构和功用可分为减震座架、摇摆座架和稳定平台三种。

8. 温度控制系统

温度控制系统能保证成像系统本身及周围的环境温度始终处在常温状态下,以保证成像质量。

9. 图像注释信息

图像注释信息将飞机、相机等相关参数加入 TXT 文档中,以供图像处理、图像判读和目标定位时使用。

10. 附属系统

此外,可见光成像系统还包括电源系统、电缆和舱门等。

3.2 光学系统

光学系统是由正透镜、负透镜、平面镜等组合而成的,其作用是获取被摄目标的光学影像,使其成像在光敏材料上,因此它的性能好坏直接影响着影像的质量。同时,在进行各种摄影的计算时,也必须了解其镜头的主要性能。由于空天成像系统成像时成像条件相当复杂,对图像质量要求又高,因此也就决定了对光学系统有很高的要求。光学系统必须满足以下基本要求:在整个视场范围内应有较高的分辨率;应具有合适的视场角;光谱透过率要高,彩色还原性要好;杂散光要少,像面照度分布应均匀;在较大的成像高度上,能得到较大的比例尺;应保持影像与被摄地面景物的相似性,即畸变要小;在正常成像条件(如高度、温度、压力的变化及震动等)下,成像物镜的性能满足要求。

考虑到空天成像系统的特殊性,除通常的光学系统外,还有滤光镜,为加以区分,将用于成像的光学系统称为成像物镜。

3.2.1 成像物镜

成像物镜按其组成光学元件可以分为折射系统、折反系统和反射系统。

1. 折射系统

折射系统全部由透镜构成，比较容易实现大视场、高成像品质的要求。但宽谱段、大口径、长焦距折射系统受到玻璃材料光学特性（如折射率稳定性、材料均匀性和材料物理特性）的限制，实现起来较为困难。此外，折射系统对环境温度和气压变化的要求高，特别是对温度梯度的要求高，大大限制了折射光学系统的空间应用。

空天相机采用折射光学系统，为减小环境温度和气压变化对像面位移的影响，一般采用抗辐照玻璃校正二级光谱，这类玻璃相对色散很接近，为提高系统成像品质、消除高级像差，光学系统的结构就必然很复杂。

图3－2所示为常用的双高斯型光学系统，用对称结构消除像差，可以获得十几度、几十度甚至上百度的视场，像质很高。但这种结构需要很多组光学镜片，体积、质量相对较大，受常用光学玻璃均匀性限制和用它制成的消色差物镜二级光谱几乎相同（与物镜焦距成正比）的缘故，其焦距、通光口径设计受到了很大限制。

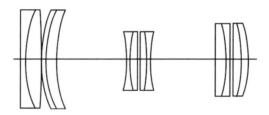

图3－2　常用的双高斯型光学系统

2. 折反系统

航空成像系统的折反光学系统由透镜和平面镜构成，透镜主要起到成像作用。平面镜有三个作用：主要起到折转光路减小光学系统长度，从而减小整个成像系统长度的作用；当整个光学镜筒转动时，平面镜起到扫描成像的作用；可以利用平面镜辅助进行调焦和像移补偿。典型的航空成像系统的折反光学系统如图3－3所示。

航空成像系统的折反光学系统由透镜、曲面镜和平面镜组成，一般要求焦距几米，视场在10°以内。系统焦距主要由反射面决定，不需要校正二级光谱。折射元件一般采用无光焦度系统，用以校正视场外像差，故折反系统对环境压力变化不敏感。常用的大视场折反系统是施密特形式，由于要求镜筒很长，因此在空间相机中通常采用准施密特形式。

典型系统有法国SPOT卫星中的CCD相机（图3－4），其光学设计是在反射镜前后各放置一个无光焦度像差校正透镜组，通过两组校正透镜实现全视

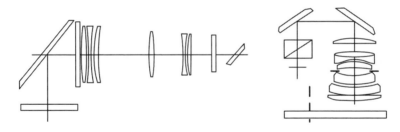

图 3-3 典型的航空成像系统的折反光学系统

场、全光谱范围的像差校正,其光学系统参数为:系统焦距为 1 200 mm,相对孔径1∶3.5,视场为 9°,在全视场 50 lp/mm 下,调制传递函数(Modulation Transfer Funtion,MTF)达到衍射极限。

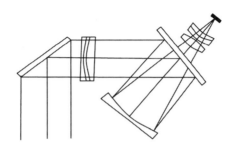

图 3-4 SPOT 卫星的 CCD 相机光学系统

3.反射系统

反射系统中参与成像的光学表面全部为反射面,其主要优点是:光谱范围宽;由于全部采用反射表面,对从紫外到热红外光谱区全部适用,因此不存在色差;镜面反射率往往比透镜的透射率高得多。其缺点是通常需要采用非球面技术,光学加工检测难度大,装调相对困难。图 3-5、图 3-6 所示分别为典型的双反射镜、三反射镜光学系统。

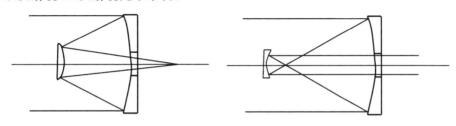

图 3-5 典型的双反射镜光学系统

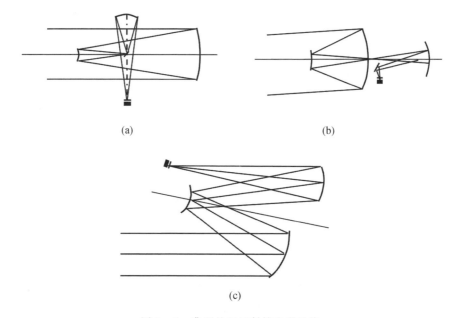

图 3-6 典型的三反射镜光学系统

3.2.2 光学特性参数

光学系统的特性参数主要包括焦距、相对孔径和视场角。

1. 焦距

光学系统焦距 f' 的大小决定被摄景物所成像的大小,即直接影响比例尺 $(1/m)$,也就是垂轴放大率。对于垂直成像,物距 l 等于成像高度 H(H 为航高或轨道高度),像距 l' 等于焦距 f',因此空天成像的比例尺为

$$\frac{1}{m} = \frac{l'}{l} = \frac{f'}{H}$$

对于倾斜成像,物距 l 等于斜距,若倾斜角度为 α,则物距为 H,像距 l' 仍等于焦距 f',因此空天成像的比例尺为

$$\frac{1}{m} = \frac{l'}{l} = \frac{f'\cos\alpha}{H}$$

2. 相对孔径

相对孔径是指光学系统的入瞳直径 D 与焦距 f' 之比,相对孔径的倒数称为 F,$F = f'/D$。相对孔径决定了光学系统的衍射分辨率及像面照度,衍射分辨率 σ 与相对孔径的关系为

$$\sigma = 1.22 \frac{\lambda}{\dfrac{D}{f'}} = 1.22\lambda F \qquad (3-1)$$

式中　λ——入射光波长。

光学系统的分辨率 N 为

$$N = \frac{1}{\sigma} = \frac{1}{1.22\lambda F}$$

相机的地面分辨率(Ground Resolution Distance, GRD)取决于相机的摄影分辨率 N(lp/mm),其与高度、焦距的关系可表示为

$$\mathrm{GRD} = \frac{H}{Nf'}$$

空天成像系统属于远距离成像,像面照度计算公式为

$$E = \frac{\pi}{4} L\tau_0 \left(\frac{D}{f'}\right)^2 \qquad (3-2)$$

式中　L——目标亮度;

　　　τ_0——光学系统透过率。

3. 视场角

成像系统的视场角决定了成像范围的大小,它不仅取决于画幅的大小,还与物镜的焦距有关。视场角分为对角线视场角、纵向视场角和横向视场角。其计算方法分别是画幅的对角线、纵边和横边长度对物镜出瞳中心的张角 2ω,其计算公式为

$$2\omega = 2\arctan \frac{M}{2f'} \qquad (3-3)$$

式中　M——画幅的对角线、纵边或横边的长度,取决于计算哪种视场角。

当画幅一定时,焦距越短,视场角越大;反之,则视场角越小。

焦距、相对孔径和视场角三个参数之间的关系是彼此联系而又相互制约的,同时达到很高的性能要求是相当困难的,只能根据使用要求有所侧重。

3.2.3　滤光镜

航空侦察所用的滤光镜是安装在镜头前或镜头内部的一种玻璃镜,有滤色镜、灰色镜、变密镜和偏振镜等数种。它们在航空侦察中的作用是消除有害光线对成像的不良影响,保证影像的质量。滤光镜在滤除有害光线的同时,还减少了进入成像侦察设备的光能。对光能的减少程度通常用滤光镜系数来表示。

滤光镜系数 C 定义为

$$C = \frac{\Phi_{\text{前}}}{\Phi_{\text{后}}} \qquad (3-4)$$

式中　$\Phi_{前}$——加滤光镜前进入镜头的光通量；

$\Phi_{后}$——加滤光镜后进入镜头的光通量。

C——滤光镜衰减光通量的倍率，$C>1$。

1. 滤色镜

为便于研究使用滤色镜减小大气烟雾影响的原理并正确地选用滤色镜，需要知道滤色镜的结构和光谱透光特性。

(1) 滤色镜的结构。

成像侦察使用的滤色镜如图3－7所示，其呈圆形，周围装有金属框，在框的边缘上有固定锁扣，以便固定在光学系统上，框内镶着一块起滤光作用的两面平行的镜片。这种镜片带有一定的颜色（黄、橙或红色），对光线具有选择吸收的性质，因此光线透过这种镜片后，其光谱成分会被改变。

图3－7　成像侦察使用的滤色镜

镜片是用特殊的有色玻璃制成的，还有的用两块无色玻璃夹一层有色胶膜制成。用有色玻璃制成的镜片不易褪色，其光谱透光特性较为稳定；胶质的镜片易于褪色，容易改变透光性能，但是它在制作时却容易获得各种较精确的光谱特性。

(2) 滤色镜的光谱透光特性。

光谱透光特性是滤色镜的基本特性，它说明滤色镜能够透过哪些波长的光线及其透射量。透过光线的波长和透射量取决于滤色镜对各单色光的光学密度，因此滤色镜的光谱透光特性可用它对各单色光的光学密度的变化曲线（称为光谱透光曲线）来表示，从曲线上可以看出滤色镜吸收和透过各单色光的情况。例如，图3－8所示为某种滤色镜的光谱透光曲线，从曲线上可以看出，该滤色镜能够全部吸收 $4\sim4.5\ \mu m$ 波长范围内的光线，部分透过 $4.5\sim5\ \mu m$ 波长范围内的光线，而波长为 $5\ \mu m$ 以上的光线却绝大部分都能透过。

滤色镜有黄、橙、红色之分，同一颜色又有深浅之别，无疑其光谱透光特性也是有区别的。它们的区别主要表现在吸收短波光线的波长范围不同。滤色镜的颜色由黄到红或同一颜色由浅到深时，吸收短波光线的波长范围就会逐渐

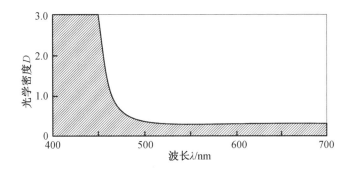

图 3-8 某种滤色镜的光谱透光曲线

扩大,而向长波部分延伸,或者说透过长波光线的波长范围越来越小。

(3)使用滤色镜减小大气烟雾的影响。

大气烟雾的亮光主要由蓝、紫色等短波光线组成,红、橙色等长波光线较少。当使滤色镜减小大气烟雾影响的情形用滤色镜成像时,滤色镜因具有吸收短波光线而透过长波光线的特性。它能阻止大气烟雾发出的短波光线,而让景物反射的长波光线通过,使图像传感器感光,这样就减小了大气烟雾的影响,保证了图像质量。

大气烟雾亮光中,长波光线的数量随着烟雾的大小而不同。烟雾较大时,其亮光中的长波光线会相应增多。但是,滤色镜吸收光线的波长范围是随着它的号数增大而向长波部分延伸的,随着它的号数增大,被它吸收的长波光线相应增多。因此,要减小不同的烟雾,必须使用不同号数的滤色镜,使用号数越大的滤色镜,减小烟雾影响的效果就越好。戴橙色镜能阻止短波光线,减小烟雾的影响,但是滤色镜不仅能阻止烟雾发出的短波光线,还能阻止景物反射的短波光线。这样既减少了进入侦察设备的光线,又减弱了景物阴影部分和反射短波光线的物体的反射光,使它们的影像细部受到损失。所戴滤色镜的号数越大,虽然减小烟雾影响的效果越明显,但是影像细部的损失也越严重。因此,在使用滤色镜侦察时,要利用其有利的一面,避免其不利的一面。这样,就不应该只从减小烟雾影响的效果出发,片面地强调使用号数较大的滤色镜,而应该针对着不同的烟雾情况,选用不同号数的滤色镜,使其既能减小烟雾的影响,又能尽量避免阴影部分的细部损失和过多地降低光量。

还须指出,滤色镜对减小青色烟雾影响的效果较好,对减小灰白色烟雾影响的效果很差,这是因为灰白色烟雾发出的短波和长波光线的数量相差不多,即使号数大的滤色镜,也不能把有害的长波光线完全吸收。

(4)滤色镜的选用。

为在使用滤色镜侦察时做到趋利避害,达到正确使用的目的,还必须了解如何选用滤色镜的问题。

由滤色镜减小烟雾影响的原理可知,滤色镜的选用是依据大气烟雾中长波光线(除蓝、紫等短波光线外的可见光)的多少来进行的。在烟雾亮光中长波光线的数量较多时,选用的滤色镜的号数就应较大;否则,选用的滤色镜的号数就应较小。

在成像侦察时,大气烟雾中长波光线的数量是随着侦察高度、能见度和太阳高度角而变化的。在太阳高度角一定的情况下,当侦察高度增高、能见度减小时,烟雾亮度随着增大,烟雾亮光中长波光线的数量也随着增多。这是因为高度增高会使景物的反射光经过大气的路程增长、能见度减小,说明大气中杂质的数量增多,结果二者均会使散射增强、散射的长波光线的数量增多。在侦察高度和能见度一定的情况下,当太阳高度角减小时,由于太阳光通过大气层的厚度增大,因此散射的长波光线也会增多。总之,随着侦察高度的增高和能见度及太阳高度角的减小,烟雾亮光中长波光线的数量或相对数量均会增加。因此,在实际工作中就可以按照这些条件选用适当的滤色镜。选用的原则是侦察高度越高、能见度和太阳高度角越小时,滤色镜片的号数越大。

2. 灰色镜

灰色镜对光线具有非选择吸收的性质,能减弱透过光线的光量,但不改变其光谱成分。灰色镜是专门用来降低像面照度、增长曝光时间的。在成像侦察中,有时确定出的曝光时间比成像侦察设备快门的最短曝光时间还短。为防止曝光过度,可以通过缩小光圈来调整光量,但是有的成像侦察设备没有光圈装置,在这种情况下,就可以采用滤色镜减弱进入成像侦察设备的光量,增长图像传感器所需的曝光时间,使之与成像侦察设备的曝光时间相适应,以防止图像传感器曝光过度。

灰色镜减弱光量的程度一般用透射率来表示。灰色镜的透射率越小,所减弱的光线就越多。为减弱不同的光量,每套灰色镜均由数块透射率不同的灰色镜组成。

灰色镜一般应根据成像侦察设备的最短曝光时间与确定的曝光时间的比值进行选用,这个比值就是应选用的灰色镜的阻光率。例如,按照各种条件确定的曝光时间为 $1/2\ 000$ s,而成像侦察设备上的最短曝光时间只有 $1/1\ 000$ s,这两个曝光时间的比值约为 2,此时就可以选择阻光率为 2 的灰色镜,以便用 $1/1\ 000$ s 的曝光时间进行成像侦察。

在使用滤色镜侦察时,如果所确定的曝光时间短于成像侦察设备的最短曝光时间,则可将灰色镜与滤色镜迭合起来使用。

3. 变密镜

变密镜是一种密度不均匀的滤光镜,可分为滤色变密镜和灰色变密镜两种:滤色变密镜用于倾斜成像侦察;灰色变密镜用于具有广角光学系统的成像侦察设备。

倾斜成像侦察时,在成像侦察设备的视角内远景与近景的光线路程相差很大,因此烟雾亮度也就不同,这样就会引起像面照度和烟雾影响不均的现象。由于远景比近景的光线路程远,因此像面上远景影像的烟雾影响和照度也比近景影像要大。在这种情况下,若选用一般的滤色镜,势必不能有效地减小各部分的烟雾影响,即使采取按主景线的路程选择滤色镜,也只是在远、近景光线路程相差不大的情况下才比较适合。当光线路程相差很大时,烟雾亮度将相差数倍,用这种办法也解决不了问题。使用滤色变密镜就可以解决这一问题。

滤色变密镜是一种颜色密度不均匀的变密镜,它的变密形式是从一边到对边由深逐渐变浅的(图 3-9)。由于颜色密度不同,其吸收短波光线的光谱范围和光量也不同,因此滤色变密镜能够减弱不均匀的烟雾影响并纠正像面照度不均的现象。倾斜成像侦察时,选用颜色深浅差别程度与远、近景烟雾影响的差别程度相适应的滤色变密镜,并将其密度由浅到深的方向与成像侦察设备近景到远景的方向取得一致,即可使近景时入光学系统的光线主要通过变密镜的浅色部分,而使远景射入光学系统的光线通过变密镜的深色部分(图3-10)。这样,既减小了不同程度的烟雾影响,又补偿了像面照度不均的现象。

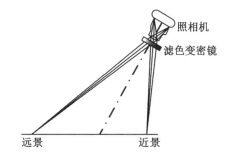

图 3-9 滤色变密镜　　图 3-10 倾斜成像侦察使用变密镜的示意图

用于广角光学系统成像侦察设备上的灰色变密镜是专门用来纠正像面照度不均的缺陷的,是一种灰色密度不均匀的变密镜,它的变密形式是由中间向四周渐渐变浅的(图 3-11)。

由于中间密度大、吸收的光量多,因此灰色变密镜能使投射到像面中间部分的光量减弱得较多,而使投射到四周的光量减弱得较少(图 3-12)。如果变密镜透光不均的情形刚好与像面照度分布不均的情形相反,那么使用它即可使像面照度分布得比较均匀。

 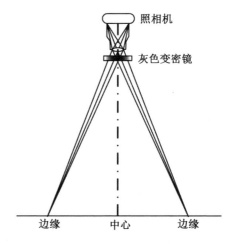

图 3-11　灰色变密镜　　图 3-12　灰色变密镜纠正像面照度不均的示意图

纠正像面照度不均的变密镜一般还带有黄、橙或红等颜色。这种带有颜色的变密镜既可纠正照度不均的缺陷，又可减小烟雾的影响。

4. 偏振镜

偏振镜是一种对光能起偏振作用的滤光镜。在成像侦察中，它可用来消除目标闪光的影响，也可减弱大气烟雾的影响。

偏振镜能够改变透过光线的电震动方向的分布，也会减弱其光量，但它并不改变透过光线的光谱成分。现以自然光和偏振光通过偏振镜的情况来说明偏振镜的偏振作用。

自然光通过偏振镜时能变为全偏振光（图 3-13）。从图 3-13 中可知，透过偏振镜的偏振光，其电震动方向与偏振轴的方向是一致的。当改变偏振轴的方向时，透过的偏振光的电震动方向也会随之改变，但永远与偏振轴的方向一致。由此可知，利用偏振镜并改变偏振轴的方向，就可以取得电震动方向不同的全偏振光。

自然光通过偏振镜后能变成全偏振光，部分偏振光和全偏振光通过偏振镜后也会变成全偏振光。但是，当全偏振光的电震动方向与偏振轴相垂直时，全偏振光就不能通过偏振镜。

自然光通过偏振镜之后，会变为震动方向与偏振轴一致的全偏振光。但这并不是说偏振镜只容许自然光中与偏振轴平行的震动通过。事实上，通过偏振镜的光线不仅包括自然光中与偏振轴平行的震动，还包括其他方向上的一部分震动，只不过所有震动的震动方向都一致而已。因此，通过偏振镜的光量既包

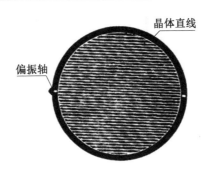

图 3-13 偏振镜

括自然光中与偏振轴平行的震动的光量,又包括其他方向上一部分震动的光量。如果再除去偏振镜因反射和吸收而损耗的一部分光量,则实际通过偏振镜的光量约为入射自然光的 25%~42%,即偏振镜的透射率为 0.25~0.42。利用偏振镜能阻止偏振光透过的特性即可消除目标的闪光并减小烟雾的影响。在侦察海港、湖泊和其他水上目标时,必须利用偏振镜来消除闪光的影响。

3.3 图像传感器

可见光成像系统从胶片型发展到光电型,其本质的变化是感光介质的变化——从胶片到 CCD 器件。因此,要掌握 CCD 成像系统的原理,必须理解其核心部件 CCD 器件的工作原理。它是理解如何将一幅光学图像转变成电子图像,最后转变成数字图像的关键,数字图像便于机上实时显示和实时传输,大大提高了情报的时效性,因此备受青睐。CCD 成像系统的发展经历了三代:一代采用线阵 CCD 器件,二代采用 TDICCD 器件,二者均为扫描成像方式,三代则采用面阵 CCD 器件。为增大收容范围,通常采用步进分幅的成像方式。

3.3.1 CCD 的工作过程

CCD 是以半导体硅材料为基础的超大规模集成功能器件。CCD 的突出特点以电荷作为信号,而不同于其他大多数器件以电流或电压为信号。

CCD 称为固体成像器件,它本身就能完成光学图像转换、信息存储和按顺序(自扫描)形成视频信号的全过程。CCD 的基本功能是电荷的存储和电荷的转移。因此,CCD 工作过程的主要问题是信号电荷的产生、存储、传输和检测。

1. 电荷存储

构成 CCD 的基本单元是金属-氧化物-半导体(MOS)结构,如图 3-14(a)所示。在栅极 G 施加正偏压 U_G 之前,P 型半导体中空穴(多数载流子)的分布是均匀的。当栅极施加正偏压U_G(U_G小于P型半导体的阈值电压U_{th})后,空穴被排斥,产生耗尽区,如图3-14(b)所示,偏压继续增加,耗尽区将进一步向半导体体内延伸。当$U_G>U_{th}$时,半导体与绝缘体界面上的电势(常称为表面势,用Φ_S表示)变得如此之高,进而将半导体体内的电子(少数载流子)吸引到表面,形成一层极薄(约2~10 μm)但电荷浓度很高的反型层,如图3-14(c)所示。

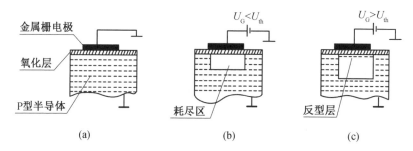

图3-14 CCD栅极电压变化对耗尽区的影响

反型层电荷的存在表明了MOS结构存储电荷的功能。MOS结构具有电荷存储功能是因为耗尽区对于电子来说是一个势能很低的区域,称为势阱。MOS电容存储信号电荷的容量与栅极电压U_G、单位面积MOS电容容量C_{OX}和栅极电极的面积A有关,其关系为

$$Q = C_{OX} \cdot U_G \cdot A \tag{3-5}$$

2. 电荷耦合

为理解CCD中势阱及电荷如何从一个位置转移到另一个位置,可观察图3-15所示三相CCD中电荷的转移过程中四个彼此靠得很近的电极在加上不同电压的情况下,势阱的变化与电荷的运动规律。假定开始时有一些电荷存储在栅极电压为10 V的第一个电极下面的深势阱里,其他电极上均加有大于阈值的较低电压(如2 V)。图3-15(a)为0时刻(初始时刻),经过t_1时刻后,各电极上的电压变为图3-15(b),第一个电极仍保持为10 V,第二个电极上的电压由2 V变到10 V,因为这两个电极靠得很近(间隔不大于3 μm),故它们各自的对应势阱将合并在一起,原来在第一个电极下的电荷变为这两个电极下势阱所共有,如图3-15(b)和图3-15(c)所示。若此后电极上的电压变为图3-15(d),第一个电极电压由10 V变为2 V,第二个电极电压仍为10 V,则共有的电荷转移到第二个电极下面的势阱中,如图3-15(e)所示。由此可见,深势阱及电荷包向右移动了一个位置。

通过将一定规则变化的电压加到CCD各电极上,电极下的电荷包就能沿着半导体表面按一定方向移动,这就是所谓的电荷耦合。通常把CCD电极分

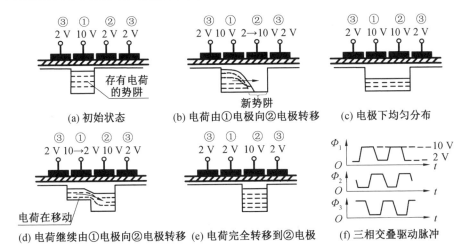

图 3-15 三相 CCD 中电荷的转移过程

为几组,每一组称为一相,并施加同样的时钟脉冲。CCD 的内部结构决定了使其正常工作所需要的相数。图 3-15 所示的结构需要三相时钟脉冲,其波形图如图 3-15(f)所示,这样的 CCD 称为三相 CCD。三相 CCD 的电荷必须在三相交叠驱动脉冲的作用下,才能以一定的方向逐单元地转移。除三相 CCD 外,还有二相 CCD 和四相 CCD。

3.电荷的注入

在 CCD 中,电荷的注入分为光注入和电注入两类。用于成像的 CCD 电荷均采用光注入。

当光照射到 CCD 硅片上时,在栅极附近的半导体体内产生电子—空穴对,其多数载流子被栅极电压排开,少数载流子则被收集在势阱中形成信号电荷。光注入方式又可分为正面照射式和背面照射式。由于 CCD 的正面布置着很多电极,因此电极的反射和散射作用使得正面照射的光谱灵敏度比背面照射时低。

图 3-16 所示为背面照射式光注入的示意图。CCD 摄像器件的光敏单元为光注入方式,光注入电荷为

$$Q_{IP} = \eta q \Delta n_{eo} A T_C \tag{3-6}$$

式中　η——材料的量子效率;

q——电子电荷量;

Δn_{eo}——入射光的光子流速率;

A——光敏单元的受光面积;

T_C——光注入时间。

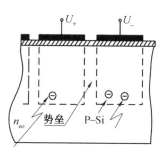

图 3-16 背面照射式光注入的示意图

由式(3-6)可以看出,当 CCD 确定以后,η、q 及 A 均为常数,注入到势阱中的信号电荷 Q_{IP} 与入射光的光子流速率 Δn_{eo} 及注入时间 T_C 成正比。注入时间 T_C 由 CCD 驱动器的转移脉冲的周期 T_{SH} 决定。当所设计的驱动器能够保证其注入时间稳定不变时,注入到 CCD 势阱中的信号电荷只与入射光的光子流速率 Δn_{eo} 成正比,因此可用作图像传感器。

4.电荷的检测

目前 CCD 输出电荷信号方式主要有电流输出、浮置扩散放大器输出和浮置栅放大器输出。电流输出方式的电路如图 3-17 所示,它由检测二极管、二极管的偏置电阻 R、源极输出放大器和复位场效应管 T_R 等单元构成。信号电荷在转移脉冲 Φ_1、Φ_2 的驱动下向右转移到最末一级转移电极(图中的 Φ_2 电极)下的势阱中后,Φ_2 电极上的电压由高变低时,由于势阱提高,因此信号电荷将通过输出栅(加有恒定的电压)下的势阱进入反向偏置的二极管(图中 N^+ 区)。由电源 U_D、电阻 R、衬底 P-Si 和 N^+ 区构成的反向偏置二极管相当于无限深的势阱。进入到反向偏置的二极管中的电荷将产生输出电流 I_D,且 I_D 的大小与注入到二极管中的信号电荷量成正比,而与电阻 R 的阻值成反比。电阻 R 是制作在 CCD 内的固定电阻,阻值是常数。因此,输出电流 I_D 与注入到二极管中的电荷量成线性关系,且有

$$Q_S = I_D dt \tag{3-7}$$

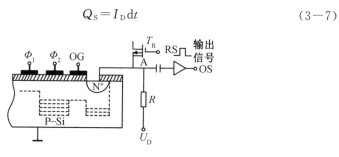

图 3-17 电流输出方式的电路

由于 I_D 的存在,因此 A 点的电位发生变化。注入到二极管中的电荷 Q_S 越大,I_D 也越大,A 点电位下降得就越低。因此,可以用 A 点的电位来检测输出二极管的电荷量 Q_S。隔直电容将 A 点的电位变化取出,使其通过场效应管放大器的 OS 端输出。在实际的器件中,常用绝缘栅场效应管取代隔直电容,并兼有放大器的功能,信号由开路的源极输出。

图中的场效应管 T_R 用于对检测二极管的深势阱进行复位。复位场效应管在复位脉冲 RS 的作用下使复位场效应管导通,它导通的动态电阻远小于偏置电阻 R,使输出二极管中的剩余电荷通过复位场效应管流入电源,使 A 点的电位恢复到起始的高电平,为接收新的信号电荷做好准备。

3.3.2 CCD 器件的成像原理

用于成像的 CCD 的功能是把二维光学图像信号转变成一维以时间为自变量的视频信号输出。成像过程都是用光学系统将景物成像在 CCD 的像敏面上。像敏面将入射到每个像敏单元上的图像照度信号 $E(x,y)$ 转变为少数载流子密度信号 $N(x,y)$ 存储于像敏单元(MOS 电容)中,然后在驱动脉冲的作用下,从 CCD 的移位寄存器中顺序转移出来,形成时序的视频信号。

CCD 器件有线阵和面阵两大类。线阵 CCD 器件又包括普通线阵 CCD 和时间延迟积分 CCD(Time Delay and Integration CCD,TDICCD),在航空航天 CCD 成像系统中普遍选用 TDICCD。

1. 普通线阵 CCD 器件

线阵 CCD 器件按模拟移位寄存器的数量可分为单沟道线阵 CCD 和双沟道线阵 CCD 两种基本形式。

(1)单沟道线阵 CCD。

图 3-18 所示为三相单沟道线阵 CCD 结构图,它由光敏阵列、转移栅、CCD 模拟移位寄存器和输出放大器等单元构成。光敏阵列一般由光栅控制的 MOS 光积分电容或 PN 结光电二极管构成,光敏阵列与 CCD 模拟移位寄存器之间通过转移栅相连。转移栅既可以将光敏区与模拟移位寄存器分隔开来,又可以将光敏区与模拟移位寄存器沟通,使光敏区积累的电荷信号转移到模拟移位寄存器中。通过加在转移栅上的控制脉冲完成光敏区与模拟移位寄存器隔离和沟通的控制。二者隔离时光敏区进行光电注入,光敏单元在不断地积累电荷,光敏单元积累电荷的时间称为光积分时间。转移栅电极电压为高电平时,光敏区所积累的信号电荷将通过转移栅转移到 CCD 模拟移位寄存器中。通常转移栅电极为高电平的时间很短,为低电平的时间很长,因此光积分时间要远超过转移时间。在光积分时间里,CCD 模拟移位寄存器在三相交叠脉冲的作

用下,将信号电荷一位一位地移出器件,经输出放大器形成时序信号(又称视频信号)。

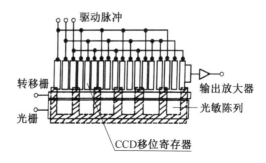

图 3—18 三相单沟道线阵 CCD 结构图

这种结构的 CCD 的转移次数多、效率低、调制传递函数 MTF 较差,只适用于像敏单元较少的摄像器件。

(2)双沟道线阵 CCD。

图 3—19 所示为双沟道线阵 CCD 结构图。它具有两列 CCD 移位寄存器 A 和 B,分列在像敏阵列的两边。当转移栅 A 和 B 为高电位(对于 N 沟道器件)时,光敏阵列势阱里积存的信号电荷包将同时按箭头指定的方向分别转移到对应的模拟移位寄存器内,然后在驱动脉冲的作用下分别向右转移,最后经输出放大器以视频信号的方式输出。

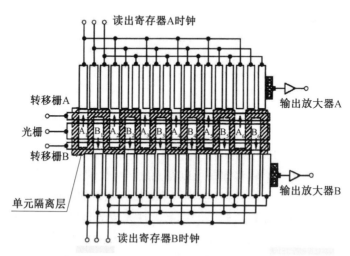

图 3—19 双沟道线阵 CCD 结构图

显然,对同样的像敏单元来说,双沟道线阵 CCD 要比单沟道线阵 CCD 的转移次数少一半,转移时间缩短一半,它的总转移效率大大提高。因此,在要求提高 CCD 的工作速度和转移效率的情况下,常采用双沟道的方式。

2. 时间延迟积分 CCD 器件

TDI 是一种线阵扫描方式,TDICCD 是基于对同一物体的多次曝光累加的概念发展而来的,它比常规扫描方式具有更高的灵敏度,在一定的光照度条件下可以提供更高的扫描速度,或者在很低的照度下按照常规速度进行扫描,用于航空和航天时还可以根据地面景物的亮度调整积分级数实现曝光量的自动控制。另外,由于其输出信号是多级电荷累加的结果,因此对器件的光响应不均匀性不敏感,从而提高了信号的信噪比。

下面介绍 TDI 芯片结构及扫描原理,TDICCD 结构示意图如图 3-20 所示。图中,中间为成像区域,成像区域每一行的两端各有两个遮光单元 2S 和两个隔离单元 2I,顶部和底部各有一行隔离区域。时钟 CI1~CI4 实现光生信号电荷的级间转移,由于采用四相时钟,因此每两个信号电荷包之间有双重势垒隔离,有助于提高电荷转移效率;Φ_1、Φ_2 实现信号电荷的读出;TCK 控制光生电荷从光敏区向水平读出移位寄存器转移,同时实现 CI4 与 Φ_1 之间的接口;CSS6~CSS48 是积分级数选择端,这种 CCD 芯片既可以 96 级全部参与积分,也可以只有一部分参与工作。输出端采用常见的浮置扩散放大器结构实现光生电荷信号向电压信号的转换,结构简单,温度敏感性小,并利用两级射随器提高带负载能力。

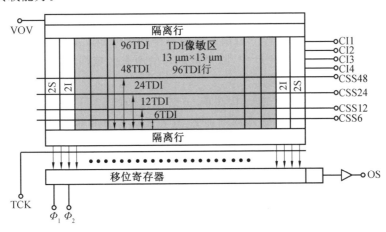

图 3-20 TDICCD 结构示意图

TDICCD 属于线阵 CCD 器件,成像时通过平台的运动或光机扫描系统的扫描来实现二维成像。在航空相机中,一般有推扫和摆扫两种成像方式。当装在飞机、卫星等运载平台上时,若光敏元件排列方向与飞行方向垂直,则可以由飞行器完成与行扫相垂直的另一维扫描,从而获取二维图像。由于这种系统工作时像用推刷扫地一样,因此称这种成像系统为推扫式 CCD 扫描成像系统。若光敏元件排列方向与平台运动方向平行,则利用光机扫描器完成与平台运动方向相垂直的另一维扫描,从而获取二维图像,这种 CCD 成像系统称为摆扫式 CCD 扫描成像系统。普通的线阵 CCD 随着平台的运动,对于地面目标 CCD 光敏单元只进行一次光积分,而 TDICCD 只要相邻积分行的光敏单元中电荷的转移速度与地面目标的像点运动速度匹配,就可以实现多达 96 次的光积分,从而起到提高 CCD 灵敏度的作用。

在长线阵 TDICCD 器件中,常采用多输出端,即将 CCD 单元的信号分段输出,减少转移次数,提高转移效率。例如,CT－E4－4096W 型 TDICCD 共有四个输出端。

3. 面阵 CCD 器件

按照一定的方式将一维线阵 CCD 的光敏单元及移位寄存器排列成二维阵列,即可以构成二维面阵 CCD。由于排列方式不同,因此面阵 CCD 有帧转移、行间转移(又称隔列转移)和帧行间转移等方式。

(1)帧转移型面阵 CCD。

图 3－21 所示为帧转移型面阵 CCD 结构图。它由两个垂直移位寄存器(分别在光敏区和存储区)、一个水平移位寄存器和一个输出端构成。光敏区的金属电极一般采用透明电极,如多晶硅。当光通过透明电极进入到半导体时,光信号转换为信号电荷被存储到势阱中,光积分结束后将信号电荷快速转移到每帧的存储区。存储区将每一行信号电荷转移到水平移位寄存器,通过输出端输出。在帧转移型面阵 CCD 中,除光敏区外的所有区域都覆盖着一种不透明的金属(如铝),以防止光线进入。

这种面阵 CCD 的特点是结构简单,光敏单元的尺寸可以很小,但光敏面积占总面积的比例小。但是帧转移型面阵 CCD 有一个严重的问题,就是存在杂散信号,又称漏光。这是因为电荷包在成像区转移时,转移期间生成的光生载流子会叠加到信号中。为减小漏光,需要采用高频率时钟使从成像区到存储区的帧转移速度足够高。

(2)行间转移型面阵 CCD。

图 3－22 所示为行间转移型面阵 CCD 结构图。行间转移型面阵 CCD 的光敏区由独立于转移区的光电二极管和 MOS 结构二极管组成。垂直移位寄存器沿光电二极管阵列排列,以便包围每个光电二极管。光电二极管中由光电转换产生的信号电荷储存在光电二极管结电容中,在垂直消隐期间,该电荷通过转移栅转移到垂直移位寄存器。转移栅是位于垂直移位寄存器与光电二极管阵列之间的模拟开关。这种操作不同于帧转移型面阵 CCD,因为从光电二

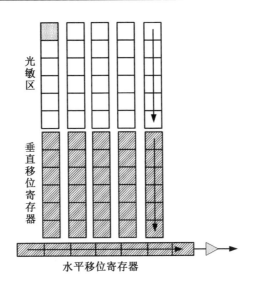

图 3-21 帧转移型面阵 CCD 结构图

极管到垂直移位寄存器的电荷转移是同时对所有像素执行的。在光电转换后,将光电荷快速由一列感光单元转移到与其相邻的一列存储单元,然后由存储单元一行行的转移到水平寄存器读出。与帧转移型面阵 CCD 一样,除光电二极管外的所有区域都用不透明的金属(如铝)覆盖,以实现光屏蔽。

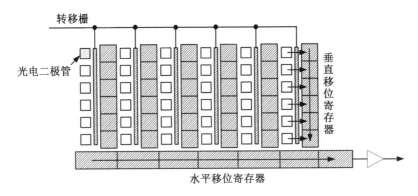

图 3-22 行间转移型面阵 CCD 结构图

行间转移型面阵 CCD 具有不需要机械快门、转移速度快的优势。同时,目前高端行间转移型面阵 CCD 带有微透镜,解决了填充因子小、灵敏度差的缺点。因此,行间转移型面阵 CCD 成为大面阵画幅式航空航天相机的首选感光器件。

行间转移型面阵 CCD-TDI 工作方式的基本原理为:CCD 的第 1 行某 1 列的第 1 个像元在第 1 次曝光积分时间内累积的电荷并不直接输出,而是在转移时序的控制下移向同列第 2 个像元并与第 2 个像元在第 2 次曝光积分时间内累积的电荷包相加。电荷转移时,CCD 和目标同时前进一步。在完成设定的最后一次曝光积分后,最后一行像元的电荷为本身和前面像元曝光累积的所有电荷包之和,并在读出时序的控制下被读出。行间转移型面阵 CCD－TDI 工作方式与普通线阵 TDICCD 工作方式是一样的,但如果采用行间转移型面阵 CCD 实现 TDI 工作方式,其电荷的垂直转移和清除过程与线阵 TDICCD 电荷的转移清除过程将有所不同,且 TDI 级数可以根据图像质量情况进行任意级设置,而不像线阵 TDICCD,其积分级数通常固定为几级,如 4 级、8 级、16 级、32 级和 96 级等。行间转移型面阵 CCD－TDI 工作方式下的工作过程和基本原理如图 3－20 所示。设 CCD 需要进行 N 次 TDI 积分,即积分级数为 N。第 1 次开始积分时,掩模区为空,感光区开始曝光积分收集电荷。在感光区完成第 1 次曝光积分后,将收集的电荷转移到像元对应的掩模区,从而完成第 1 次积分。第 2 次积分时,CCD 向前推扫一步,目标对应到第 2 行像元并开始曝光积分收集电荷,同时上一次曝光积分收集在掩模区的电荷也同步转移到第 2 步曝光积分像元对应的掩模区。在感光区完成第 2 次曝光积分后,将收集的电荷转移到像元对应的掩模区,从而完成第 2 次积分,并且完成第 1 次和第 2 次曝光积分电荷的累积。继续进行积分,在第 N 次积分时,CCD 向前推扫 N 步,目标对应到第 N 行像元并开始曝光积分收集电荷,同时上 $N-1$ 次曝光积分收集在掩模区的电荷也同步转移到第 N 步曝光积分像元对应的掩模区。在感光区完成第 N 次曝光积分后,将收集的电荷转移到像元对应的掩模区,从而完成第 N 次积分,并且完成前 $N-1$ 次和第 N 次曝光积分电荷的累积。在完成设定的 N 次积分后,第 N 行像元掩模区内存储的电荷就为这 N 次曝光积分累积的电荷之和。N 次积分后,将掩模区收集的积分电荷顺序读出,以清空掩模区。在读出掩模区内电荷的同时,感光区积分生成的电荷在下次积分开始之前可以用电子快门直接清除掉。

(3)帧行间转移型面阵 CCD。

帧行间转移型面阵 CCD 结构图如图 3－23 所示。帧行间转移型面阵 CCD 具有与帧转移型面阵 CCD 相同的成像区和存储区,也包含与行间转移型面阵 CCD 相同的像素结构,它是帧转移型面阵 CCD 和行间转移型面阵 CCD 概念的结合,也是目前 CCD 结构的最佳方式,被普遍应用于高质量的摄像机上。

在行间转移型面阵 CCD 中,光电二极管的电荷转移到垂直移位寄存器后,垂直移位寄存器被计时,光电二极管积累下一个信号电荷。由于如此多的光生载流子靠近垂直移位寄存器,信号泄露到垂直移位寄存器,因此这种现象称为

"拖尾"。为解决"拖尾"问题,帧行间转移型面阵 CCD 配置了一个额外的存储区,在电荷积累期间,其工作方式与行间转移方式相同,但是在垂直移位寄存器接收到光电二极管的电荷信号后,所有的像素电荷在垂直消隐期的开始就被移入到垂直移位寄存器中,伴随着垂直消隐的进行,这些电荷被迅速地转移到下半部分遮光的存储区中。这个转移过程非常快,以至于所谓的垂直拖尾现象完全可以忽略不计。因此,与行间转移型面阵 CCD 相比,帧行间转移型面阵 CCD 确保较少拖尾。在线扫描期间,每线像素电荷转移到读出寄存器的方式与帧转移模式的 CCD 是相同的。

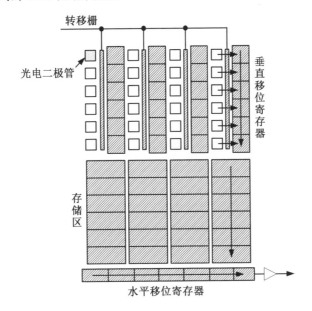

图 3-23 帧行间转型面阵 CCD 结构图

3.3.3 CCD 器件及成像系统的特性参数

为全面评价 CCD 成像系统的优劣并考虑设计和应用的需要,制定了一系列特性参数,如光谱响应、动态范围、最小帧周期和分辨率等。

1. 像元尺寸

像元尺寸是指芯片像元阵列上每个像元的实际物理尺寸,通常的尺寸包括 14 μm、10 μm、9 μm、7 μm、6.45 μm、3.75 μm 等。像元尺寸从某种程度上反映了芯片对光的响应能力,像元尺寸越大,能够接收到的光子数量越多,在同样的光照条件和曝光时间内产生的电荷数量越多。对于弱光成像而言,像元尺寸是芯片灵敏度的一种表征。

灵敏度是芯片的重要参数之一，它具有两种物理意义：一种是指光器件的光电转换能力，与响应率的意义相同，即芯片的灵敏度指在一定光谱范围内，单位曝光量的输出信号电压（电流）；另一种是指器件所能传感的对地辐射功率（或照度），与探测率的意义相同。

2. 填充因子

填充因子定义为像素中感光区域面积与像素单元总面积的比率，用公式表示为

$$FF = (A_{pd}/A_{pix}) \times 100\%$$

微型透镜将光线聚集到光电二极管上，可以有效提高填充因子。无论是在 CCD 还是 CMOS 图像传感器中，微型透镜都在提高感光度上起着非常重要的作用。

片上微型透镜将入射光汇聚在光电二极管上。片上微型透镜阵列（On-chip Microlens Array, OMA）于1983年在行间转移型面阵CCD中首次使用。它的制作过程如下：首先，使用透明树脂使颜色滤光片层平滑化；然后，将微型透镜树脂层旋涂在平滑层上；最后，在树脂层上刻蚀上光刻图案，这个图案最终将通过晶片烘培形成穹状的微型透镜。

近年来，先进的工艺制程在减小像素尺寸和增加像素总数方面卓有成效，但灵敏度随着像素尺寸的缩小而减小了。这一点可以通过增加一个简单的片上微透镜阵列来弥补，但因入射光位置不同，其从成像透镜到图像传感器的角度也不同，所以会导致阴影的产生。微透镜成像示意图如图3－24所示。

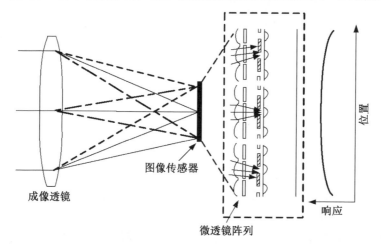

图 3－24　微透镜成像示意图

减小微型透镜与光电二极管表面的距离可以减少这个与角度相关的响应。

此外,还可以引入另外一种技术,即移动成像阵列边缘的微型透镜的位置以消除阴影。帧转移型面阵CCD的角度相应比行间转移型面阵CCD更大,因为它具有较大的填充因子。

为进一步增加光子收集效率,可以缩小透镜之间的距离。双层微型透镜结构示意图如图3-25所示,它在传统的"表面"微型透镜下有一层额外的内部微型透镜。内部微型透镜改善了角度响应,尤其是在透镜F数更小或像素尺寸更小时。除增加灵敏度外,微型透镜还有助于减少CCD图像传感器中的漏光,降低CCD图像传感器中因少数载流子扩散而造成的像素间串扰。

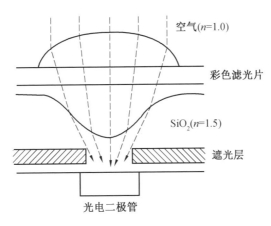

图3-25 双层微型透镜结构示意图

填充系数因为与信号噪声比有关而成为CCD图像传感器的一个重要性能参数。一般认为填充系数越高越好,因为像素的信号输出正比于光生电荷的数量和光电转换增益的大小,大的填充系数可以在相同照度的情况下得到更多的光生电荷,但会因感光区域面积的增大而使得CCD结耗尽层总电容增加,从而减小了光电转换增益。因此,必须对这两个矛盾的参数进行折中选取,以使光电器件的光响应性能达到最优。

3.彩色滤光阵列

图像传感器从本质上来说是一种单色传感器,它对敏感波长范围内的光产生影响。因此,为使图像传感器能够还原出彩色图像,必须采用分离颜色的技术。在光敏二极管上用片上彩色滤光阵列(Color Filter Array,CFA),这是一种经济合算的解决方案,可以将色彩信息分离。图3-26所示为彩色滤光器布局和光谱透射率。

红、绿、蓝(Red,Green,Blue,RGB)基色滤光阵列是主要使用的滤光阵列。RGB彩色滤光阵列有着更优的色彩再现能力和更高的彩色信噪比(Signal-to-

Noise Ratio,SNR)因为它具有良好的波长敏感性。

最常用的基色滤光模式称为拜耳模式,如图3-26(a)所示。这种模式由拜耳(B. E. Bayer)提出,它的绿色滤光器是蓝色或红色滤光器数量的2倍,因为人的视觉系统主要从绿色光谱部分获得视觉细节。这意味着,视觉亮度差异与绿色有关,而颜色知觉与红色和蓝色有关。

如图3-26(b)所示,CMY互补色滤光模式由青色(Cyan,Cy)、洋红色(Magenta,Mg)和黄色(Yellow,Ye)滤光器组成,每种颜色由下列等式表示,即

$$Ye=R+G=W-B$$
$$Mg=R+B=W-G$$
$$Cy=G+B=W-R$$
$$G=G$$

相比于RGB基色滤波,该模式的各个互补色滤光片的光穿透范围较宽,可以获得更高的敏感度。然而,为输出显示而将互补色成分转换成RGB的减法操作会带来信噪比的下降,色彩再现也通常没有RGB基色滤光那么准确。

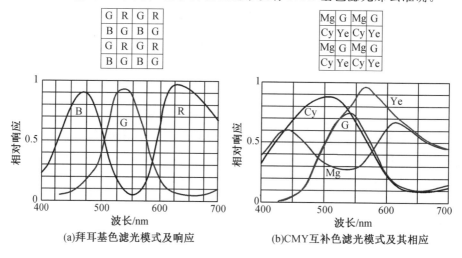

(a)拜耳基色滤光模式及响应　　(b)CMY互补色滤光模式及其相应

图3-26　彩色滤光器布局和光谱透射率

制作片上颜色滤光片的材料可分为两类:颜料和染料。基于颜料的彩色滤波阵列是当今主流,因为它们相比于基于染料的彩色滤波阵列有更好的耐热性和耐光性。这两类材料制成的滤光片的厚度均可做成从亚微米到 $1\ \mu m$ 的任何值。

4.动态范围

CCD图像传感器的动态范围定义为像敏单元的势阱中可存储的最大电荷量与噪声决定的最小电荷量之比。

CCD 势阱中可容纳的最大信号电荷量取决于 CCD 的电极面积、器件结构、时钟驱动方式及驱动脉冲电压的幅度等因素。

对于 CCD 相机而言,其与最大电荷量对应的光敏面照度称为饱和照度。若像面照度大于饱和照度,CCD 单元存储的电荷量仍然等于满阱电荷,就会使图像的亮部损失,即对应像面照度大于饱和照度的那些地面目标点全部在图像上表现为最大亮度点。造成这种情况的原因是 TDICCD 的积分级数、CCD 光敏单元的积分时间、光阑等的调节能力无法满足要求。

在 CCD 图像传感器中有以下几种噪声源:电荷注入器件时由电荷量的起伏引起的噪声;电荷在转移过程中电荷量的变化引起的噪声;检测点常常需要对检测二极管进行复位操作,因此复位脉冲将导致信号的检测噪声。CCD 是一种低噪声器件,可以用于微光成像。

对于 CCD 相机而言,目标和背景辐射在辐射传输和光电转换过程中不可避免地受到各种随机因素的干扰,这些干扰表现为各种类型的噪声,主要包括光子散粒噪声、暗电流散粒噪声、读出噪声、热噪声及量化噪声等。其中,光子散粒噪声、暗电流散粒噪声和读出噪声占主要支配地位。当目前的辐射强度较小,其对应的光敏面势阱中产生的电荷量与噪声决定的最小电荷量相当时,很难分辨出目标,一般为其 2~3 倍时所对应的光敏面照度为最小光照度。

5. 光谱响应

CCD 的光谱响应范围为 0.3~1.1 μm,平均量子效率为 25%。对于具体器件有所差异。图 3-27 所示为 CCD 的量子效率随波长的变化关系,图中给出了 FTF5066M 33M 全帧转移型面阵 CCD 器件的量子效率随波长的变化曲线,其最大值位于 530 nm,量子效率达 43%。

CCD 相机在设计和使用滤色镜时,要注意光谱响应与滤色镜、光学系统透过率曲线的匹配关系。

6. 最小帧周期

CCD 是一种非稳态器件,如果驱动脉冲电压变化太慢,则在电荷存储时间内,MOS 电容已向稳态过度,即热激发产生的少数载流子不断加入到存储的信号电荷中,会使信号受到干扰,如果热激发产生的少数载流子很快填满势阱,则注入电荷的存储和转移均成泡影。因此,驱动时钟脉冲电压必须有一个下限频率的限制。为避免热产生的少数载流子对于注入电荷的干扰,注入电荷从一个电极转移到下一个电极所用的转移时间 t 必须小于少数载流子的平均寿命 τ,即 $t < \tau$。

对于三相 CCD,一个像元的转移需要经过 3 次,即 $t = T/3$(T 为时钟脉冲的周期),则可得工作频率的下限为

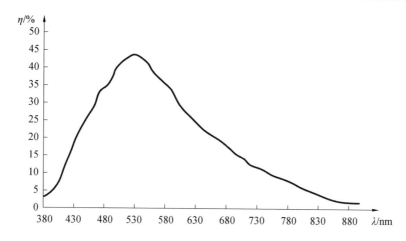

图 3-27　CCD 的量子效率随波长的变化关系

$$f_{\min} > \frac{1}{3\tau} \tag{3-8}$$

由于 CCD 的电极长度不是无限小,因此信号电荷通过电极需要一定的时间,这个时间称为 CCD 电荷转移的固有时间 $t_{固}$。驱动脉冲使其转移的时间要大于 $t_{固}$,否则转移效率大大下降,输出的信号电荷无法反映地面目标的真实情况。

对于三相 CCD,工作频率的上限为

$$f_{\max} < \frac{1}{3t_{固}} \tag{3-9}$$

对于二相、四相 CCD 而言,只需将上面两式中的系数 3 用 2、4 代替即可。

7. 空间分辨率

(1) 空间频率。

CCD 是离散采样器件,根据奈奎斯特(Nyquist)采样定理,一个成像器件能够分辨的最高空间频率等于它的空间采样频率的一半,这个频率称为奈奎斯特极限频率。如果某一方向上像元的中心距为 a,则该方向上的空间采样频率为 $1/a$,它可以分辨的最大空间频率为

$$f = \frac{1}{2a} \tag{3-10}$$

其单位为 lp/mm。由于 CCD 像元在两个方向上的像元的中心距一般相等,因此一般不加以区分。

对于 CCD 相机,只考虑由 CCD 器件所决定的最大空间分辨率公式,考虑到实际的动平台成像、大气传输、电路处理等因素,实际分辨率应低于此数值。

(2)瞬时视场角。

对于光电类相机的分辨率还可以采用瞬时视场角表示。瞬时视场角 β 是指 CCD 在某一方向上像元的像元间距对于光学系统的张角,有

$$\beta = \frac{a}{f'} \tag{3-11}$$

式中 f'——相机光学系统的焦距。

(3)地面分辨率。

为增强分辨率的直观性,航空相机还采用地面分辨率表示法。地面分辨率 D 是指像元所对应的地面大小,其在垂直成像时是由平台高度 H 和瞬时视场角 β 决定的,D 为

$$D = \beta \cdot H \tag{3-12}$$

3.3.4 CCD 器件的拼接

目前国际上通用的光电器件主要有电荷耦合器件有 CCD 和互补金属氧化物半导体 CMOS 两种。单体线阵器件的像元数有 1 024、2 048、4 096 等;面阵器件的像元数有 4 096×4 096、4 096×5 216、5 216×5 216、5 216×7 192、5 216×9 216、9 216×9 216 等。单个器件的像元尺寸为 15 μm、13 μm、11 μm、10 μm、9 μm、8.75 μm、7 μm、5 μm 等。

空天成像时,为增大横向收容宽度,常进行 CCD 的拼接。目前常见的 CCD 拼接方式可以分为两种,即光学拼接和机械拼接。光学拼接需要引入分光棱镜,因此有色差、能量分散等缺点。而机械拼接的方式简单,且不受分光棱镜加工长度、胶合长度制约条件的限制,适用于各种形式的光学系统,得到了较多的应用。由于 CCD 交错拼接并被放置在一个焦平面的通光口径内,因此会给检光及检焦等元器件的布置带来一定的难度。

1. 机械拼接

CCD 芯片封装后,四周存在非光敏区(图 3—28),CT—E4—4096W 型 TDICCD 中间的细长矩形为光敏区。CCD 的光敏区尺寸小于其外形尺寸,所以当两个芯片在线阵方向拼接时,要保证推扫成像时目标不会发生遗漏,必须采取错位拼接(图 3—29)。这种机械拼接方式应注意:两个器件要严格平行、共面,才能保证形成的图像能够拼接在一起;光敏区首尾连接处不仅要接上,还要保证必要的重叠,防止存在偏流时目标发生遗漏。重叠像元数为

$$N = \frac{B \tan \theta}{a} \tag{3-13}$$

式中 B——两排 CCD 线阵之间的行距,按目前情况看,一般约为 20 mm;

θ——预估的线阵与飞行方向不垂直的最大误差角。

图 3-28 CT-E4-4096W 型 TDICCD

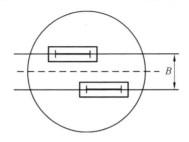

图 3-29 机械拼接示意图

航天成像时通常拼接的 CCD 芯片更多,可以把排列序号为奇数的放在一排,排列序号为偶数的放在一排,这样就形成了交错分布的两行(图 3-30),因此这种机械排列方法称为交错机械拼接方法。

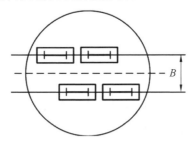

图 3-30 多片 CCD 的机械拼接示意图

交错机械拼接方法中,每个重叠区域内一般有 100 个以上的 CCD 像元尺寸宽度,两排 CCD 间的距离 B 决定了重叠区域的长度。利用这种拼接结构,CCD 重叠区域可以对目标景物进行 2 次成像。当相机推扫成像时,首先由前排 CCD($n=1,3,5,\cdots$)的重叠区域对地物成像,经过 ΔT 时间后,后排 CCD($n=2,4,6,\cdots$)的重叠区域对同一地物再次成像,有

$$\Delta T = \frac{B}{a} \times \frac{1}{f} \qquad (3-14)$$

式中　f——相机的推扫频率,则 $1/f$ 是行周期。

在保证各片 CCD 成像响应均匀一致时,利用这些 CCD 重叠区域的图像可以保证各片 CCD 成像后的图像拼接质量。

2.光学拼接

光学拼接是以分光的方法把光束均等地分成两路,形成两个等效的焦平面,在两处焦平面上分别安装 CCD,接收口径内不同部分的光,调整 CCD 的位置,使 CCD 的有效像元搭接,拼接后像面的亮度均匀。光学拼接有棱镜拼接法和反射镜拼接法。

(1)棱镜拼接法。

棱镜拼接法可分为半反半透拼接法和全反全透拼接法。

①半反半透拼接法。半反半透拼接法利用 45°胶合棱镜的分光效应,将像平面分割成空间分离的两个像面,便可在两个像平面交错安置多个 CCD,并使交错相邻两片 CCD 首尾像元满足重叠要求,形成等效的大视场探测器(图 3－31)。这种拼接成像关系的数据格式简单完整,有利于图像应用,但是进入相机的光能要因此而损失一半以上,但是易于拼接和装配,因此半反射半透射式的光学拼接方法已被普遍采用。分光后的光能变低,降低为原来的一半,可以通过调节快门的曝光时间、调整 CCD 的增益来弥补。SPOT 卫星 HRV 相机的 CCD 探测器就采用的这种拼接方法。

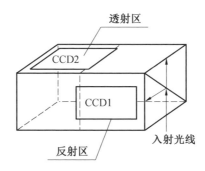

图 3－31　棱镜拼接示意图

②全反全透拼接法。全反全透棱镜拼接法在反射光对应的斜面上镀全反射膜,在透射光对应的斜面上不镀膜,使进入拼接棱镜 100% 的光能都可以利用,所以在相对孔径比较小、光能量不足的 CCD 相机中得到应用。早在 20 世纪 70 年代,美国仙童公司就应用此技术将 6 个 1 024×64 像元的 TDICCD 拼结成 6 144 像元的长线阵。以色列的 EFI 相机、CBERS CCD 相机及美国的

MLA相机方案都用了全反全透拼接法。

光学拼接存在这样一个问题:接收透射光成像的CCD所成的像为相似像,接收反射光成像的CCD所成的像为镜像像,拼接时需将镜像像再镜像一次,得到相似像,然后对两个相似像进行拼接,得到完整的图像。拼接示意图如图3-32所示。多片拼接尤其要注意器件位置顺序,使之符合多级CCD成像关系。

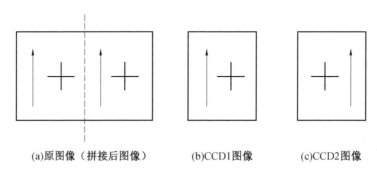

(a)原图像(拼接后图像)　　(b)CCD1图像　　(c)CCD2图像

图3-32 拼接示意图

拼接过程中调整两CCD的位置是关键,须保证拼接精度要求,包括共面、平行和搭接要求。共面要求两CCD安装在分光后的等光程位置即等效像面上,允许有一定的误差,但不能超过遥感器总体分配给像面的误差;平行要求是搭接后,两块CCD的拼接边平行,保证成像后整幅的景物为长方形;搭接要求是要求像元有一定的重叠数量,以免丢失景物,搭接也不能过多,以免浪费有效像元、减小收容宽度。

棱镜拼接法的精度较高,但拼接棱镜会产生色差,降低像质,一般多用于透射式光学系统,可以对色差进行补偿,但不适合于反射式光学系统。拼接长度受到拼接棱镜的材料、加工工艺和光学棱镜胶合剂性能的制约,一般拼接长度不宜超过220 mm,这限制了此种拼接方法在大视场相机上的应用。

(2)反射镜拼接法。

反射镜拼接法通过反射镜将光路分光后使像平面分割成空间分离的两个像面,并使交错相邻两片CCD边界处像元满足重叠要求,形成等效的大视场探测器。反射镜拼接原理图如图3-33所示。

采用反射镜进行分光,没有棱镜,所以没有引入附加的色差,解决了CCD棱镜拼接方法中的重大缺陷,适用于反射式光学系统。反射镜在材料选择上可以比较灵活,根据结构零件的材料特性来选择性能与之相近的反射镜材料,这样会使焦面组件的结构更加稳定。拼接面阵CCD时,沿着入射光线观察拼接CCD,面阵CCD各行都在一条直线上,成像质量好,并且对光学系统成像光束

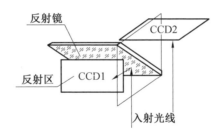

图 3-33 反射镜拼接原理图

的截面积要求小,这样就大大减轻了光学系统的体积和质量,解决了视场交错拼接中的不足,实现多片大面阵 CCD 的拼接。

光学系统采用反射镜拼接的方式,其优势在于能量利用率高、拼接精度高、无色差、温度敏感性好且无长度限制,适用于多片成像器件拼接。但是反射镜拼接由于自身的特殊光学结构,因此在拼接中心处会产生渐晕现象,影响成像质量。

3.4 信号处理系统

CCD 成像电路是 CCD 相机的重要组成部分,用以读出 CCD 输出电压,进行一系列放大和处理,形成满足像质要求的信号并转换成数字量,由数据传输系统向地面传送。CCD 成像电路包括电平转换、拼接和模数转换等几个基本组成部分,要求在 CCD 信号变换、组合过程中尽可能少地使信号受损失,此外,在不对 MTF 产生较大影响的前提下应尽量抑制噪声,提高信噪比。CCD 成像电路主要由 CCD 驱动电路和信号处理电路两部分组成,而信号处理电路又包括 CCD 时序信号电路、驱动信号形成电路、相关双采样、低通滤波、积分时间控制电路、A/D 转换和补偿电路。

为避免长导线引起的视频信号噪声并使结构方便,CCD 成像电路的结构可以分成两大部分:一部分主要由驱动电路构成,应该尽量接近 CCD 放置甚至部分线路板直接固定在 CCD 管脚上;另一部分则做成单独设备装入卫星或相机的控制电路部分。为了相机的性能良好,CCD 成像电路各模块设计的一个重点就是要努力减小和抑制噪声。此外,要重视线路板结构和电缆长度的影响,注意电路屏蔽、接地处理和结构设计,避免因此而产生的干扰和噪声。

图 3-34 所示为传统的信号处理电路组成原理图。

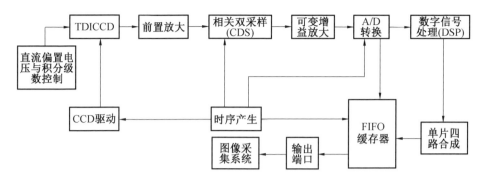

图 3—34　传统的信号处理电路组成原理图

1. 驱动电路

驱动电路由时钟信号整形电路、驱动电路和奇偶合成电路等组成，根据所选用 CCD 器件要求确定时序信号和驱动信号，并给予一定的偏置电压，建立合适的工作点，为 CCD 提供所需的驱动时钟脉冲和门控信号，完成光电信号的转换和奇偶两路输出的合成。其输出幅度为 CCD 视频信号的幅度。

2. 耦合电路

CCD 输出信号的耦合方式可选用直流耦合和交流耦合。直流耦合易受电源和温度影响，引起电平漂移，用于分辨率要求不太高的成像系统。后续电路不采用一般直流耦合。为采用相关双采样技术，设计上要采用交流耦合。CCD 输出交流耦合原理图如图 3—35 所示，图中 C_B 为交流耦合电容。但是当地面辐亮度较强、CCD 输出信号较大，导致电路发生饱和时，有的交流耦合电路会发生信号反转，这时电路输出信号为零，使这些像元图像成黑点，完全失去信息，这种现象应该避免。

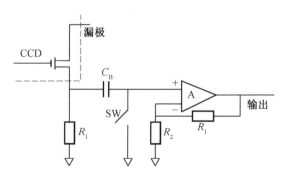

图 3—35　CCD 输出交流耦合原理图

3. 相关双采样

相关双采样是抑制CCD相机噪声的重要措施之一,也是信号处理电路的关键组成部分之一。基于复位噪声和参考电平的变化可用相关特性加以抑制,这项技术可以将复位噪声降低为可忽略的水平,同时相关双采样还可以降低源跟随器的$1/f$噪声。相关双采样电路图及工作原理图如图3-36所示,图3-36(a)是电路图,图3-36(b)是工作原理图,它分别用复位和信号钟(t_1,t_2)来采样信号V_{in}的复位电平和信号电平(S_1,S_2),二者相减得到输出信号V_{out},避免复位电平误差造成的输出信号误差。

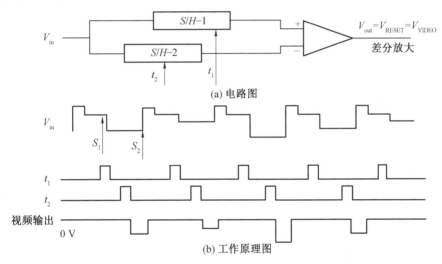

图3-36 相关双采样电路图及工作原理图

4. 信号合成电路

信号合成电路完成信号的合成。常见的信号合成有几种:一是奇偶合成电路,由于CCD本身制造工艺限制,因此为提高电荷转移效率,CCD像元的电荷按奇偶分别输出,合成电路可将它们合成为按像元排列的完整数据;二是有的相机为保证系统的信噪比,在不影响相机分辨率的前提下,采用电路将奇偶2个探测元的能量叠加作为一个像元的输出来增加光能量,以提高信噪比,这也需要电路合成。

有的CCD像元数较大,为避免电荷转移效率的影响,信号不仅分为奇偶输出,而且又分成两段从左右两端输出,这也需要数据合成和处理,使数据按地面图像位置顺序输出。

5. A/D 变换

A/D 变换的目的是将视频信号变换为数字信号以便于传输。有的 A/D 变换器放置在信号处理电路的最后,全部的信号处理和合成皆在模拟信号通道中完成,这样的结果使模拟通道很长,引入噪声很多,而以各级处理电路的漂移也往往得不到有效控制。将 A/D 变换器在信号处理电路中的位置提前,可以很好地解决这一问题。另外,A/D 变换器的零位因温度变化而常常会发生漂移,且每个 A/D 变换器的漂移一致性也很难控制,在电路引入动态校零后可使 A/D 变换器的零位在每一行像元输出后进行一次自动校正。

6. 补偿

由于 CCD 材料、工艺和内部电路的不一致性,因此需要对 CCD 的输出电平进行补偿,使得相机在均匀照明时得到均匀直流电平和输出信号,提高视频信号的信噪比,并消除因 CCD 的特性而造成的图像信号和背景灰度的差异。严格来讲,电路应该有直流补偿和放大系数的补偿才可以在各种输入信号时得到均匀输出。CCD 电路一般包括以下补偿电路。

(1) 奇偶补偿。CCD 信号从奇偶两路输出,由于内部电路的不一致性,奇偶两路输出的直流电平不一致,因此需要补偿为均匀输出。

(2) 从两端输出信号的 CCD 每个器件 4 路输出信号的补偿。

(3) A/D 动态范围调整和动态增益调整。为充分利用 A/D 变换的动态特性,应将 CCD 最大输出电压调整到 A/D 变换器的最大输入电压值。还应该进一步考虑到相机在不同时间、地点对不同反射率目标照相的输出有较大差别,要求将几个不同输出值调整到 A/D 的最大输入电压值,这就是增益调整,并要求实现遥控调整。

7. 滤波器

相机各级电路的噪声抑制比一般都较低,各输入端口的噪声很容易引入。因此,尽管在 CCD 电源、偏置和驱动上采取了很多措施,但是在 CCD 的输出信号中还有很多高频噪声,尤其是容性负载引起的振铃对电路噪声贡献很大。为消除高频噪声需加入滤波器,滤波器的要求是在尽量抑制噪声的同时,尽可能不降低相机调制传递函数。

8. 专用视频处理芯片

近年来随着信息技术的飞速发展,专用信号处理芯片应用使得 TDICCD 相机系统电路设计有了很大的改进,把相关双采样、可变增益放大和 A/D 转换电路都集成到一片器件中,减少了独立的器件,提高了电路系统的可靠性,电路的设计和调试的方便性和系统的稳定性都有所提高。图 3-37 所示为应用专用视频处理芯片的 TDICCD 相机信号处理电路组成原理。

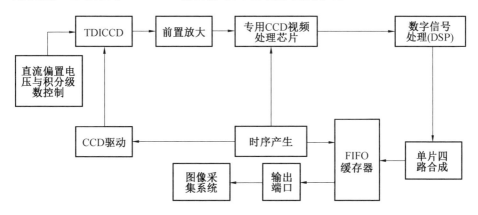

图 3-37　应用专用视频处理芯片的 TDICCD 相机信号处理电路组成原理图

下面以 VSP2210 器件为例，介绍专用信号处理芯片。

VSP2210 器件不仅有采样、保持部分，而且包括钳位、可编程增益放大、模数转换部分，它能对 CCD 输出信号进行处理和模数转换。采用相关双采样技术提取图像信息，增益控制范围可以达到 $-6\sim +42$ dB，暗电平钳位给出准确的暗电平参考，输入信号钳位和 CDS 输入偏移校正性能也很好，提高增益的可靠性。此外，暗电平在增益改变后会很快重新建立，两个片上通用 8 位数模转换器，可以提供不同模拟控制电压。VSP2210 原理图如图 3-38 所示。

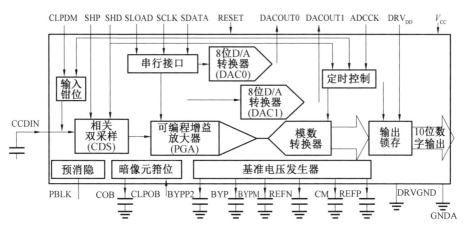

图 3-38　VSP2210 原理图

CCD 输出的模拟视频信号经过隔直和钳位后还要进行增益和偏置的调节，这样才能满足视频 A/D 的输入范围，进而使采集得到的数字图像的对比度和亮度满足要求。芯片内部含有增益和偏置寄存器，寄存器通过同步串口进行配置,增益控制范围可以达到 $-6\sim +42$ dB,增益码为 10 位,当输入的增益码为 128 时,系统增益为 0 dB,增益与增益码成线性关系。因此,系统总增益(dB)可以表达为

$$G=-6+\frac{42-(-6)}{2^{10}}\times C$$

CCD 相机的使用环境决定系统增益和偏置的设置。当入射照度较强时,CCD 的输出视频信号较大,必须降低系统增益,使视频输出信号不至于饱和;当入射照度较弱时,CCD 的输出视频信号较小,必须提高系统的增益和信噪比,进而得到较理想的视频图像。

9. 存储压缩系统

航空航天成像侦察中常用的存储器有磁盘阵列存储器和固体存储器,其容量从几十 GB 到几千 GB,固体存储器(一般为电子盘)各种总线数据均记录于其中。其采用基本存储单元为 Flash、对外接口为 IDE 的高可靠性硬盘,具有读写寿命高、性能稳定、误码率低等特点。硬盘组合进行了二次封装加固,具有良好的便携性。

3.5 曝光量控制系统

执行航空侦察任务时的季节、天气、太阳高度角、地域和景物特征的不同使得地面景物亮度差异很大。卫星摄影区域从地球的北半球到南半球,卫星运行一圈将经历不同的季节,太阳高度角随卫星飞越地区在变化,地面景物不同,反射率变化,地面景物的亮度也随着在变化,并且变化范围较大。怎样才能获得合适的曝光量、避免 CCD 曝光过度或不足,是曝光量控制系统应该解决的问题。为弄清楚曝光量控制系统,必须首先学习曝光量与哪些因素有关。

3.5.1 曝光量

正确的曝光就是使 CCD 实际得到的曝光量等于它所需要的曝光量 H,而某点实际得到的曝光量等于 CCD 接收的像面照度 E 在曝光时间 t 内的积分,即

$$H=\int_{0}^{t}E(t)\mathrm{d}t \tag{3-15}$$

由应用光学可知,像平面上景物平均照度的公式为

$$E=\frac{\pi}{4}\left(\frac{D}{f'}\right)^{2}L\tau\cos^{4}\theta \tag{3-16}$$

式中 D——镜头的入瞳直径;

f'——镜头的焦距;

L——测光元件,感测的相机视场内景物的平均亮度;

τ——光学系统的透过率;

θ——入射光束与主光轴的夹角,一般取镜头的像方视场角的一半。

相机加滤光镜时,要把由滤光镜引起的光能衰减以一个系数的形式考虑进去,则上式变为

$$E = \frac{1}{C} \frac{\pi}{4} \left(\frac{D}{f'}\right)^2 L\tau\cos^4\theta \qquad (3-17)$$

由上面分析可知,曝光量取决于像面照度和曝光时间;像面照度取决于镜头的入瞳直径,即相机的光阑大小;曝光时间则取决于快门速度或 CCD 光积分时间。

3.5.2 快门

航空相机的快门是用于控制曝光量的执行系统。快门关闭时,遮挡了由镜头到 CCD 器件的光路;快门开放的过程中,地物的光线通过镜头到达焦面,使 CCD 器件感光。快门打开的总时间和开放过程中各阶段控制光线的情况直接影响曝光量和影像质量。快门按其位置可分为镜间快门和焦平面快门。

快门形式多种多样,按工作原理可分为纯机械快门、电子快门和机械电子快门。

1.机械快门

机械快门按其结构形式可分为帘幕式快门、片板式快门、中心式快门、液晶快门和圆盘式快门,常用的有帘幕式快门、中心式快门和液晶快门。

(1)帘幕式快门。

帘幕式快门又分为单层和双层,单层配有遮光盖。帘幕式快门按帘的材料可分为布帘和钢帘。帘幕式快门通常安装在 CCD 与镜头之间并靠近 CCD 的地方,平时帘幕遮蔽了通往 CCD 各点的光束(图 3-39)。由镜头射到任一点(即某地物的像点)的光束是一个锥形,光束被帘面截住的截面是一个小圆。快门工作时,帘缝由一侧移向另一侧,在移动过程中使 CCD 上各点都见光一段时间。例如,对于 P' 点,当帘缝前沿刚好移过该点光束左沿时,P' 点即开始曝光,直至帘缝后沿刚好移离该点光束右沿时,P' 点曝光结束。由开始曝光至曝光结束所经历的时间即该点的实际曝光时间。

(2)中心式快门。

中心式快门是镜间快门,一般由 3~5 片具有特殊形状的叶片组成,并装于两组镜片之间,叶片平时彼此重叠,遮蔽像点光束。工作时,在驱动机构的作用

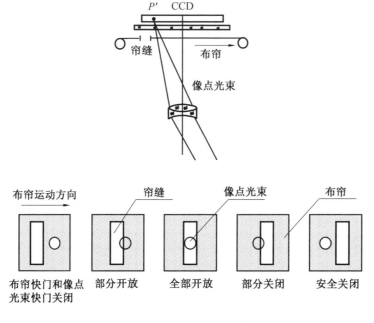

图 3-39 布帘快门的曝光过程

下,叶片各自转动,从镜头中心逐渐开启,达到全开状态后经过延时机构延时,再逐渐关闭,各叶片的缺口部分同时转过像点光束位置,从而控制了曝光。其曝光过程从镜头中心开始又结束于镜头中心,因此称为中心快门。中心快门的工作方式决定了它的一系列特点。

① 优点。通过快门的光线同时达到CCD器件的各点,因此整个画面同时曝光,曝光均匀性很好。无论多短的曝光时间,都有全开的状态(图 3-40)。只要此时有光线,短时间内的光线均可通过镜头照明整个CCD,因此中心快门可以在全部速段上实现曝光同步。各叶片对称运动,快门开、闭时每个叶片产生的冲击与震动的方向相反并相互抵消,因此工作平稳、震动较小。快门在相机或镜头内部,不易受外力破坏,使用安全。中心快门都是独立部件,易于装配、维修和更换。

图 3-40 中心式快门的工作方式

② 缺点。叶片往复运动，每个叶片在快门工作的过程中都要经过加速开启→减速开启→停止换向→加速关闭→停止五个阶段。中心快门全开时，镜筒内必须有容纳叶片的空间，受到镜筒外径的限制，难以与大孔径的镜头配用。中心快门最大的缺点是快门的实际曝光时间受镜头光圈的影响，在同一个挡位上，孔径越小，曝光时间越长。

中心式快门曝光时间是随孔径变化的，这主要是因为在全开孔径时，中心快门在开启与关闭的过程中，像平面上的照度逐渐由弱变强，再由强变弱，仅在快门全部开启时才达到最大值。中心式快门的特性曲线如图 3-41 所示，图中显示了像平面上照度的变化规律。图中的曲线称为快门的特性曲线，横轴表示时间，纵轴表示像平面上的照度。由于照度乘以时间是像平面上的曝光量，因此特性曲线与横轴所包围的面积就是像平面的曝光量。

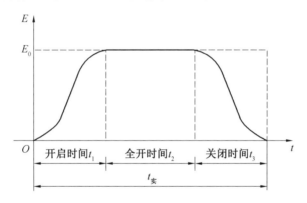

图 3-41 中心式快门的特性曲线

理想情况下，快门控制像点光束时，一经开启就立即全部打开，关闭时也是瞬间立即关闭，即曝光的整个过程都是全开的，则其曝光量 $H_{理想}$ 为

$$H_{理想} = \int_0^{t_1+t_2+t_3} E_0 \mathrm{d}t$$

实际情况下，快门曝光时间一般包括开启、全开和关闭三个阶段。如果快门打开需要时间 t_1，全开需要时间 t_2，经过 t_3 后快门全部关闭，则显然像平面在各个阶段获得的曝光量是不同的。因此，像平面上实际获得的曝光量为各段时间获得曝光量的累加和，即

$$H_{实际} = \int_0^{t_1} E(t) \mathrm{d}t + \int_{t_1}^{t_1+t_2} E(t) \mathrm{d}t + \int_{t_1+t_2}^{t_1+t_2+t_3} E(t) \mathrm{d}t$$

快门实际曝光量 $H_{实}$ 越接近理想曝光量 $H_{理想}$，快门的性能越好，即快门透光的效率越高。因此，实际曝光量与理想曝光量的比值称为快门的透光效率，简称快门效率 η，即

$$\eta = \frac{H_{实际}}{H_{理想}}$$

快门效率是反映快门质量的一个重要标志,中心式快门的效率与快门的挡位及镜头的孔径有关,可以在 100%～50% 内变化。孔径越大,曝光时间越短,效率越低。

中心式快门广泛应用在大视场角的航空侦察设备上,安装在物镜组元之间平行光路中,物镜有效孔径的开关过程都在其中心开始和结束,这就保证了像平面各点同时曝光和没有影像畸变,因此它在地形测绘中得到了广泛应用。

(3)液晶快门。

液晶是液态晶体的简称,它既有像液体那样的流动性,又有像晶体那样的各向异性。液晶分子棒状结构的特性使得沿分子长轴方向光的折射率和沿垂直于长轴方向光的折射率不相等,它们之差就是液晶折射率的各向异性。折射率的各向异性产生入射光的双折射,导致入射偏振光的偏振状态和偏振方向发生变化。从电的角度讲,液晶分子中含有的极性基团使分子具有极性。如果分子的偶极矩方向与分子长轴平行,则这种液晶称为正性液晶;如果分子的偶极矩方向与分子长轴垂直,则这种液晶称为负性液晶。在电场的作用下,偶极矩要按电场的方向取向,使分子原有的排列方式受到改变,从而使液晶的光学性能变化,如原来是透光的变成不透光,或相反。把这种因外加电场的作用导致液晶光学性能发生变化的现象称为液晶的电光效应。

液晶快门的工作原理是利用液晶的流动性,通过外加电压控制液晶转到一个位置是透明的状态,快门打开实现曝光,曝光后改变电压使液晶转到另一个位置变为不透明的状态,快门关闭。液晶快门相对于传统机械快门的优势在于速度快,可以实现高速曝光;没有机械运动带来的噪声影响;整幅图像可以同时曝光,从而使画面曝光均匀;快门效率高。

2. 电子快门

电子快门是指在 CCD 一帧图像的拍摄时间内,将曝光时间内积累的光积分电荷作为图像亮度的输出,而将其他的电荷通过电子快门脉冲将其放掉的装置。

在 CCD 相机中,通过控制每个像素的电荷积累时间,进而控制入射光在 CCD 芯片上的作用时间来实现电子快门的功能,即在每一场正程期间内只将某一段时间产生的电荷作为图像信号输出,而其余时间产生的电荷被排放掉。这样就等于缩短了存储电荷的时间,相当于缩短了光线照射在 CCD 芯片上的时间,如同加了快门一样,这就是电子快门的工作原理。

电子快门工作时,一组高压快门脉冲加在 CCD 器件的 N 型衬底上,脉冲到来时 N 型衬底的电位升高,电子势能降低,势阱下降,使存储在 N^+ 部分的电子全部泄放到 N 型衬底中,从而将 MOS 电容上收集的多余电荷释放掉(图 3-42)。快门脉冲过后,N 型衬底电位降低,势阱上升,在第一势阱内出现势垒(势阱抬高处),电子又开始积累在 N^+ 部分,并作为输出到外电路的信号电荷。因此,MOS 电容收集电荷的有效时间,是从最后一个快门脉冲到 CCD 器件转移脉冲来到时为止。这个时间称为快门时间,改变最后一个快门脉冲位置,就改变了快门时间。现在一般的可见光相机在制造时都设有电子快门。电子快门不改变光积分周期,而是决定从什么时候开始积累电荷。理论上,调整曝光时间可以在 0 到积分周期内连续调整,这样会使得自动调光更加方便快捷。实际上,每挡之间是离散的,但是间隔很小。调整一挡对图像亮度变化较小,适合对图像亮度的微调。

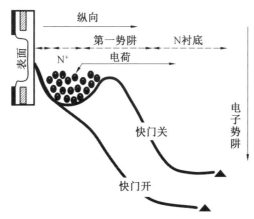

图 3-42 电子快门工作时的势阱

电子快门速度的控制如图 3-43 所示,当电子快门开关打开时,快门控制脉冲加到 CCD 的 N 型衬底上,行频快门脉冲使感光单元的电荷一行一行地泄放掉,直到快门脉冲停止,电荷才停止泄放,快门关闭。快门开启时间的长短由每场出现的行频脉冲数决定,而这个脉冲数由快门速度选择开关控制,快门速度快,脉冲数就少。

3.机械电子快门

机械电子快门利用电子快门的特点,让 CCD 在机械快门打开的同时,受到电子快门的瞬间控制,可在低成本前提下实现特殊的要求。

机械电子快门是用电子元件和执行元件取代了机械快门的部分传动装置,遮挡光路的元件仍为快门叶片或帘幕和钢片,但快门叶片的启闭和帘幕或钢片的运行都由电磁铁或微型马达带动。

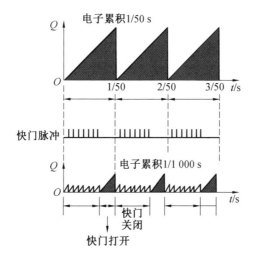

图 3—43 电子快门速度的控制

3.5.3 自动曝光控制原理

曝光模式分为光圈优先、快门优先和程序控制三种模式。光圈优先就是手动定义光圈的大小，然后利用相机的测光获取相应的快门值；快门优先就是在手动定义快门的情况下通过相机测光而获取的光圈值；程序控制就是在一个自动曝光系统中把光圈优先和快门优先结合在一起，它根据自己被摄物体的亮度信息选择能够达到正确曝光的不同光圈系数和快门速度的组合，换句话说，程序控制是快门速度和光圈大小都可以按设计好的程序进行调节。

1. 测光

无论哪种方法，要实现曝光量自动控制都必须先测光。测光组件由测光元件和测光电路组成。测光元件用来检测地面景物目标的平均亮度信息；测光电路对其输出信号进行适当的处理后作为曝光量控制系统的输入。常用的测光元件有光电池、光敏电阻、光敏二极管、光敏三极管及 CCD 器件。

相机的测光系统分为内测光式和外测光式。内测光式是把测光元件安装在相机的机身内，通过相机镜头采光，可通过测光元件进行控制信息反馈，形成闭环控制；外测光式是把测光元件安装在相机机身外侧，单独有测光镜头，它不能反馈控制信息，只能形成开环控制。多数航空相机采用的是内测光式。

2. 光圈

光圈是一个用来控制光线透过镜头进入机身光通量的装置，它通常位于镜头内。光圈的大小用 F 表示，F 是相对孔径的倒数。其基本结构是，镜头连接座内装有可变光阑组（光圈），计算机根据测光组件采集的地面景物的亮度信号控制光阑电机转动,通过光阑传动机构带动齿环和可变光阑变化。

对于 CCD 相机而言,调光控制系统的输入是测光组件的输出及所用滤光镜系数;调光控制器根据曝光量控制方程进行计算,输出控制电机工作的脉冲宽度调制信号,经功率放大后驱动光阑电机,调整光阑大小,同步带动位置电位计滑动端运动,其输出信号反馈给调光控制器,直到调整到所需的曝光量为止;通过控制电路改变 TDICCD 的积分级数或行间转移型面阵 CCD-TDI 工作方式的积分级数,或改变 CCD 的积分时间。当地面景物平均亮度增大时,自动调光控制系统使光圈变小或积分时间减少(通过减小积分级数或积分时间来实现);当地面景物平均亮度减弱时,自动调光控制系统使光圈增大或积分时间增加(通过增加积分级数或积分时间来实现)。

3.6 调焦控制系统

由于环境条件(温度,大气压力等)变化引起的镜头后截距(透镜组最后一片透镜后表面顶点到像平面的距离)的变化较大,将引起分辨率的急剧下降,因此航空相机和空间相机都有调焦控制系统。

3.6.1 离焦的影响因素

在航空成像时,相机的离焦主要是由大气压力和温度的变化造成的。大气压力和温度的变化使空气的折射率发生变化。同时,光学系统中透镜的折射率、曲率半径、厚度,透镜之间的间隔,透镜材料内的应力变化,金属框架的伸缩等都会导致相机后截距的变化。相机倾斜照相时,物距是不断变化的,像距也是不断变化的,这会导致像点离焦。当然,这些参数的变化还会使镜头成像质量变差,在镜头设计时要考虑对它们的影响。

1.大气压力的影响

由于空间大气压会随着高度变化而变化,因此当相机处于不同空间高度时,其所处的气压不同。气压变化造成空气的密度变化,相应的空气折射率也会发生变化,进而导致相机的成像面发生偏移。

大气压力增大,相机的焦距会相应变大,实际成像面向远离光学系统方向偏离;反之,大气压力减小,空气密度变小,使空气的折射率发生变化,相机焦距会变小,实际像面向镜头方向偏移。

2.温度的影响

温度是最普遍最熟悉的环境参数,航空成像时,航空相机通常所经历的温度随成像的高度变化而变化,当飞机在 10 000 m 内飞行时,飞机每升高

1 000 m,温度下降约 6.5 ℃,温度的变化对相机的影响主要是使光学零件和结构材料的特性改变,引起光学性能变化,摄影分辨率下降。温度变化,玻璃零件的曲率半径、厚度和直径也将随温度的变化而改变,玻璃内部的光学性能也随之改变,热胀冷缩使镜箱的长度发生变化,这些因素会在不同程度上导致相机离焦。

为减小温度变化对成像质量的影响,航空相机的设计一般会选择线膨胀系数与玻璃的膨胀系数相匹配的材料,从材料上降低热影响,同时还可以应用温度控制系统来稳定相机的温度,将温度变化对焦面的影响减至最小。

3. 摄影斜距的影响

对于焦距一定的镜头来说,物像之间遵循成像公式。根据成像公式可知,只有当物距为无限远时,像距才等于焦距;当物距小于无限远时,像距大于焦距。也就是说,当成像距离减小时,像面向远离镜头的方向位移。照相时,如果成像焦平面的位置不随之变化,就会造成离焦,使图像清晰度和分辨率下降。对于倾斜成像的航空相机,摄影距离为斜距,它由飞行高度和相机的倾斜角确定,不同的斜距所对应的像面位置不同,当斜距变化时,焦面位置不变,因此会造成离焦。

3.6.2 自动调焦原理

自动调焦是用光电元件来代替人眼,并通过自动控制系统,使清晰影像落在图像传感器上。光电元件的作用就是能把调好焦(清晰成像)和离焦(影像模糊)区别开来。

由于航空成像时,物距远大于像距,因此可近似地认为景物成像在相机的焦平面上。

调焦方法根据用于改变后截距的部件是否位于成像镜头组内可以分为外调焦法和内调焦法;按照调焦原理可以分为自准直调焦方式和传感器—计算调焦方式。航空相机的镜头组比较笨重,一般不会移动整个镜头组,外调焦法可移动折叠平面镜或焦平面组件,内调焦法是移动透镜组中的某个镜片。

1. 自准直调焦方式

目前多数航空相机中的自动调焦系统采用自准直调焦方式,其示意图如图 3-44 所示。由光源发出的光照亮位于焦平面上的光栅(即目标,光源前的光栅称为物方光栅)。光束经焦面镜和相机物镜后变成平行光束,再通过垂直于光轴的平面反射镜反射回来,再次经过相机物镜和焦面镜,并成像在光栅的另一侧(光电接收元件前的光栅部分称为像方光栅,它与物方光栅是一个整体)。物方光栅的像呈现在像方光栅上。为便于调焦,相机前端的扫描反射镜在其垂直光轴的位置附近摆动,使物方光栅的像在像方光栅上做水平扫描,从而使光电接收元件产生光调制信号。合焦时,物方光栅像与像方光栅重合。这时,物方光栅像的亮带做水平扫描,它与像方光栅构成了"光闸快门"。当物方光栅像的亮条纹正好落在像方光栅的透光条纹上时,亮条纹的光通过透光条纹投射在光电探测器上,光敏二极管的信号最大;而当物方光栅像扫过一个条纹宽度后产生的亮条纹落在像方光栅的不透光条纹上时,光电探测器输出信号最小。物方光栅像一次单向水平扫描在光电探测器输出端产生的电流信号如图3-45所示。在离焦时,物方光栅像与像方光栅不重合。当物方光栅像的暗条纹与像方光栅的透光条纹正对时,由于物方光栅的亮条纹发出的光仍有一部分可照在像方光栅的透光条纹上,因此光敏二极管上仍能产生一定大小的电流信号。这与调好焦的情况不同,因为那时物方光栅像与像方光栅重合,像方光栅的不透光条纹完全遮挡物方光栅像的亮条纹,所以 I_{omin}(调好焦时)$<I_{min}$（离焦时）。

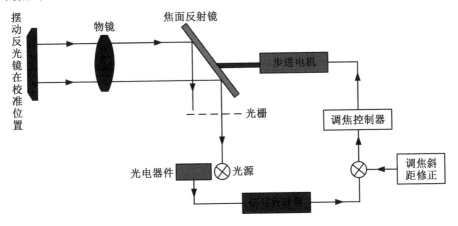

图 3-44　自准直调焦方式示意图

同理,当物方光栅像的亮条纹与像方光栅的透光条纹对正时,亮条纹发出的光只有一部分能透过像方光栅的透光条纹,而另一部分照到像方光栅的不透光条纹上。这样,光敏二极管的输出电流信号 I_{max} 就比调好焦时的 I_{omax} 小,即 $I_{max}<I_{omax}$,因为调好焦时亮条纹发出的光全部通过像方光栅的透光条纹。

这样,只要系统能判断光敏二极管输出电流信号的振幅$(I_{max}-I_{min})/2$达到最大值$(I_{omax}-I_{omin})/2$,就能判定系统调好焦了。焦面镜处于不同位置时光敏二极管输出信号的振幅如图3-46所示。

此外,扫描镜必须摆动,否则光敏二极管输出的电流信号是一恒定值,这个恒定值不能产生调焦所需要的调制信号。也就是说,在相机正常工作状态下,扫描镜与光轴成45°角。在自动调焦工作状态下,扫描镜垂直竖起,并以一定周

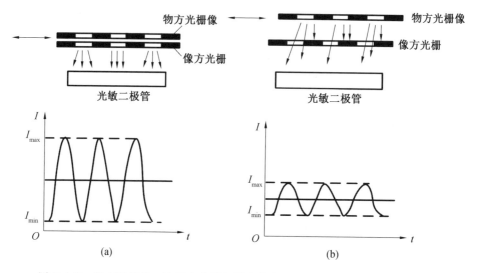

图 3—45　物方光栅像一次单向水平扫描在光电探测器输出端产生的电流信号

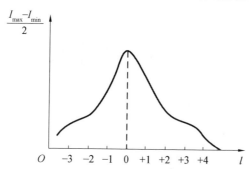

图 3—46　焦面镜处于不同位置时光敏二极管输出信号的振幅

期做小幅摆动。由光源发出的光照亮位于焦平面上的光栅,光束经焦面镜和相机物镜后变为平行光束,再通过垂直于光轴的平面反射镜反射回来,然后再次经过相机物镜和焦面镜成像在光电接收器件上。

要说明的是,扫描镜一定要在其垂直位置附近摆动。由于物方光栅像和像方光栅都是有限尺寸,因此如果反射镜偏离垂直位置的角度太大,则物方光栅像可能在像方光栅以外扫描。这时,无论扫描镜怎样摆动,在像方光栅上都不可能产生交变的电流输出信号。

2.传感器—计算调焦方式

传感器—计算调焦方式原理图如图 3—47 所示,温度和压力传感器分别感测执行任务时相机所处的环境温度和大气压力,经 A/D 转换器输入给调焦控制器,当相机收到调焦指令时,调焦控制器根据温度和压力算出调焦量,利用驱动装置驱动焦平面组件,使用于 CCD 图像传感器沿轴向移动,从而达到与相机光学焦平面重合的目的。调焦步进电机带动焦平面组件移动的同时,带动焦面位置电位计同步调整,其输出信号经 A/D 转换器输入给调焦控制器,作为调焦的反馈信号,直到调好焦为止。对于调焦精度较高的相机,还需要根据侦察任务管理机传输的目标高度等参数计算距离调焦补偿量,控制自动调焦系统进行微量调焦。

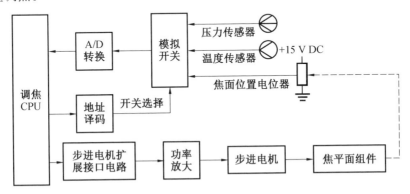

图 3-47 传感器-计算调焦方式原理图

3.7 像移补偿控制系统

航空、航天相机在拍照过程中,震动、飞行器的运动及相机扫描时的光学镜筒转动等使相机曝光,地面景物的影像与感光介质间存在相对运动,带来了成像模糊及拖尾现象,称为像移。简言之,航空航天相机成像时,在曝光时间内被拍照的地物影像与 CCD 之间的相对运动称为影像位移,简称像移。这种像移导致图像质量降低,因此必须设法消除。由于平台运动引起的像移,因此从理论上分析,有的通过补偿可以完全消除,有的只能通过部分补偿,使像移有一定的减少。

3.7.1 像移的产生

航空航天成像侦察产生影像位移的原因主要是在曝光瞬间侦察设备随飞行器而运动。成像侦察产生影像位移的原因如图 3-48 所示,成像侦察在曝光瞬间由 O 运动到 O',但是地面上的物体仍然在 A 点,因此侦察设备与物体的相对位置发生了变化,其影像的位置也会相应改变,从 a 移动到 a',即产生了影像位移。

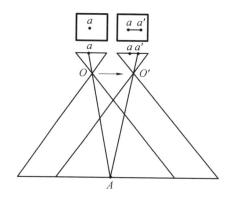

图 3-48 成像侦察产生影像位移的原因

侦察设备的运动是由飞行器的运动引起的。飞行器的前进运动、不稳定运动及本身的震动都能使侦察设备运动。下面就以航空成像为例,来分析影像位移产生的原因、对成像质量的影响及如何减小影像位移。

飞机的前进运动会引起侦察设备的向前移动,飞机的颠簸和侧滑会使侦察设备上下、左右移动,飞机的前后俯仰、左右摆动和航向不定能够引起侦察设备前后、左右倾斜和绕立轴转动。虽然侦察设备的运动情况十分复杂,但是可以概括为三种移动和三种转动。侦察设备的三种移动是指沿飞机纵轴、横轴和立轴的直线运动;三种转动是指绕飞机纵轴、横轴和立轴的旋转运动。成像侦察设备的三种移动和三种转动如图3-49所示。侦察设备的这六种运动在进行成像侦察时都能够产生影像位移。

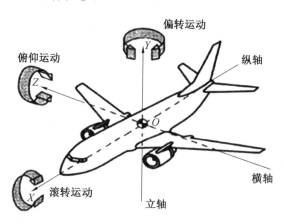

图 3-49 成像侦察设备的三种移动和三种转动

影像位移不仅能引起影像形状和色调的变化,而且还会使影像的清晰度降低,甚至使影像模糊。影像位移按产生原因的不同可分为以下几类:飞行器前向飞行造成的前向像移；飞行器姿态变化带来的俯仰、偏航和横滚像移；飞行器震动及气流波动引起的震动像移；相机镜头扫描产生的摆扫像移等。影像位移能使物体影像的外表变大，这是因为在曝光瞬间，影像在记录介质上的位置不断地变化，而每个位置上的影像都被记录下来。

3.7.2 像移量的计算方法

1. 前向像移

前向像移是平台向前飞行产生的，其像移量 δ_{FM} 为

$$\delta_{FM} = \frac{1}{m} W \cdot t \tag{3-18}$$

式中 $\dfrac{1}{m}$ ——比例尺；

W——平台的地速；

t——曝光时间。

这个公式不仅适用于垂直成像侦察，而且也适用于倾斜成像侦察。

垂直成像时比例尺为

$$\frac{1}{m} = \frac{f}{H}$$

因此

$$\delta_{FM} = \frac{f}{H} W \cdot t$$

倾斜成像时比例尺为

$$\frac{1}{m} = \frac{f' \cos \varphi}{H}$$

式中 φ——光轴倾角。

因此

$$\delta_{FM} = \frac{f' \cos \varphi}{H} W \cdot t$$

从以上分析中可以看出，前向像移速度与速高比成正比。因此，在航空相机的前向像移补偿控制系统中都把速高比作为输入量。

2. 横滚像移

横滚像移是光学系统随平台绕纵轴转动所产生的影像位移，其像移量 δ_R 为

$$\delta_R = \frac{f'}{\cos^2 \theta} \cdot \omega_R \cdot t \tag{3-19}$$

式中　θ——产生影像位移的像点到光学系统后主点的连线与主光轴的夹角。

该公式既适用于垂直成像侦察,又适用于侧方倾斜成像侦察。从式(3—19)中可以看出,影像位移量不仅随着成像系统的转动角速度、曝光时间和焦距的增大而增大,而且还随着 θ 的余弦函数的减小而增大。因此,像主点处的影像位移量最小,越靠近图像纵边,则影像位移量越大。

3. 俯仰像移

俯仰像移是成像系统随平台绕横轴转动而产生的影像位移。在垂直成像侦察时,成像系统绕横轴转动所产生的影像位移与绕纵轴转动所产生的影像位移情况基本相同,因此计算影像位移量的公式也基本一样,即俯仰像移量 δ_P 为

$$\delta_P = \frac{f}{\cos^2\theta} \cdot \omega_P \cdot t \tag{3-20}$$

倾斜成像侦察时,成像系统绕横轴转动所产生的影像位移为

$$\delta_P = \frac{\cos(\varphi+\theta)}{\cos\theta} \cdot f' \cdot \omega_P \cdot t$$

成像系统绕着横轴转动所产生的影像位移量是随着像点纵坐标的增大而减小的,故近边的影像位移量大于远边。

4. 偏航像移

偏航像移是成像系统绕立轴转动所产生的影像位移。垂直成像侦察时,偏航像移量为

$$\delta_Y = r \cdot \omega_Y \cdot t \tag{3-21}$$

式中　r——像点至像主点的距离。

成像系统绕立轴转动所产生的影像位移量与 r 成正比。因此,在图像边缘的影像位移量较大,而在中央的影像位移量较小。这种影像位移在以像主点为圆心、以 r 为半径的圆弧上。

在倾斜成像侦察时,产生影像位移的原理与垂直成像侦察基本相同。只是图像上影像位移量的分布情况有所不同,在图像近边影像位移量较小,而在图像远边则影像位移量较大。

5. 震动像移

震动像移是由飞机的不稳定运动和震动引起的。飞机震动所引起的像移可以通过隔离减振方法解决,经分析计算及试验证明,一个精心设计的减振系统基本上可以将各种频率的震动全部衰减吸收。

以上几种像移都是由成像系统随平台运动产生的,像移量与运动或转动速度成正比。

6. 扫描像移

扫描像移与平台运动无关,是因为采用了折反式光学系统,所以扫描像移只存在于全景扫描成像的系统中。扫描成像光学系统如图3-50所示,在扫描成像时旋转光学镜筒造成的像点的扫描半径不等于光学系统的焦距。相机光轴沿飞机纵轴方向安装,镜筒绕光轴转动,其扫描方向与飞行方向垂直。

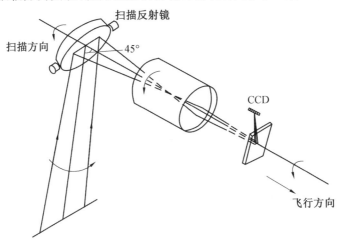

图3-50 扫描成像光学系统

当光学镜筒以 ω_s 对地面景物进行扫描照相时,产生的像移速度为 $V_1 = f'\omega_s$。而光轴通过焦面反射镜后与焦平面的交点在扫描照相过程中产生的瞬时线速度 $V_2 = r\omega_s$。由于 $f' > r$,因此 $V_1 > V_2$,则光学影像在焦面上的瞬时绝对速度 V_i 不等于零,由此产生了"扫描像移"。像移的大小等于 V_1 和 V_2 的矢量和,即

$$V_i = V_1 + V_2$$

因为 V_1 与 V_2 的方向相反,所以

$$V_i = V_1 - V_2 = \omega_s(f' - r)$$

扫描像移量为

$$\delta_s = V_i \cdot t = \omega_s \cdot (f' - r)t \tag{3-22}$$

3.7.3 像移补偿方法

空天成像系统中的影像位移是可以消除的。影像位移可用专门的设备来消除,主要设备有三种,即影像位移补偿系统、减震器和稳定平台。采用影像位移补偿系统消除的方法有很多,可以分成三类:光学式像移补偿方法、机械式像移补偿方法和电子式像移补偿方法。下面详细分析各种方法的像移补偿原理。

1. 光学式像移补偿方法

按照与相机焦面上像移速度一致的原则旋转或移动光路元件以改变光线方向的补偿法就是光学式像移补偿法。

(1) 摆动相机式。

摆动式像移补偿系统能够使成像系统绕与飞行方向相垂直的轴按一定的速度进行摆动。摆动相机式像补偿装置的原理如图 3-51 所示。图中表明,物体在曝光时间内由 A_0 运动到 A_1,其影像旋转了一个角度 φ。与此同时,像补偿系统使整个成像系统也旋转了一个角度 φ,结果物体的影像在焦面上并未发生移动,而始终停在焦面上的 a_0 点,这样就不会产生影像位移。

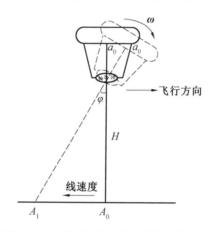

图 3-51 摆动相机式像补偿装置的原理

采用摆动式像补偿系统时,要使影像位移得到较好的消除,必须使相机旋转的速度恰好等于地面物体绕光学系统旋转的速度。而物体绕光学系统旋转的速度等于它的线速度(与地速相等)与侦察高度(H)之比,所以侦察设备的旋转速度(ω)就等于地速与侦察高度之比,即速高比,有

$$\omega = \frac{W}{H}$$

由上式可知,要使影像位移得到较好的消除,就必须根据地速和侦察高度来控制相机的旋转速度。现代航空成像侦察设备都是根据飞行平台上的飞行控制计算机实时提供的地速和侦察高度参数进行控制相机的旋转速度。但是,这种方法要使整个成像系统绕相机支撑点转动,比较笨重,精度很难保证,所以产生了变形形式。相机的机械装置和电路对光线会聚成像没有影响,所以摆动相机式的像移补偿方法可以摆动光电成像子系统或摆动镜头。

摆动相机式像移补偿方法主要用于消除前向像移。

(2)摆动反射镜式。

对于全景扫描成像系统,由于光学系统中含有用于扫描的反射镜,因此可以对其进行摆动消除影像位移。

前向像移如图 3-52 所示。在实际曝光时间内,由于飞机以 W 速度飞行,因此地面景物 A 点相对飞机向后运动到 A' 点,通过光学系统成像于 a' 点,于是像点就变成一条短线 aa',这种像移使影像模糊不清。像前移补偿就是要设法消除 aa' 的量。本书是通过控制扫描反射镜,在扫描过程中产生一个附加的旋转运动来实现的。可以想象,飞机向前飞行,假如扫描反射镜沿顺时针方向以角速度 ω_{FMC} 做旋转运动,使来自物点 A 的光线经扫描反射镜后,其出射光线始终保持不变,aa' 等于零,即可达到前向像移完成补偿的目的。

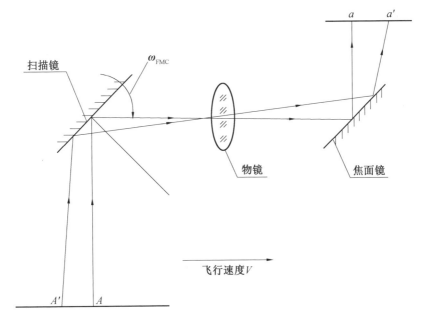

图 3-52 前向像移

扫描反射镜的前移补偿角速度 ω 与飞机的飞行速度 W、飞行高度 H 和扫描角 θ_s 有关。为便于理解,假定飞机不动,地面景物 A 点以飞机的飞行速度 W 向后运动,此时景物 A 点对扫描反射镜的相对角速度为飞行速度 W 与景物距离之比,即 $W\sin\theta_s/H$。又根据反射光线的转角 2 倍于平面反射镜转角的原理可知,扫描反射镜的补偿角速度 ω 须满足

$$\omega = \frac{1}{2}\frac{W}{H}\cos\theta = \frac{1}{2}\frac{W}{H}\sin\theta_s \tag{3-23}$$

上式就是完全前向像移补偿的理论公式。引入上述各量,通过相机随动系

统即可控制扫描反射镜的补偿角速度 ω。从理论上严格分析，上述仅适用于焦面狭缝无限狭窄的情况。而实际上，焦面狭缝总有一定的宽度，而 θ_s 只能是一个与狭缝宽度的中心线所对应的扫描角，所以前向像移补偿在这里仅能实现近似补偿，即与狭缝宽度中心线所对应的那一条像可以达到完全补偿。

摆动反射镜式像移补偿方法适用于扫描成像系统中，不仅能消除前向像移，还能消除俯仰像移和偏航像移。

(3) 移动镜头式。

移动镜头式像移补偿方法是在曝光时间内移动光学镜头，使影像不动而进行像移补偿的方法。

移动镜头式像移补偿系统消除影像位移的原理如图 3－53 所示。从图中可以看出，某物体在曝光时间内由 A_0 移至 A_1，与此同时，像移补偿系统使镜头也相应地移动一段距离 O_1O_2，结果该物体的影像就始终停在 a_0 点，而未发生移动。

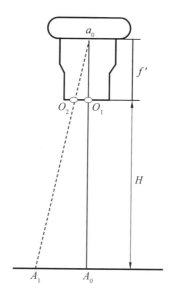

图 3－53　移动镜头式像移补偿系统消除影像位移的原理

采用这种系统时，要想使影像保持不动，相机的光学系统必须有一定的移动速度。由图 3－53 可知

$$\triangle a_0 O_1 O_2 \backsim \triangle a_0 A_0 A_1$$

所以

$$\frac{O_1 O_2}{A_0 A_1} = \frac{f'}{f' + H}$$

光学系统的移动距离 $O_1 O_2$ 等于它的移动速度 V_{Op} 与曝光时间的乘积，物

体的移动距离 A_0A_1 等于地速乘以曝光时间,因此上式可以写成

$$\frac{V_{Op} \cdot t}{W \cdot t} = \frac{f'}{f'+H}$$

经过化简和移项可得

$$V_{Op} = \frac{f'}{f'+H}W$$

由于公式中的 f' 远小于 H,因此 $H+f'$ 可以写成 H,可得

$$V_{Op} = \frac{W}{H}f' \tag{3-24}$$

上式表明,光学系统的移动速度也是根据速高比来控制的。

(4) 旋转双楔形镜式。

旋转双楔形镜式像移补偿系统主要由两块楔形镜片组成,装于光学系统的前方(图 3-54)。在成像侦察时,两块楔形镜片同时旋转,其旋转的速率相同,但方向相反。当两块楔形镜片厚的一端转至图 3-55(a) 所示的位置时,地面上 A_0 点所反射的光经过楔形镜片的折射后,成像于像面上的 a_1 点;当两块镜片厚的一端转至图 3-55(b) 位置时,则 A_0 点的影像就移到 a_2 点。由于两镜片在不停地旋转着,因此 A_0 点的影像会在 a_1 与 a_2 两点之间进行往复运动,在影像移动的方向与飞行方向相反时就曝光,如图 3-55(c) 所示。这时,像面上的影像因成像系统向前运动而产生移动,其移动的方向与飞行方向一致,即与镜片使影像移动的方向相反,因此这两种影像移动就会抵消。如果这两种的速度相等,则影像移动就会完全抵消,而不会发生影像位移。

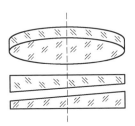

图 3-54 旋转双楔形镜式像移补偿装置的组成

镜片要使影像移动的速度 V_i 等于成像系统向前运动所产生的影像移动速度 V_2,就必须使两块镜片有一定的转速。镜片的转速 ω 与镜片使影像移动的速度成正比,即

$$\omega = \frac{V_i}{K} \tag{3-25}$$

式中 K——镜片的构造常数,取决于镜片的折射率和楔形角。

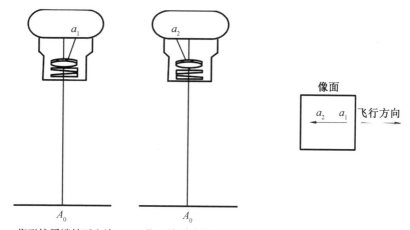

(a)楔形镜厚端转至右边　(b)楔形镜厚端转至左边　(c)像点移动方向与飞行方向相反

图 3－55　旋转双楔形镜式像移补偿装置的原理

由于
$$V_1 = V_2, V_2 = \frac{W}{m}$$

因此
$$\omega = \frac{W_i}{Km}$$

在垂直成像侦察时,有
$$m = \frac{f}{H}$$

因此
$$\omega = \frac{f'W}{KH} \qquad (3-26)$$

从上式中可以看出,在实施垂直成像侦察时,也必须根据速高比来调整两块镜片的转速,才能够较好地消除影像位移。

2. 机械式像移补偿方法

利用机械结构在曝光时随目标运动方向移动感光介质所在平面的补偿法称为机械式像移补偿法。早期相机的感光介质是胶片,因此又称移动胶卷式像移补偿法,可以通过移动镜头或移动焦平面两种方式完成。机械式像移补偿法可以达到所有 CCD 像面上的点补偿效果一致。其缺点是需要大功率电机驱动镜头或焦平面移动,且结构比较复杂。

3. 电子式像移补偿方法

电子式像移补偿方法主要是针对 CCD 相机,通过改变 CCD 相机电荷读出的时序,可以使CCD电荷读出的时间与影像移动的时间一致,保证二者位置关系相对静止,从而起到像移补偿的作用。

(1)控制TDICCD的行转移频率法。

TDICCD是一种线阵CCD,它的突出特点是在运动中成像。TDICCD行数为延迟积分的级数M,当沿着CCD级数方向推扫成像时,在第一个积分周期目标在某列第一个像元曝光积分,得到的光生电荷下移一个像元;在第二个积分周期目标恰好移动到该列第二个像元处曝光积分,得到的光生电荷与上一像元来的电荷相加后移到下一像元……直到第M个积分周期目标移到该列第个像元曝光积分,产生的光生电荷与前($M-1$)个电荷相加后移入读出寄存器并读出。TDICCD积分级数方向的电荷转移是靠外同步信号触发的。

对于推扫式CCD相机,只要使电荷转移速率等于像点的前向像移速度即可完成像移补偿,同时实现延迟积分功能以提高其光电灵敏度。

对于摆扫式CCD相机,控制TDICCD的行转移频率可进行扫描像移补偿。摆扫式CCD相机扫描像移补偿原理图如图3-56所示,它针对TDICCD的成像原理在运动中成像的特点,利用与相机镜筒同轴安装的光学式编码器的输出作为CCD的行转移外同步信号,使CCD的行转移速度与扫描像移速度同步完成像移补偿。

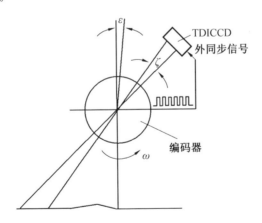

图3-56 摆扫式CCD相机扫描像移补偿原理图

对于行间转移CCD,使其工作在TDI模式,也可以像推扫式CCD相机那样进行前向像移补偿。

总之,影像位移补偿系统能够消除成像系统向前运动所产生的影像位移的根本原理是使焦平面和影像保持相对静止的状态。其方法通常有两种:一种是使焦平面和影像一起运动;另一种是使影像不动。

（2）帧转移型面阵 CCD 的电子式像移补偿。

采用电子像移补偿方式进行面阵帧转移型 CCD 运动成像的时序设计时，积分时间内信号电荷的转移方式可以采用离散转移方式和连续转移方式。通过研究证明，采用多相连续转移的方式能够降低 CCD 电荷转移的非连续性并有效减小像移对 CCD 成像的影响。下面以四相连续转移方式为例，说明 CCD 积分时的像移补偿。

CCD 成像区大小为 1 024 行 1 024 列，CCD 像元尺寸为 d，CCD 焦平面上的像沿 CCD 列方向运动的平均速度为 v。在采用电子像移补偿时，其成像方式为：积分开始后，成像区的像元开始积累信号电荷，经过一个行积分周期 $T_0 = d/v$ 后，将成像区积累的信号电荷沿图像运动方向转移一行，然后重复电荷积累和转移的过程，转移 N 行之后，积分时间结束，将成像区的电荷快速转移到存储区中，准备下一次的积分过程。图 3—57 所示为帧转移型 CCD 电荷转移示意图，可以看到 CCD 所积累的电荷采用多相连续转移方式转移一行的细节。

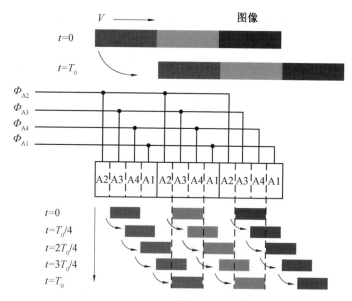

图 3—57　帧转移型 CCD 电荷转移示意图

在 $t=0$ 时刻，成像区在 A3 和 A4 电极为高电平，开始积分，积累电荷。

在 $t=T_0/8$ 时刻，成像区 A1 电极为高电平，电荷均匀分布到 A3、A4 和 A1 电极下，继续积分积累电荷。

在 $t=T_0/4$ 时刻，成像区 A3 电极变为低电平，电荷转移到 A4 和 A1 电极下，继续积分并积累电荷。

依此类推,不断重复转移和积分的过程,到 $t=T_0$ 时刻,第 1 行像元所积累的电荷在不断积分和转移的过程中被转移到下一行。

图 3-58(a)所示为成像区电荷转移一行的总体图,第 1~1 023 行的信号电荷转移到第 2~1 024 行,第 1 行开始新的图像的积分,第 1 024 行已经积累的电荷与从第 1 023 行转移的电荷积累到一起,不能作为有效信号电荷。

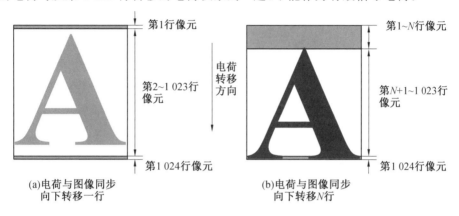

图 3-58 帧转移 CCD 成像区电荷转移示意图

经过 N 行转移后,如图 3-58(b)所示,前面的第 1~N 行像元所成像的积分次数依次为 1~N-1 次,因为积分时间不足,故不能作为有效的像元;第 1 024 行的图像是从第 1 023 行转移过来的 N 行像元的累加,也不能作为有效的像元。因此,帧转移 CCD 经过 N 行电子像移补偿后,能够作为有效成像区的像元为第 N+1~1 023 行。

减震器装于飞行器的机体与成像系统之间,一般由弹簧或橡胶等构成。它可以减小飞行器震动所引起的侦察设备的震动,因此能够显著地减小侦察设备震动产生的影像位移。

稳定平台是利用陀螺原理设计的一种座架。它能够使侦察设备的主轴始终与地面垂直,不致于因飞行器的不稳定运动而产生左右摆动和前后倾斜的现象。因此,使用这种座架就不会发生因侦察设备的左右摆动和前后倾斜而引起的影像位移。当然这也是相对的,当摆动幅度过大时,稳定平台也没办法消除影像位移。稳定平台还可以补偿前向像移,面阵 CCD 在拍照过程中,俯仰轴以角速度匀速摆动,在速度控制模式下,运动周期与拍摄周期一致。

3.8 温度控制系统

温度环境包括温度梯度环境和温度环境的变化。温度梯度直接引起光学件表面面形畸变、透射光学件的折射率变化、结构件对光学件的约束条件变化和应力变形产生对光学元件间相对位置变化等。光学件轴向和径向梯度将引起光学系统传播的波前畸变,导致像质变坏及视轴漂移等有害的影响。光学系统的设计、加工和调试是在一定的温度环境下进行的,在没有主动像质调节机构的条件下,相机温度环境的变化直接影响到相机的焦距和成像品质。

随着对相机空间分辨率和辐射分辨率要求的提高,对相机各光学件温度的变化值和温度梯度允差值的要求越来越苛刻;随着光学零件口径的加大、非球面反射镜的利用、焦距的加长,对相机温度和各光学件温度梯度要求也越来越苛刻,如径向温度梯度将会要求在径向距离上温度变化不超过 0.2 ℃。相机在设计时就温度进行了考虑,主要体现在以下几个方面。

(1)相机的光学结构选型、光机结构选择设计应具有对热不敏感或热匹配、热稳定性较好的性能要求。

(2)光学零件材料的热性能选择应具有线膨胀系数很小或线膨胀系数较小而热导率却很高的性能。同时,光学零件的内部结构(如反射镜)应选择热平衡快的构造及各向同性的热特性设计。

(3)充分利用隔热、热控涂层、热导、热导填料和散热面的被动热设计方法和措施。

(4)对于要求高、功率变化大及热交换快的元件或组件,应采取必要的主动控制技术。例如,薄膜型电加热器及其控温回路、百叶窗和热管等主动控制方法;关键组件采用恒定功率的主动加被动热设计方法,保证其热稳定性。

(5)热控元件要求质量小、功率小但效率高,其热控材料不应对相机光学表面造成挥发性的光学污染。热控措施应具有良好的工艺性和较高的标准化程度。

相机光学系统一般都有自动控制系统,主要包括温度传感器、控温仪和加热器。温度传感器有热电偶、热敏电阻和温敏开关。控温仪一般分为两类:一类是常规的通断开关型控制方式;另一类是智能型计算机控制方式。加热器包括电阻丝和热膜电阻。这样,在温度降低时,加温电路自动接通,加温器开始工作,温度升高后会自动断开。

加热器分布在相机的镜头筒、胶卷盒等位置,保证成像质量,保证胶卷盒机构在低温下正常工作和防止胶卷在低温下变硬断裂。

思 考 题

1.CCD 成像系统按成像方式可以分成哪几种?

2.可见光成像系统由哪些部分组成?简要叙述各部分的功用。
3.光学系统按组成光学元件可以分为哪几种?
4.滤色镜的选用原则是什么?
5.光学系统的特性参数主要包括哪些,分别决定了哪些成像性能?
6.CCD工作过程主要是解决电荷的哪些问题?
7.为提高总转移效率,CCD器件采取了什么措施?
8.什么是TDICCD?实现TDI的关键是什么?
9.简述TDICCD器件的优点。
10.常见的面阵CCD成像器件有哪几种?
11.行间转移型面阵CCD-TDI工作方式与TDICCD有哪些异同点?
12.CCD成像系统的空间分辨率表示方法有哪些,计算公式分别是什么?
13.什么是CCD图像传感器的动态范围?
14.CCD器件的拼接方法有哪些?拼接过程中有哪些基本要求?
15.曝光量的影响因素有哪些?调整曝光量有哪些方法?
16.自动调焦方式有哪些?
17.什么是自准直调焦方式?简述自准直调焦过程。
18.航空相机的像移按产生原因的可以分为哪几种?
19.航空相机像移补偿方法有哪些?分别简述各类像移补偿原理。

第4章 红外成像系统

红外成像系统可将物体自身辐射的红外线转变为可见的热图像,从而使人眼视觉范围扩展到中波、长波红外波段。红外成像与可见光相比具有很多优点,广泛应用于航空航天成像侦察中。本章将详细分析红外成像特点、红外成像系统的组成和工作原理。

4.1 概　述

4.1.1 红外成像的特点

红外辐射从 0.76 μm 向长波延伸到 10^3 μm,习惯上又把红外波段进一步划分为近、中、远和极远四个区域。0.76~1.5 μm 为近红外区、1.5~6 μm 为中红外区、6~15 μm 为远红外区、15~1 000 μm 为极远红外区。为增加光电成像系统的作用距离,必须有效地利用大气窗口,常用的大气窗口有近红外 0.76~1.1 μm、中红外 3~5 μm 和远红外 8~14 μm。

自然界中的一切物体,只要它的温度高于绝对零度,就总是不断地发射辐射能。因此,从原理上讲,只要能收集并探测这些辐射能,就可以通过探测器信号的采集和处理形成与景物辐射分别相应的热图像。这种热图像再现了景物各部分的辐射起伏,能显示出景物的特征。摄取景物热辐射分布图像(又称热像)并将其转换为人眼可见图像的装置称为红外成像系统,又称热红外成像系统,简称热像仪。

地球上所有的物体都辐射红外线,特别是军事目标,如飞机、坦克、军舰、导弹等都要消耗能源,其中一部分将转换成热能,温度较高的热辐射体用热成像在很远的距离就能探测到。而且,温度 300 K 左右的目标,在 3~5 μm 和 8~14 μm 两个波段内有较强的辐射。探测器性能、大气传输、目标辐射特性三者相一致的关系决定了红外成像系统工作于 3~5 μm 和 8~14 μm 波段是合适的。

下面通过两组实例分析红外成像的特点。第一组实例是同一幅图像中若干个相同的目标;第二组实例是同一架飞机不同相机同时成的可见光和红外图像。

【例4.1】 热图像如图4-1所示,这种热图像再现了景物各部分的辐射起伏,因此能显示出景物的特征。图4-1中上半部分左起第1架飞机除尾喷口后方有强红外辐射外,几乎整个机身都很热(表现为照片发白),说明它是刚停下的;它右侧第2架飞机停置的时间显然比它长;对应于第3架的位置,则除有一机形黑影外,还有很强的尾喷辐射图形,说明这里刚飞走一架飞机(若是已发动的待飞者,则应看到清晰的尾喷口);第4架飞机尾喷口后方及机身都不及第一架那么白,说明它比第一架停了更长时间;第5架全身发黑,且无尾喷辐射,表明它久置未用(相对第1架而言);第4架有很长的尾喷热气流,且机身较亮,它可能是刚着陆的且又准备起飞;下半部分右起第3架空位飞走了一架,且起飞时间在上半部分第3架飞机之前,因为它留下的热辐射较弱。由这些信息就能判断敌方的战场投入力量、某些攻防部署、决策意图及有关动向。因此,各国都投入相当大的人力、物力发展红外成像技术。

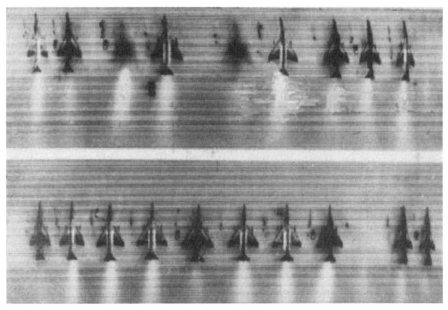

图4-1 热图像

【例4.2】 英国BAE系统公司生产的F-9120传感器获取的可见光和红外图像如图4-2所示,F-9120传感器能够利用多种战术平台获取高空、远距离、可见光(0.55～0.95 μm,延伸到了近红外)和红外(3～5 μm)图像。图4-2(a)为可见光图像,图4-2(b)为红外图像。这两幅图中分别将高速公路、储油罐和炼油厂的烟囱进行了局部放大,从红外图像中可以看出这几个目标的色调与可见光差异很大,很容易识别,尤其从红外图像中可以看出储油罐

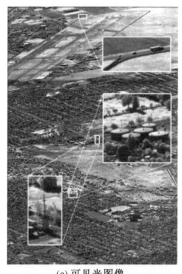 

(a) 可见光图像　　　　　　　　(b) 红外图像

图 4-2　F-9120 传感器获取的可见光和红外图像

的液面位置。

红外成像系统是全被动式成像系统,不易被对方发现和干扰,特别适合军事应用。与可见光成像系统相比,红外成像系统具有很多优点:全被动成像,具有很好的隐蔽性;可以全天时工作,尤其是在全黑的夜间;具有较强的穿透烟、雾等的能力;有可能揭示伪装或探测潜像,也有可能探测具有热泄漏或热异常的地下目标。

4.1.2　红外成像的发展

自 20 世纪 60 年代美国得克萨斯仪器公司研制出世界上第一台实时显示电视图像的军用红外热成像系统到现在为止,热像仪的发展经历了三代。

第一代红外成像系统以分立型为主,器件像元数在 10^3 元以下,主要是利用光机扫描机构对目标的热辐射进行图像分解扫描,然后应用光电探测器进行光电转换,最后形成视频图像信号,并在荧屏上显示或经电光转换记录在红外探测器上。红外探测器广泛使用的有三种:一种是多元碲镉汞探测器,其器件元数已高达 60 元、120 元和 180 元;另一种是 5×11 元光伏型 HgCdTe 器件;还有一种是 Sprite 探测器(又称扫积型 HgCdTe 探测器)。

第二代红外成像系统分为扫描型和凝视型焦平面两种,器件元数为 $10^3 \sim 10^6$ 元,其主要特征是:使用 MCT 体材料和薄膜材料,长线列 4N 系列可以达到与小规模凝视焦平面阵列(Focal Plane Array,FPA)相比拟,有一定信号处理功能的大规模集成的读出电路,具有简单的扫描机构,与一代相比探测距离和空间分辨率有明显的提高。其中,4N 系列用于侦察,且 N 值一般大于3 000像元。

第三代红外成像系统以凝视型为主,器件元数大于 10^6 元,利用大规模 FPA 探测器,有的探测器还是双色和多色的,可以同时获得不同波段的图像,通过影像融合处理提高热成像识别目标的能力。与第一代和第二代相比,第三代红外成像系统虽然取消了扫描系统,但由于采用了大面阵与高清晰度电视图像像素相当的凝视 FPA,探测器元件数量剧增,而探测器单元响应存在不一致性,导致了红外图像的非均匀性,严重影响了成像质量,因此必须进行非均匀性校正,这就使得三代热像仪的信号处理变得更加复杂。因此,必须有高灵敏度、有复杂的信号处理功能的超大规模集成的读出电路,采用大规模或超大规模集成电路能进行复杂的信号处理,才能使热图像的像质达到高清晰度电视图像的水平。

为适应军事应用的要求,红外成像系统发展可归纳为以下几方面:提高温度灵敏度和空间分辨率;从单色向双色、多色方向发展;从扫描向凝视方向发展;减小质量和体积;简化装备保障要求;提高可靠性和降低成本。

4.1.3 红外成像系统的类型

按照成像方式,红外成像系统可以分为扫描型和凝视型两种。对于空天成像而言,运动平台成像,扫描型又分为推扫型和摆扫型。推扫型采用常用长线阵红外探测器,线阵排列方向与平台运动方向垂直,随着平台的运动实现对地物扫描。摆扫型采用多元和扫积型探测器等,需要借助光学元件的机械运动来完成,因此这类系统又称光机扫描成像系统。凝视型则是采用红外焦平面组件,与可见光画幅式相机类似,整幅同时成像,为增大收容宽度,有时还需要借助稳定平台的转动,进行步进分幅成像。

1.扫描成像系统

(1)光机扫描成像系统。

图 4-3 所示的红外成像系统是光机扫描型的,运载平台的运动实现飞行方向的扫描,借助光机扫描器实现另一维的扫描,图中给出了其工作原理。光学系统将景物发射的红外辐射收集起来,经过光谱滤波之后,将景物的辐射通量分布会聚成像到光学系统焦面上,即探测器光敏面上。当扫描器工作时,从景物到达探测器的光束随之移动,在物空间扫出像电视一样的光栅。当扫描器以电视光栅形式将探测器扫过景物时,探测器逐点接收景物的辐射并转换成相应的电信号。经过视频处理的信号,在同步扫描的显示器上显示出景物的热图

像,并且经模数转换后以数字化逐行方式记录下来,或经电光转换记录到胶片上。这种扫描方式的红外成像系统中使用一个旋转镜或振荡镜,沿着与飞行路线成90°的扫描线来进行地物扫描(又称扫帚式扫描、刷式扫描或掸扫),这样红外成像系统不断地来回获取飞机左右两侧的能量,获取图像范围为飞机下方90°~120°的视场范围。当飞机不断向前飞行时,覆盖连续的扫描线,产生一系列毗邻的扫描带,这些扫描带组成一幅二维图像。

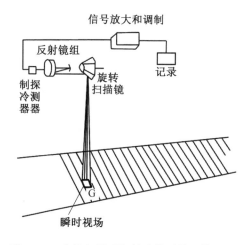

图4-3 光机扫描型红外成像系统工作原理

图4-4所示为光机扫描型红外成像系统框图。光学系统先将景物的红外辐射汇集起来,再经过光谱滤波和光机扫描,聚焦到探测器阵列上。探测器将强弱不等的辐射信号转换成相应的电信号,然后经过放大和视频处理,形成视频信号,送到监视器上显示以便观察,或经模/数转换后存储图像信号,需要时再回放。

光机扫描型红外成像系统框图中,整个系统主要包括红外光学系统、红外探测器及制冷器、电子信号处理系统和显示记录系统四个组成部分。光机扫描器使单元或多元阵列探测器依次扫过景物视场,形成景物的二维图像。在光机扫描热成像系统中,探测器把接收的辐射信号转换成电信号,通过隔直流电路把背景辐射信号从场景电信号中消除,以获得对比度良好的热图像。光机扫描型红外成像系统由于存在光机扫描器,因此系统结构复杂、体积较大、可靠性较低、成本也较高。但由于探测器性能的要求和技术难度相对较低,因此其成为20世纪70年代以后国际上主要的实用红外成像类型,目前仍有一些重要的应用。

光机扫描成像系统具有较宽阔的视场,一般可达90°~120°,地面收容宽度可达侦察高度的2~3倍。

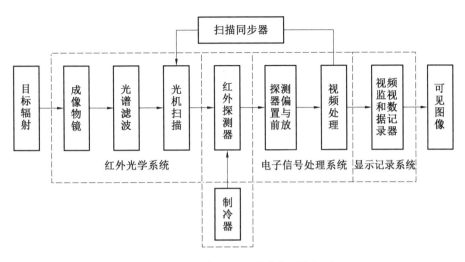

图 4-4 光机扫描型红外成像系统框图

(2) 推扫型扫描成像系统。

与光机扫描仪不同,推扫型扫描采用长线列探测器作为敏感元件,用电子自扫描方式成像。长线列探测器在垂直于飞行方向上横向排列,对应于地面上的一行扫描带。每个探测器敏感元分别对应该扫描条带的一个地面分辨元,对接收的光信号做光电转换。当飞行平台向前飞行完成一维纵向扫描时,线列探测器就向扫帚扫地一样实现带状扫描,推扫型扫描也是由此而来的。图 4-5 所示为推扫型扫描成像原理,光学系统将地面辐射会聚在探测器上。控制线列探测器的信号读出时序,令系统在飞过地面一个分辨元的距离时输出一行地面视频图像信号,当对准下一个邻近扫描条带时又重新开始采样。这样,当平台向前运动时就形成对地面景物的逐行扫描。信号经处理后,形成飞机飞过下方地域的视频图像。

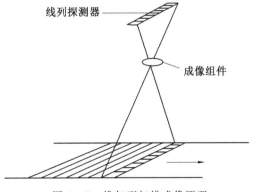

图 4-5 推扫型扫描成像原理

与光机扫描成像系统相比,推扫型扫描成像系统省去了机械运动部件,采用探测器内部的电子扫描,具有系统可靠性高、噪声低、畸变小、体积小、质量小、功耗小、寿命长等一系列优点。推扫型扫描成像系统的总视场和瞬时视场受限于线列探测器的长度。当线列探测器长度(即红外探测器光敏元数量)一定时,在总视场确定时瞬时视场也随着被确定;否则,应依据对总视场和瞬时视场的要求来制作特定元数的探测器。红外波段的长线列焦平面阵列器件是较理想的红外探测器。在这种工作方式中,如果线列探测器的各个敏感元性能不够均匀或有个别的盲元,则产生的图像在纵方向出现深浅不同的条纹,成为一种固定的图形噪声。在信号处理时应采取措施进行均匀性修正,以减弱或消除这种噪声。

2. 凝视型红外成像系统

凝视型红外成像系统利用焦平面探测器阵列,使探测器中的每个单元与景物中的一个微面元对应。所谓凝视型红外成像系统,是指系统在所要求覆盖的范围内,对目标成像是用红外探测器面阵充满物镜焦平面视场的方法来实现的。换句话说,这种系统完全取消了光机扫描,采用元数足够多的探测器面阵,使探测器单元与系统观察范围内的目标元一一对应。这里的"凝视"是指红外探测器响应目标辐射的时间远比取出每个探测器响应信号所花的读出时间要长而言的。

图4-6 所示为凝视型红外成像系统框图。与图4-4 相比,凝视焦平面热成像系统取消了光机扫描系统,同时探测器的前置放大电路与探测器合一,集成在位于光学系统焦平面的探测器阵列上,这也是"焦平面"的含义。近年来,凝视焦平面热成像技术的发展非常迅速,PtSi 焦平面探测器,512×512、640×

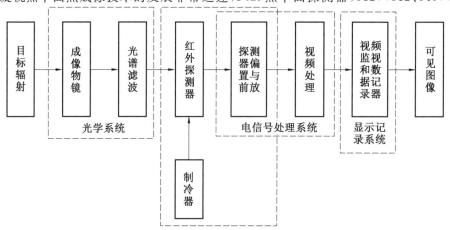

图4-6 凝视型红外成像系统框图

480 和 320×240、256×256 像元的制冷型 InSb，HgCdTe 探测器和非制冷焦平面探测器均取得重要突破，形成了系列化的产品。

由上面分析可以看出，红外成像系统包括四个组成部分：光学系统、红外探测器及制冷器、电信号处理系统和显示记录系统。

4.2 红外光学系统

光学系统主要是指成像物镜，光机扫描型红外成像系统还包括光机扫描。此外，为保证到达红外探测器的红外辐射是 3～5 μm 或 8～14 μm，还需要光谱滤波。

4.2.1 红外成像物镜

由应用光学可知，物镜像面中心照度为
$$E = \pi L \tau_0 \sin^2 u'$$
式中　u'——物镜像方孔径角。

对远距离目标，有
$$E = \frac{\pi}{4} L \tau_0 \left(\frac{D}{f'}\right)^2$$
式中　L——目标辐亮度；
　　　τ_0——为物镜透射比；
　　　f'——物镜焦距；
　　　D——物镜有效直径。

由上式可以看出，有更大的通光口径和相对孔径，才能获得更大的像面照度，收集更多的辐射。因此，红外成像系统与可见光成像相比，光学系统具有较大的相对孔径。

红外物镜的作用是将目标的红外辐射接收和收集进来并传递给红外探测器，其主要类型有透射式、反射式和折反射式三种。

1.折射系统

折射物镜系统较易校正像差，能获得较大视场，结构简单，装调方便。随着红外光学材料的增多，近年来采用硅锗等大视场和小型化的红外折射光学系统。图 4-7 所示为双高斯和匹兹伐物镜的基本结构。

2.反射系统

反射式物镜完全没有色差，且对反射镜本身的材料要求不高，所以反射式物镜在红外光学系统中应用广泛。反射式物镜可以做成大口径，且焦距可以较

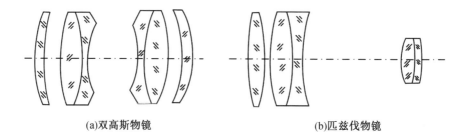

(a)双高斯物镜　　　　　　　　(b)匹兹伐物镜

图 4-7　双高斯和匹兹伐物镜的基本结构

长,取材容易,既可以用金属材料,也可以用普通玻璃在上面镀一层金属膜或其他介质膜来制作,而且对材料要求不高;反射式物镜光能损失小,无透射损失,即镜面反射比比透镜的透射比高;反射镜不产生色差。这些优点使它在红外光学系统中应用较多。但反射式物镜有视场小、体积大及次镜遮挡等缺点。

反射式物镜又分为单反射镜和双反射镜。单反射镜包括球面、抛物面、椭球面和双曲面反射镜,它们都是由对应的曲线绕对称轴转一周取一部分得到的,它们的光学焦距都是顶点曲率半径的一半。可以单独使用的是球面反射镜和抛物面反射镜,图 4-8 所示为两种常用的抛物面反射镜,而椭球面和双曲面反射镜由于其光学焦点和几何焦点不重合、慧差大、像质欠佳,因此通常与其他反射镜组合成双反射镜系统。

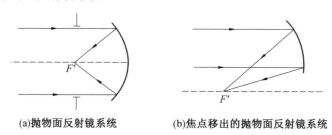

(a)抛物面反射镜系统　　　(b)焦点移出的抛物面反射镜系统

图 4-8　两种常用的抛物面反射镜

通常单球面镜和抛物面反射镜的焦点在入射光路内,若在焦点放接收器,则装调不方便,并会产生遮挡,通常用在一个反射镜光路里加另一个反射镜的方法把焦点引到主反射镜之外,这就构成了双反射镜系统。常用的双反射镜系统有牛顿系统、卡塞格伦系统和格里高里系统。

(1)牛顿系统。

牛顿系统如图 4-9 所示,其由抛物面主镜和平面次镜组成,次镜在主镜焦点附近与光轴成 $45°$。由于主镜是抛物面反射镜,对轴上无穷远点无像差,因此像质只受衍射限制,弥散圆为艾里斑,但轴外像差大,常用于像质要求高的小视场红外系统中。它的特点是镜筒长、质量大。

(2)卡塞格伦系统。

卡塞格伦系统如图4-10所示,其由抛物面主镜和双曲面次镜构成。次镜位于主镜焦点之内,双曲面镜的一个焦点与抛物面镜焦点重合,另一个焦点为整个系统的焦点,该系统无穷远轴上点没有像差。其优点是焦距长、镜筒短、结构紧凑、会聚光束通过主反射镜中心的孔使焦面上便于放置接收器件;缺点是非球面加工困难。

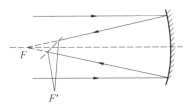

图4-9 牛顿系统

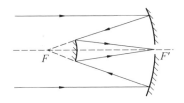

图4-10 卡塞格伦系统

卡塞格伦系统由于具有多种优点,因此目前已被广泛用于红外系统中,并为消除不同像差而发展了多种结构。椭球-球面系统可消球差;双曲面系统可同时消球差和慧差。

(3)格里高里系统。

格里高里系统如图4-11所示,其由抛物面主镜和椭球次镜组成,次镜位于主镜焦距之外。

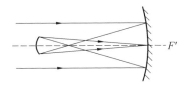

图4-11 格里高里系统

椭球面的一个焦点与抛物面主镜的焦点重合,另一个焦点为整个系统的焦点。系统对无穷远轴上点没有像差,该系统也有其他组合,如果主次镜都用椭球面,则系统可同时消球差和慧差。

3.折反射物镜

折反射物镜充分利用折射系统和反射系统的优点,满足系统设计要求。图4-12所示为三代热像仪光学系统,其由两个分立组件构成:折叠三反射消色散(Folded Three-Reflation Achromatic,FTMA)无焦镜组和双波段可变倍率成像物镜组。前半部分为反射物镜,后半部分为折射物镜。

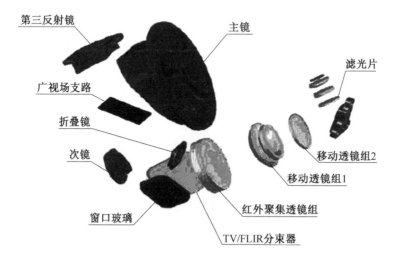

图4-12 三代热像仪光学系统

光学系统要求在双波段(中波和长波)所成目标的像平面重合,同时具有较高的成像质量,在各种视场下都有相同的焦距和相近的光学畸变。为满足这些要求,三代热像仪光学系统采用半导体材料Ge,并且经过镀膜等手段处理。

FTMA无焦镜组由离轴三反镜和内部的折叠镜组成。离轴三反镜由主镜、次镜、第三镜组成,形成5.5倍的放大倍率。主镜、第三镜均为抛物面镜,次镜为双曲面镜。折叠镜位于次镜与第三镜之间。FTMA结构可以大大减小光学系统的整体尺寸,满足三代热像仪小型化的要求。无焦离轴系统能清晰成像。无焦系统还包括带热参考源(Thermal Reference Source,TRS)的窗口玻璃和可见光/红外分束器。

双波段可变倍率成像物镜组包含八个透镜,其中两个可移动透镜组组成的轴向双视场镜组形成2.1倍的放大倍率变化,且无须重新调焦即可使中波/长波同时成像。这样由无焦镜组和成像物镜组能组合成对应四种视场的四种放大倍率。光学系统有极窄视场(Ultra-Narrow Field of View,UFOV)、窄视场(Narrow Field of View,NFOV)、中视场(Middle Field of View,MFOV)、宽视场(Wide Field of View,WFOV)共四种视场。对应的光学系统的主要参数见表4-1。其中,EFL代表有效焦距长度、EPD代表入瞳直径、F代表光圈数、

FOV 代表视场角。

表 4—1 光学系统的主要参数

参数	UFOV	NFOV	MFOV	WFOV
EFL	24.0	11.4	4.36	2.08
EPD	4.0	3.8	1.45	0.69
F	6.0	3.0	3.0	3.0
FOV/(°)	0.9×1.2	1.9×2.5	5.0×6.6	10.4×13.8
放大倍率	11.5×	5.5×	2.1×	1.0×

由于红外辐射与可见光存在差异,因此红外光学系统具有一定特点:红外物镜必须选用能透过红外波段的材料如硅、锗,或采用反射式光学系统;为探测远距离微弱目标,红外光学系统的孔径一般较大;在红外光学系统中广泛使用各类扫描器,如平面反射镜、反射镜鼓、折射棱镜及光楔等;8~14 μm 波段的红外光学系统必须考虑衍射效应的影响;在各种气象条件或抖动和震动条件下具有稳定的光学性能。

4.2.2 光机扫描

光机扫描成像系统的扫描器是摆动的平面反射镜和旋转的反射镜鼓,常用反射镜鼓有三棱镜、四方棱镜(形状为棱柱,其外表面均为反射面)等。旋转反射镜鼓主要用于平行光束扫描,即位于成像物镜之前。光机扫描成像系统的光学系统如图 4—13 所示。

扫描镜要做高速机械转动,因此要求质量小、刚度好、不易变型,常用轻质金属材料制作,其反射面要非常平整、光洁度高,表面镀金或铍等提高反射率。要按照平台飞行高度和一个像元瞬时视场对应的地面分辨单元的大小和红外探测器像元数控制扫描镜转动速度,使得在完成一行扫描的时间内,运载平台正好向前移动了全部像元对应的地面距离或稍有重叠。每相邻两次被扫地域应很好地邻接,不应有漏扫。与这一性能相关的技术参数称为速高比(W/H)。当仪器设定的速高比与实际飞行速高比一致时,则满足上面行间正好衔接的要求。若高度不变,即像元对应的地面分辨尺寸不变,增大飞行速度,则行间有漏扫,丢失信息。这时,应提高扫描镜转速,使二者速高比相符合。速度不变,高度降低时,速高比增大,也需提高扫描镜转速。设备有一个最大速高比设计值,此时扫描电动机转速达到最大。任何时候都不能在大于最大速高比的条件下执行任务,否则获取的信息将不完整。为使系统正常工作,还有一些需关注的问题。扫描镜在空中做高速旋转运动时,空中气流的阻力和扰动会使瞬时转动速度变得很不稳定,行间扫描周期不等,产生图像失真。需采用高精密的电动

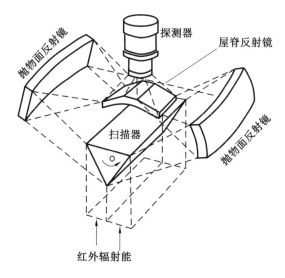

图 4-13 光机扫描成像系统的光学系统

机转速控制技术,保证扫描速度的稳定。载机飞行时也因受气流影响而会有侧向摇摆,尤其是用于侦察的小型飞机更是如此。这样,地面的一个直线目标采样后可能变得弯曲了。常用稳定陀螺的信号和与扫描镜联动的角位置编码盘的输出信号进行比较,对每个扫描行进行补偿,使得无论载机如何摇摆,都是扫描到地面同一直线点位置时才打开一个电子门,令获取的地面信号得以通过,保证每扫描行的有效信号都从地面同一直线点起始。这样,当平台向前运动,行扫描仪完成对地面景物的逐行逐点扫描,所收集的地面辐射由红外探测器按地面扫描同样的时序转换为与辐射强度相对应的电信号,经过放大、对大视场边缘的图像元的失真修正和图像制式的转换等处理时,会产生飞机下方广阔区域内的二维红外图像。

具有 r 个侧面的反射镜鼓,若其转速为 $n(r/s)$,则扫描速率为 nr,即 1 s 内可以获得 nr 条扫描线。图 4-13 中采用的是有三个侧面的反射镜鼓。

4.2.3 光谱滤波

要保证进入相机光学系统用于成像的光辐射是相机的工作波段,必须使用滤光片进行光谱滤波。红外成像系统的滤光片一般不单独设置,而是由制冷器的窗口来实现光谱滤波。红外探测元件密封在冷室中,其窗口必须选用能透过红外辐射的材料,才能使红外辐射到达红外探测器成像。根据物质结构可以找到很多能透过红外线的光学材料,但是没有一种能透过整个红外波段。在应用中,也只能满足于根据波长的需要选择不同的材料。在原子内部,电子运动能吸收入射辐射,晶体中原子的震动也能吸收入射辐射,如果某一晶体的这两种吸收过程在波长尺度上间隔较大,那么中间就有一段没有吸收的波段,这一晶体就是这一波段的透光材料。

4.3 红外探测器

在红外扫描成像系统中,红外探测器作为辐射能接收器,通过其光电变换作用将接收的辐射能转变为电信号,是构成热成像系统的核心器件。

4.3.1 红外探测器的工作原理

红外探测器包括热探测器和光子探测器两大类。热探测器有热敏电阻、热电偶和热释电探测器等,这类探测器吸收红外辐射后使敏感元件温度上升,引起与温度有关的物理参数改变。光子探测器是通过光子与物质内部电子相互作用产生电子能态变化而完成光电转换的探测器。

目前,在红外扫描成像系统中主要采用光子探测器,因为其无论在响应灵敏度方面还是在响应速度方面都优于热探测器。光子探测器又可分为光电导型探测器和光伏型探测器。

1.光电导型探测器

利用光电导效应制作的光探测器称为光电导型探测器,简称 PC(Photo Conductive)探测器,通常又称光敏电阻。但与一般电阻器不同,它是有源器件,工作时要加以适当的偏流或偏压。所谓光电导效应,就是半导体吸收光子能量后产生非平衡载流子(自由电子或空穴),这些载流子参与导电,使半导体的电导率增加。

光伏型探测器是利用半导体的光伏效应工作的,即在非本征半导体上形成PN结,在入射光子作用下产生电子—空穴对,结间电场使两类载流子分开而产生电动势。1873 年,人们在实验电路中发现,作为绝缘体使用的硒因光的照射而使电阻值减少,从而发现了光电导效应。这种效应在大多数半导体和绝缘体中都存在。由于金属的电子能态与半导体和绝缘体不同,因此在光照下电阻因晶体缺陷产生的能级不能激发自由电子时,绝大多数电子被束缚在图 4-14(a)所示的局域价键上,不能参与导电。按照固体量子理论,这些价电子处在图 4-14(b)所示满的价带中,而在材料中可参与导电的自由电子处在导带中,在导带与价带之间有宽度为 E_g 的禁带,电子不能具有这个范围的能值。如果电子都束缚在图 4-14(b)所示满的价带中,导带中无电子,则这些材料的电阻是较大的,材料就成了绝缘体,电导率为零。但是,如果这些材料内的电子受到一种外来能量(如光子)的激发,且这种激发又能使电子获得足够的能量越过禁带而跃入导带,如图 4—14(c)和(d)所示,则材料中就会产生大量的电子和空穴(光生载流子)参与导电,原来满的价带不满了,出现了空穴,而导带中增加了自由电子。这一过程增加了材料的载流子浓度,从而降低了材料的电阻率,这就是由本征吸收引起的光电导效应。

本征光电导需要光子激发出自由电子－空穴对,光子的能量至少要与禁带宽度一样,因此基本要求是

$$h\nu \geqslant E_g$$

所以本征光电导体的长波限 λ_0(又称截止波长)是

$$\lambda_0 = \frac{hc}{E_g}$$

波长大于 λ_0 的辐射不可能产生本征光电导。当能带间隙以 eV 为单位时,本征光电导效应的长波限(以 μm 为单位)的简便表达式为

$$\lambda_0 = \frac{1.24}{E_g}$$

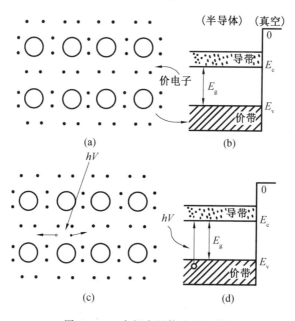

图 4—14 本征半导体光电导效应

当入射光子没有足够能量产生自由电子－空穴对但能激发杂质中心时,激发产生自由电子(N 型半导体)或自由空穴(P 型半导体),便形成非本征光电导或称杂质光电导。对 N 型半导体来说,由于其施主能带靠近导带很近,因此施主能带中的电子很容易从光子获得足够的能量进入导带而参与导电。对于 P 型半导体来说,由于其受主能带靠近价带,因此价带中的电子很容易从光子中

吸收能量而跃入受主能带，使价带产生空穴参与导电。杂质半导体光电导过程如图 4－15 所示，这就是由杂质吸收所产生的杂质光电导效应。

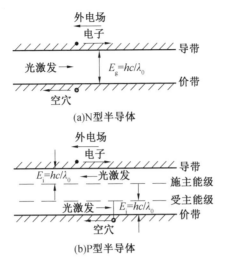

图 4－15　杂质半导体光电导过程

非本征光电导的长波限是

$$\lambda_0 = \frac{1.24}{E_i}$$

式中　E_i——杂质电离能。

当有红外辐射入射到光导型红外探测器上时，就会使探测器的电导率发生变化，因此等效电阻的阻值发生变化，输出电压发生变化。当变化的光辐射入射到红外探测器上时，就会在输出端输出一个与红外辐射强弱一起变化的电压信号。探测器的等效电路如图 4－16 所示。

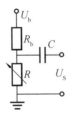

图 4－16　探测器的等效电路

图 4－16 中，U_b 为偏置电压；R_b 为偏置电阻；R 为探测器的等效电阻，在 R 上的电压降 U_R 即为输出电压。当无红外辐射入射到探测器上时，R 的端电压 U_R 为

$$U_R = \frac{R}{R+R_b} \cdot U_b$$

当红外辐射入射到探测器上时,等效电阻 R 的值改变,输出电压发生变化,对上式微分得到输出电压的改变量 ΔU_R 为

$$\Delta U_R = \frac{dU_R}{dR} \cdot \Delta R = \frac{R_b \cdot U_b}{(R+R_b)^2} \cdot \Delta R$$

当有红外辐射入射时,等效内阻 R 的阻值下降,所以 ΔR 是负值。当电路的阻抗匹配即 $R_b = R$ 时,有

$$\Delta U_R = \frac{U_b \cdot \Delta R}{4R} = -\frac{U_b}{4} \cdot \frac{\Delta \sigma}{\sigma_0}$$

式中　$\Delta\sigma$——电导率的改变量;
　　　σ_0——探测器的电导率。

红外辐射使红外探测器的电导率改变,进而使其导电性能发生变化,这就是所谓的光电导效应,从而使输出电压发生变化,所以输出电压就反应了入射光辐射的强弱。

硫化镉(CdS)、硒化镉(CdSe)是在可见光范围内使用最广泛的光电导器件,主要用作光敏电阻,一种为单晶型,另一种为多晶型。单晶型光敏电阻不仅对可见光灵敏,而且对 X、α、β、γ 射线也灵敏,但受光面较小;而多晶型光敏电阻受光面可以做得较大。这类光电探测器的缺点是响应慢,只适用于直流和低频光探测。

用于红外光电导探测器的材料有铅盐薄膜类,如硫化铅(PbS)、硒化铅(PbSe)、碲化铅(PbTe)等。还有多元本征型和非本征型,属于前者的有 $Hg_{1-x}Cd_xTe$、$Pb_{1-x}Sn_xTe$ 等,它们可以通过调节组分比例,工作在三个大气红外窗口($1\sim3\ \mu m$、$3\sim5\ \mu m$、$8\sim14\ \mu m$)中,其中 $8\sim14\ \mu m$ 尤为重要。这是因为室温物体的辐射光谱峰在 $10\ \mu m$ 左右,工作在该波段的探测器在高空侦察、环境监测、资源调查等方面有重要意义。

可见光及近红外波段的光电导探测器可在室温(295 K)下工作,长波限较长($4\sim5\ \mu m$)的探测器需要制冷到干冰温度(195 K),许多种光电导探测器需要制冷到液氮温度(77 K),工作在 $8\sim14\ \mu m$ 大气窗口的光电导探测器都要制冷到 77 K,长波限更长的探测器要求在更低的温度下工作,如 Ge:Au 非本征光电导探测器要求 60 K 的工作环境。长波限越长,工作温度越低。

2. 光伏型探测器

光伏效应是另一种应用广泛的内光电效应,是半导体受光照射产生电动势的现象。它与光电导效应不同之处在于需要一种将正、负载流子在空间上分离的机制,即内部势垒。虽然非本征光伏效应也是可能的,但几乎所有实用的光

伏探测器都采用本征的光伏效应,通常用 PN 结来实现这种效应。图 4-17 所示为利用 PN 结产生光伏效应的原理图。当入射光子在 PN 结及其附近产生电子-空穴对时,光生载流子受势垒区电场作用,电子漂移到 N 区,空穴漂移到 P 区。如果在外电路中把 P 区和 N 区短接,就产生反向的短路信号电流。假如外电路开路,则光生的电子和空穴分别在 N 区和 P 区积累,两端便产生电动势,这一效应称为光生伏特效应,简称光伏效应。

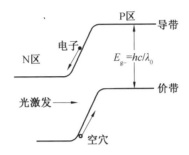

图 4-17 利用 PN 结产生光伏效应的原理图

利用光伏效应的光伏探测器都用单晶材料制作,所用材料与光电导探测器材料基本相同。结型光伏探测器工作时不需加偏置电压。如果加上反向偏压,则入射辐射会使反向电流增加,这时观测到的光电信号是光电流。加偏压工作的探测器也常称为光电二极管。图 4-18 所示为光电二极管的伏安特性曲线,图中标注了开路无电流和短路无电流以说明两种不同的工作状态。

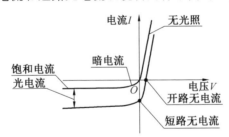

图 4-18 光电二极管的伏安特性曲线

除上述简单的结型探测器外,常用的还有雪崩光电二极管、PN 结光电二极管、肖特基势垒光电二极管等。PN 结光电二极管在 P 型半导体与 N 型半导体之间加入一个本征区域,其表面(如 P 区)做得很薄,使得入射辐射透入本征区内被吸收,产生电子-空穴对。本征区内的电场使电子-空穴对分开,并快速通过本征区分别进入 N 区和 P 区。器件的频率响应和效率都比用同样材料制作的 PN 结光电二极管好。

雪崩光电二极管采用专门设计的 Si 和 Ge 的 PN 结。在较高的反向偏置时,结区的电场使结区内产生载流子大量增加的雪崩现象,反向电流比无雪崩倍增时有明显的增加。这种器件灵敏度高、结电容小、响应快,常用于探测高调制频率的近红外辐射。

利用金属和半导体界面上的肖特基势垒或在外延半导体上形成肖特基势垒同样能使光生的电子-空穴对分开,从而产生短路光电流或开路光电压。因为并不是所有的半导体材料都能既制成 N 型又能制成 P 型,所以肖特基势垒光电二极管对那些不能形成 PN 结的材料特别有价值。

4.3.2 多元线列探测器

早期的红外探测器采用单个或多个分立元件红外探测器,用于光机扫描成像系统中,借助扫描器的高速扫描实现运动平台的成像。例如,美国采用 60 元、120 元和 180 元光导探测器作为热像仪通用组件;英国采用 32 元光导线列探测器。

4.3.3 Sprite 探测器

20 世纪 80 年代初,一种被称为 Sprite(Signal Processing in the Element) 的探测器或称扫积型探测器在英国问世。Sprite 是一种三电极光导器件,利用半导体中非平衡载流子扫出效应,当光点扫描速度与载流子双极漂移速度(迁移速度)匹配时,探测器在完成辐射探测的同时实现信号的时间延迟积分功能。八条 Sprite 探测器相当于 100 元左右的多元探测器,其结构、制备工艺和后续电子学处理得到了大大的简化。

扫积型探测器如图 4-19 所示,Sprite 探测器的光敏元在扫描方向被拉长,纵横比大于 10:1,并加偏压,使每个像素沿元件长度方向扫过时,它所激发的载流子将随像的扫描方向迁移,当扫描速度与载流子迁移速度相等时,所激发的载流子都被电场扫在一起,最后堆积到器件末端的两电极之间,改变读出区电阻,使信号送到处理电路。这样,在常规列阵中由外部延迟线和积分电路完成的信号积分,在 Sprite 探测器中则由光敏元自身在器件内部完成。因此,这种新型探测器又称扫积型探测器。

图 4-19(b)所示的 8 元扫积型探测器等效于 96 元分立光敏元阵列,只需 24 根引线就可以代替 98 根引线。在扫积过程中,由于信号是线性相加,而背景噪声是平方根相加,因此可提高信噪比。

目前已研制出的扫积型探测器在 $8\sim14\ \mu m$ 波段,工作温度为 77 K 时,归一化探测率 D^* 可达 $10^{11}\ cm\cdot Hz^{1/2}\cdot W^{-1}$,响应度可达 $6\times10^4\ V\cdot W^{-1}$。

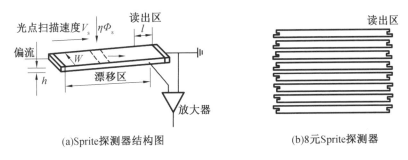

图 4—19 扫积型探测器

4.3.4 扫描焦平面阵列

扫描焦平面阵列用于第二代红外成像系统中。扫描焦平面阵列(Focal Plane Array,FPA)有 4N 或 6N 等型号,它不仅增加线列的单元数量,而且比多元线列探测器小一半,瞬时视场减小一半,并因将探测器错位排列而提高了空间分辨率。增加线列的行数一般为 4 行、6 行或 8 行,同一列上的探测器采用时间延迟和积分(Time Delay and Integration,TDI)技术,使其热灵敏度比多元线列探测器提高了 1 倍。例如,美国"萨达 1"(SADA-Ⅰ),长波红外,480×6 像元,工作温度为 65 K;英国"斯泰尔斯 C"型,长波红外,768×8 像元制冷型红外焦平面阵列。

扫描焦平面阵列的优点在于降低了噪声等效温差(Noise Equivalent Temperature Difference,NETD)和最小可分辨温差(Minimum Resolvable Temperature Difference,MRTD),因此使前视红外的探测距离增大了 50% 甚至 1 倍。但是,它的探测单元数量仍然不够多,满足不了全视场成像的要求,属于扫描线列与凝视焦平面阵列之间的过渡型。

4.3.5 凝视焦平面阵列

第三代前视红外的标志是凝视焦平面阵列。与第二代产品相比,其增加了探测单元的数量;利用微电子技术把探测阵列和各种信息处理电路集成在一个芯片或混成在两个芯片上,消除了大量从杜瓦瓶内向外的引线。凝视红外焦平面阵列包括传感辐射的探测器阵列及相应的信号处理电路,器件不仅具有辐射传感,而且还有信号处理功能,直接输出图像数据。焦平面阵列有单片和混成两种类型。如果器件内的辐射传感和信号读出两功能采用同一块材料制造,则称为单片型;否则,则称为混成型。目前,硅材料工艺成熟,读出电路大多数采用硅集成电路方法。混成型器件利用铟柱混成工艺将硅读出电路与最佳材料的辐射探测器阵列互连制成。图 4—20 所示为红外焦平面阵列器件基本结构。

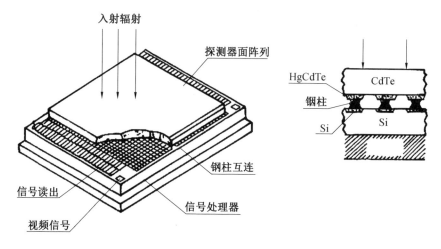

图 4-20　红外焦平面阵列器件基本结构

有的三代热像仪的凝视焦平面阵列还引入了双波段红外探测器。所谓双波段探测器,就是在同一焦平面上对中波和长波红外同时成像,能够收集两个波段的光信号,并且三代热像仪所采用的探测器在分辨率上有了较大的提高,可达到 640×480 及 1 280×720,像元尺寸达到了 20 μm。

双色探测器是基于 HgCdTe 材料的 NPN 三层异质结背靠背二极管结构的探测器,这种异质结利用分子束外延生长于 HgCdTe 结构之上。底部 Band1 响应中波,上部 Band2 响应长波。双色 MCT 探测器结构示意图如图 4-21 所示。这种结构通过适当的 PN 结偏压控制即可实现反偏,从而使两个 PN 结上储存的光电子分别输出。在双色工作模式下,帧周期内探测器的偏压要切换很多次,读出电路单元将各波段探测单元送出的积分信号存储于各自的势阱中。这种时分复用方法可同时收集两个波段的光信号。另外,探测器对两个波段的响应是上下层结构,因此图像对应地面相同的目标区域,可以用于影像融合。

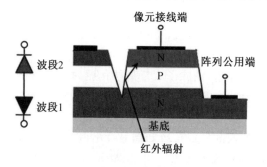

图 4-21　双色 MCT 探测器结构示意图

目前,RAYTHON 公司已经开发出来的双波段探测器有 640×480 和

1 280×720 两种分辨率,像元尺寸为 20 μm×20 μm。对于每个中波读出单元,都有唯一的积分读出电容,而长波读出电路有三个小电容,也可通过时序控制成为一个子帧平均电路,该电路可提高长波信号的信噪比。探测器读出电路的读出时序结构经过特殊的优化,使读出噪声被引入积分信号的可能性最小化。通过增加数据输出通道数(640×480 探测器有 10 个通道,1 280×720 探测器有 20 个通道)和数据率(>15 MHz)实现数据的快速输出,双波段探测器可调节积分时间范围达到最大化。在双波段模式下,一个帧周期内两个波段的数据都能通过相同的通道先后输出,也可在单波段模式下只输出需要波段的一幅图像。

红外成像系统对红外探测器的基本要求如下。

(1)要有尽可能高的探测率,以提高系统的热灵敏度。

(2)工作波段应与被测目标的辐射光谱相适应,以便接收尽可能多的红外辐射。

(3)用于扫描的非积分型探测器、焦平面阵列、各单元探测器的特性要均匀。

(4)探测器的响应速度要快,即时间常数要小,以适应快速扫描的要求。

(5)为使系统小型轻便,探测器制冷要求不宜太高,最好能有非制冷的探测器。

4.4 制 冷 器

红外成像系统所采用的红外探测器为降低探测器的噪声,以获得较高的信噪比,需要将探测器制冷,使其处于低温状态下工作。获得低温的方法有物理和化学两种。在红外探测器制冷中采用物理方法。由于使用场合和所要求的制冷温度不同,因此可利用不同的原理制成合适的制冷器。通常使用的方法有利用相变制冷、利用焦耳-汤姆孙效应制冷、利用气体等熵膨胀制冷和利用帕尔贴效应制冷,对应的制冷分别是相变制冷器、焦-汤制冷器、斯特林循环制冷器和半导体制冷器。

4.4.1 相变制冷器

物质的相变是指物质聚集状态的变化。在物质发生相变时,需要吸收或放出热量,常称这种热量为相变潜热。例如,物质由液相变为气相时会吸收气化潜热、由固相变为液相时会吸收熔解潜热等。相变制冷就是利用制冷工作物质相变的吸热效应产生制冷作用的。在红外探测器中,相变制冷器就是利用制冷工作物质由液相变为气相的吸热效应制冷的。

相变制冷器一般采用杜瓦瓶储存制冷工作物质。杜瓦瓶按所用制作材料可分为玻璃杜瓦瓶和金属杜瓦瓶两种。小型杜瓦瓶多用玻璃制作,器件紧贴底座(蓄冷垫)制作在杜瓦瓶中(图 4—22),它由玻璃制作的内外壁、蓄冷垫、引线、红外窗口等部分组成。内外壁间抽成真空构成绝热层,在内壁的外表面和外壁的内表面(真空腔的内壁)镀上反射层,所以杜瓦瓶是一种能防止辐射、对流、传导的隔热容器。其内壁底部封装着蓄冷垫,器件紧贴蓄冷垫封装在真空腔中,可以通过红外窗口接收入射辐射。工作时将制冷剂放入瓶中,利用制冷剂相变使器件冷却。液氮的沸点是 77 K,所以若以液氮为制冷剂,则只要保持氮的沸腾状态,即可使器件维持在 77 K。杜瓦瓶的优点是结构简单、制冷温度稳定、冷量充足。

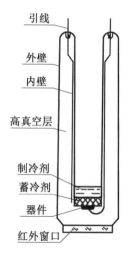

图 4—22　小型杜瓦瓶结构

4.4.2　焦－汤制冷器

与理想气体不同,实在气体分子间存在相互作用势能,其内能为气体分子运动动能与分子间相互作用势能之和。气体分子间相互作用势能与分子间距即气体密度有关,而气体的温度只与分子的动能有关。在气体急速自由膨胀后,由于没有吸收热量,也没有对外做功,因此按热力学第一定律,气体总内能不变;而由于体积的变化,其分子相互作用势能会有变化,因此其分子动能也会变化,即温度会发生变化。焦耳和汤姆孙用实验证实了这种实在气体膨胀时温度发生变化的现象,称为焦耳－汤姆孙效应。在分子间相互作用以引力为主时,气体膨胀会使其温度降低,称为正焦耳－汤姆孙效应,它可产生制冷效果。

气体节流式制冷器是利用焦耳－汤姆孙效应制成的,又称焦－汤制冷器。图 4－23 所示为气体节流式制冷器工作原理图,一般制冷工作物质为高压氮气。

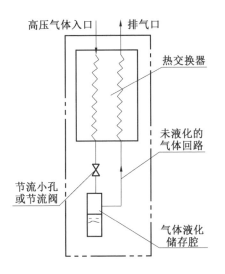

图 4－23　气体节流式制冷器工作原理图

高压氮气由入口进入热交换器,然后通过节流阀节流小孔急速膨胀降温,使部分氮气液化,剩余未液化的低温氮气回流通过热交换器,经排气口排出。它在热交换器中与刚输入的高温高压氮气产生热交换,使之冷却以利于随后节流膨胀时液化。整个装置放入小杜瓦瓶中以使器件制冷。图 4－24 所示为实际节流式制冷器截面图。

气体节流式焦－汤制冷器是目前较为成熟的制冷器之一,其优点是体积小、质量小、无运动部件、机械噪声小、使用方便。其缺点是气源可得性差、高压气瓶较重、对工作气体纯度要求苛刻。一般杂质含量不得高于 0.01%,否则会因造成节流孔堵塞而停止工作。

焦－汤制冷器分为开式和闭合循环式两种。开式制冷器的制冷工作物质节流膨胀后排掉,不再回收利用,一般用在要求制冷时间短的装置中。闭合循环式制冷器是指制冷高压气体由压缩机连续地供给,节流膨胀后回收,由压缩机再压缩成高压气体,再用于节流膨胀制冷,制冷工作物质循环使用,多用在要求长期连续运转的系统中。

为获得更低的制冷温度,可用两个焦－汤制冷器耦合在一起,构成双级焦－汤制冷器。它有两种工作物质:一种用于获得预冷级温度;另一种用于获得最终温度。例如,氮－氖双级焦－汤制冷器用氮为预冷级获得 77 K 的低温,

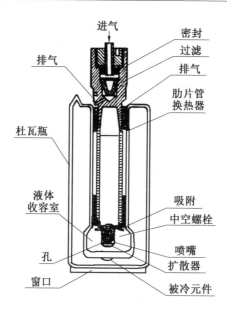

图 4-24 实际节流式制冷器截面图

用氖为预冷级获得 30 K 的最终低温。它一般是闭环制冷系统,需要两个压缩机同时供应两种制冷工作物质,故这种制冷器成本高、体积大、质量大,适用于地面站的红外系统中。

4.4.3 斯特林循环制冷器

气体等熵膨胀制冷是用膨胀机来实现的。气体等熵膨胀后总是降温,这是因为气体等熵膨胀时,不仅借膨胀机的活塞向外输出机械功,气体的内位能也要增加,这要通过消耗气体本身的内动能来补偿,所以气体等熵膨胀后温度显著降低。斯特林循环制冷器就是利用这一原理工作的。理想的斯特林循环如图 4-25 所示,它由两个等温过程和两个等容过程组成。

在 1→2、2→3、3→4、4→1 的四个过程中,1→2 的等温(T_H)压缩过程为放热过程,3→4 的等温(T_L)膨胀过程为吸热过程。按热力学定律可以证明,理论上其制冷效率为

$$\eta = 1 - \frac{T_L}{T_H}$$

其与卡诺制冷循环相同。

图 4-26 所示为单缸小型斯特林循环制冷器原理结构图。它由压缩腔、热交换器、再生器和膨胀腔构成。压缩腔维持高温 T_H,膨胀腔处于低温 T_L。首先使压缩腔中的气体(通常用氦)等温压缩,在等温压缩过程中放出的热量用热

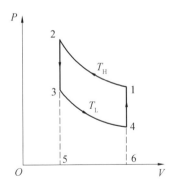

图 4-25 理想的斯特林循环

交换器取出(等温压缩过程);然后使被压缩的气体经过热交换器和再生器等容地送入膨胀腔,通常再生器是由大热容量的金属球或金属丝构成,用于维持过程中的低温 T_L,过程中放出的热量经热交换器取出(等容过程);接着使已进入膨胀腔中的气体在 T_L 温度下进行等温膨胀,在此过程中会从外界吸收热量产生制冷作用(等温膨胀过程);最后使膨胀腔中的气体通过再生器和热交换器等容地送回压缩腔,在此过程中从热交换器吸收必要的热量(等容过程),使气体恢复原来的温度 T_H。

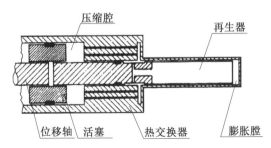

图 4-26 单缸小型斯特林循环制冷器原理结构图

为获得更低的温度,可以用两个或三个制冷膨胀腔相串联,构成多级斯特林制冷器。这种制冷器的优点是结构紧凑、体积较小、质量较小、制冷温度范围宽(77~10 K)、启动时间短、效率高、寿命长、操作简单并可长时间连续工作;缺点是机械震动较大、容易引起电路噪声。这促使人们研制了分置式斯特林循环制冷器,在这种制冷器中压缩部分与膨胀部分分开,从而减少了机械震动,其寿命和可靠性更为提高。

4.4.4 半导体制冷器

由帕尔贴效应可知,如果把任何两种物体连结成电偶对,构成闭合回路,则当有直流电通过时,电偶对的一端发热,另一端变冷。一般物体的帕尔贴效应不明显,当用两块 N 型和 P 型半导体做电偶对时,就会产生非常明显的帕尔贴效应,冷端可用于探测器制冷。因此,这种制冷器又称温差电制冷器或半导体制冷器。

半导体制冷器是基于帕尔贴效应制成的。半导体制冷器用 N 型和 P 型两块半导体材料连接成温差电偶对,形成闭合回路(图 4-27)。在外电场作用下,在一个接头处电子与空穴产生分离运动,吸收能量而变冷,在另一接头处产生复合,放出能量而变热,其制冷能力取决于半导体材料的性质和回路中电流的大小。目前,较好的半导体材料为碲化铋及其固熔体合金。一级半导体制冷器可获得约 60 ℃ 的温差。为达到更低制冷温度,可将 n 个热电偶串接起来,即把一个热电偶的热结与下一个热电偶的冷结形成良好的热接触。图4-28所示为三级半导体制冷器,其可达 190 K 的低温。据报导,六级和八级的制冷器分别可获得 170 K 和 145 K 的温度,距通常要求的 77 K 还相差甚远,级数再多,效果也不明显。因此,半导体制冷器只能用于要求制冷温度不太低的硒化铅、硫化铅等探测器的制冷。

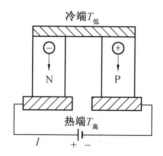

图 4-27 半导体制冷器原理图

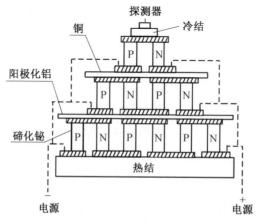

图 4-28 三级半导体制冷器

半导体制冷器的优点是结构简单、寿命长、可靠性高、体积小、质量小、无机械震动和冲击噪声、维护方便、只消耗电能。

红外探测器的制冷器对保证红外探测器获得最佳工作性能至关重要,这就要求根据红外成像系统的工作条件和要求,合理选择适当的制冷器。表征制冷器性能的主要指标是制冷温度、冷下去的时间、功耗、可分解性、界限尺寸、使用寿命和可维修性。

4.5 电信号处理系统

热成像系统为获取景物图像,首先将景物进行空间分解,然后依次将这些单元空间的景物红外辐射转换成相应的电信号,最后以时序视频信号形式输给显示器或将图像数据记录在存储介质上。在实际应用中,有时要求对图像做进一步的处理,如图像增强、图像修复等。

信号处理系统将探测器输出的微弱信号进行某种加工或变换,一般包括前置放大、主放、自动增益控制、限制带宽、鉴波、滤波、鉴幅、线性变换和多路传输等。对于光机扫描成像系统的光导型红外探测器,还需要偏置电路。

1. 偏置电路

光导探测器必须通过外加偏置电源才能形成光电流(光电压)。偏置电路的噪声是探测器噪声的重要来源,工作电路设计主要表现为偏置电路设计,偏置电路成为提高探测器信噪比的重要手段。实验研究表明,探测器偏置电流选择在一定范围内都可以使探测器具有最大信噪比,它与探测器个体特性有关。对偏置电路要求以下几方面内容。

(1) 偏置电路主要以探测器基本参数为依据,保证探测器工作在线性段和有足够的动态范围。

(2) 偏置电路要保证探测器工作在最佳的信噪比条件下,使其等效输入噪声最小。

(3) 偏置电路需要保证探测器工作点对温度变化的稳定性。

(4) 保证偏置电路供给电压或电流的稳定。

总之,正确地设置探测器偏置对提高探测器灵敏度、降低噪声、提高响应率、发挥探测器最佳性能具有重要意义。

2. 多路传输与延时

当使用多元探测器时,通常要把多个信号通道改变成单个信号通道。过去常用的方法是多通道模拟转换开关和电-光多路传输,其中电-光多路传输方法用于胶片记录的成像系统。当探测器元数较少时,探测器产生的电信号采用与低噪声前置放大器一一对应的方式将信号放大,通过耦合电路直接由后级放大器读出。随着阵列探测器的使用,多路传输读出电路成为探测器电信号采集的主要方式。多路传输电路可以是一个独立的集成电路,通过引线的方式与探测器阵列连接;也可以是将探测器阵列集成到读出电路上的混合型焦平面组件上,这种混合型焦平面组件特别适合红外探测器阵列的读出。

图 4-29 所示为采用 CCD 实现多路传输。这里,CCD 起移位寄存器或延迟线的作用。红外探测器并联扫描装置对景物或图像同时取样,并同时将对应单元的辐射信号转换成电信号,这些信号并列注入 CCD 移位寄存器各单元。各 CCD 单元的电荷量正比于对应的探测器取样信号,然后由一速度较快的时钟脉冲将 CCD 各单元中的电荷移出,经过输出电路便形成了一组串行的与取样信号对应的视频信号,从而完成了由多路传输到单路传输的转换。

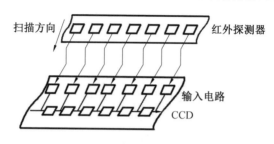

图 4-29 采用 CCD 实现多路传输

用 CCD 做多路传输的转换器件,可直接在焦面上实现多路到单路的转换,使杜瓦瓶的引出线减到最小数量,从而简化了杜瓦瓶结构,降低了工艺难度,同时减轻了杜瓦瓶的热负载。

混合型焦平面组件可以分别优化探测器阵列和多路传输电路,再将探测器阵列每一单元与多路传输电路的每一寻址通过铟柱对接在一起,形成探测器与读出电路一体的焦平面组件,充分利用 CCD 的自扫描特性实现将二维图像信号转换成单路传输的电信号。

3. 前置放大器的设计原则

紧接着探测器的放大器称为前置放大器,它在信号处理中起关键作用。在信号较强的情况下,放大器设计通常先从增益、带宽、阻抗匹配和提高稳定性方面着手,然后校核噪声指标。但是,红外探测器输出的信号十分微弱,可弱到微伏或纳伏数量级。在这种情况下,放大器必须是高增益和低噪声的。高增益是为了把微弱信号放大到一定电平,再做进一步处理并显示;低噪声则是为了保持尽可能高的信噪比。探测器及其偏置电路一旦确定后,其输出信号和噪声也基本确定。用恒压信号源或恒流信号源来等效探测器输出信号,用源电阻的热噪声来等效探测器和偏置电路的总噪声,这样可根据放大器最小噪声系数的原则来设计前置放大器。

前置放大器设计完成后,应通过实验来验证各项参数是否满足指标要求,若某些指标达不到要求,则应进行反复修改,直到使前置放大器在噪声系数、增益、带宽、稳定性和阻抗匹配等方面均满足指标要求。

4. 电路系统带宽的确定

当信号带宽确定以后,系统的工作带宽即可随之确定。但是,任何系统都存在噪声,而且系统输出的噪声功率与系统的带宽成正比。因此,如果增加系统的带宽,就增加了输出噪声功率,从而降低了系统的输出信噪比。系统的最佳带宽将受失真度、分辨率和信噪比三种因素的限制。综合考虑这些方面的因素,当需要保证最大的输出信噪比时,就少考虑脉冲的精确形状。对矩形脉冲,当 $\Delta f = \frac{1}{2t_d}$ 时,系统的输出信噪比最大;当 $\Delta f < \frac{1}{2t_d}$ 时,脉冲峰值幅度减小,脉冲宽度增加;当 $\Delta f > \frac{1}{2t_d}$ 时,峰值幅度基本不变,但脉冲形状更接近矩形;当 $\Delta f = \frac{5}{t_d}$ 时,可近似复现矩形脉冲形状。在热成像系统中,探测器驻留时间相当于脉冲持续时间,所以上述分析就是确定热成像系统带宽的依据。

5. 自动增益控制

通过前放放大以后的信号,还需要进一步放大。由于地面目标的红外辐射差异较大,因此在主放电路中采用自动增益控制(Automatic Gain Control, AGC)电路来减少这种差异,使图像密度变得均匀一些。具体地说,AGC 电路的作用是当主放电路输入信号很弱时,AGC 电路不起作用,电路增益大;当输入信号很强时,AGC 电路进行控制,电路增益减小。这样,当输入信号强度变化时,输出端的电压基本不变或保持恒定。因此,对 AGC 电路的要求是:在输入信号较小时,AGC 电路不起作用,只有当输入信号增大到一定程度后,AGC 电路才起控制作用,使增益随输入信号的增大而减少。

为实现上述要求,必须有一个能随外来信号强弱而变化的控制电压或电流信号,利用这个信号对放大器的增益自动进行控制。由上述分析可知,可将放大器输出信号的平均值作为 AGC 控制信号。AGC 电路可以分为增益受控放大电路和控制电压形成电路。增益受控放大电路位于正向放大通路,其增益随控制电压而改变;控制电压形成电路的基本部件是 AGC 整流器和低通平滑滤波器,有时也包含门电路和直流放大器等部件。

6. 均匀性校正

在三代热像仪中,考虑到探测器响应特性和计算量,常采用两点校正法,一个为高温,一个为低温,驱动旋转机构切换冷/热参考源到光路中。此外,还有反馈触点获取当前帕尔贴器件的温度。其原理是首先在校正之前定标,通过对冷/热参考源成像获取探测器每一像元的响应特性,即校正增益和校正偏移量,然后在校正实现过程中读取出这些数据或作相应的运算,就完成了非均匀性校正。校正增益和校正偏移量的计算公式为

$$G_{ij} = \frac{Y_H - Y_L}{X_{ij}(\Phi_H) - X_{ij}(\Phi_L)}$$

$$O_{ij} = \frac{Y_H X_{ij}(\Phi_L) - Y_L X_{ij}(\Phi_H)}{X_{ij}(\Phi_L) - X_{ij}(\Phi_H)}$$

式中　　G_{ij}——校正增益量;

　　　　O_{ij}——校正偏移量;

　　　　Y_H——各像元对高温 T_H 参考源的响应输出值;

　　　　Y_L——各像元对低温 T_L 参考源的响应输出值;

　　　　$X_{ij}(\Phi_H)$——高温 T_H 均匀辐射背景下的响应;

　　　　$X_{ij}(\Phi_L)$——低温 T_L 均匀辐射背景下的响应。

将各探测器像元的 G_{ij} 和 O_{ij} 预先存储起来,在探测过程中一次对探测器像元的响应进行校正。像平面任一点 (i,j) 校正后的输出值 Y_{ij} 与校正前的输出值 Y'_{ij} 关系为

$$Y_{ij} = G_{ij} Y'_{ij} + O_{ij}$$

思　考　题

1. 红外成像有哪些优点?
2. 画出光机扫描型红外成像系统的组成框图。
3. 画出凝视型红外成像系统的组成框图。
4. 常用的光机扫描器是旋转反射镜鼓,写出其扫描速率与转速的关系。
5. 红外探测器按其结构可以分为哪几种?
6. Sprite 探测器实现积分的关键是什么?
7. 红外成像系统对红外探测器的基本要求有哪些?
8. 红外成像系统常用的制冷方法有哪些,对应的制冷器分别是什么?
9. 红外成像系统电信号处理电路包括哪些?

第5章 光谱成像系统

20世纪60年代开始将空中摄影、光谱辐射测量和扫描成像相结合做成光谱成像传感器,改装侦察卫星和飞机做成运载平台,出现了以多光谱扫描仪为主要搭载仪器的地球观察卫星。例如,美国在20世纪70年代初发射的陆地卫星(Landsat)在用途和功能上的拓宽,使远程探测步入新阶段,从而更进一步形成和完善了遥感的概念。

光谱成像系统是成像技术与光谱技术的有机结合,它能够得到被探测目标的空间信息和光谱信息。与一般的光学成像系统相比,光谱成像系统在获得目标形影图像的同时,还能够得到空间可分辨单元的光谱特征,具有无法比拟的优点,必将大幅度提高侦察能力。

5.1 概 述

遥感技术的发展一直伴随着两方面的进步:一是通过减小遥感器的瞬时视场角来提高遥感图像的空间分辨率;二是通过增加波段数量和减小每个波段的带宽来提高遥感图像的光谱分辨率。

5.1.1 光谱成像系统的分类

光谱分辨率是指探测器在波长方向上的记录宽度,又称波段宽度。光谱分辨率如图5-1所示,图中纵坐标表示探测器光谱响应,横坐标表示波长。光谱分辨率被严格定义为仪器达到光谱响应最大值的50%时的波长宽度。光谱分辨率越高,可分解的光谱数目越多,获得的光谱曲线越精细,越能真实并单值地反映地物的光谱特征。光谱成像系统按其光谱分辨率的不同可分为多光谱、高光谱和超光谱成像系统。

1. 多光谱成像系统

多光谱成像系统是将地物辐射电磁波分割成若干个较窄的光谱段,以摄影或扫描的方式在同一时间获得同一目标不同波段信息的遥感技术。

从紫外、可见光到近红外,多光谱成像系统接收的主要是来自地物反射太阳辐射的能量。因此,在这一波长范围内的地物光谱研究主要是研究地物的反射光谱,即研究地面物体反射率随波长的变化规律。各种地物光谱曲线的形态

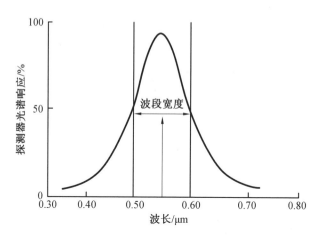

图 5-1 光谱分辨率

很不相同,除不同地物反射率不同外,同一种地物在不同的内部和外部条件下反射率也不同。一般来说,反射率随波长的变化有规律可循,从而为多光谱图像的判读提供依据。中波和长波红外多光谱成像仪器接收的主要是来自地物的热辐射,在这一波长范围内,主要是研究地物的热辐射光谱。也就是说,不同地物有不同的光谱特性,同一地物则具有相同的光谱特性。同一地物在不同波段的辐射能量有差异,取得的不同波段在图像上有差别。

多光谱成像系统可提供具有 3~20 个非连续波段的图像,且这些波段大多处于可见光区域,光谱分辨率为 0.1λ,一般在 100 nm 以下。从原理上讲,多光谱成像技术就是把入射的全波段或宽波段的光信号分成若干个窄波段的光束,然后把它们分别成像在相应的探测器上,从而获得不同光谱波段的图像。

多光谱成像的显著特点是,成像的过程中,对于每一个分辨率大小的区域,一次可以获取多个光谱的响应值,每个响应值对应一个光谱波段,多光谱图像具有丰富的光谱信息。但多光谱成像有一定的局限性:波段太少;光谱分辨率太低;波段宽且在光谱上不连续,不能覆盖整个可见光至红外光(0.4~2.4 μm)的光谱范围。

2.高光谱成像系统

高光谱成像兴起于 20 世纪 80 年代。高光谱遥感器通常指光谱分辨率很高,在 400~2 500 nm 波长范围内,其光谱分辨率为 0.01λ,一般在 10 nm 以下。例如,美国航空可见光-红外成像光谱仪 AVIRIS 有 224 个波段(0.4~2.45 μm),光谱分辨率接近 10 nm,可以捕捉到各种物质特定波长的微小差异。

由于高光谱遥感器光谱分辨率高,往往在一定的波长范围(如可见光-近红外、可见光-短波红外)内,相邻波段有光谱重叠区,也就是连续光谱成像,因此高光谱遥感器一般又称成像光谱仪。成像光谱仪是指以获取大量窄波段连续光谱图像数据为目的的光谱采集设备。

高光谱成像系统是在电磁波谱的紫外、可见光、近红外和中红外区域获取许多非常窄且光谱连续的图像数据的技术。成像光谱仪为每个像元提供数十至数百个窄波段的光谱信息,能产生一条完整而连续的光谱曲线。图5-2所示为成像光谱学的基本概念。成像光谱仪将视域中观测到的各种地物以完整的光谱曲线记录下来,这种记录的光谱数据能用于多学科的研究和应用中。

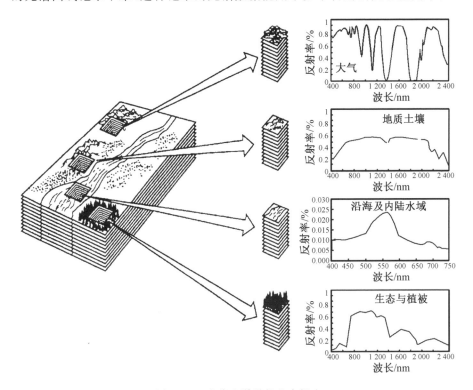

图 5-2　成像光谱学的基本概念

高光谱图像数据与多光谱图像数据相比有如下特点。

(1)像元的波段数多,一般每个像元具有几十、数百,甚至上千个波段。

(2)光谱分辨率高,多光谱遥感的光谱分辨率在 0.1λ 数量级范围内,高光谱在 0.01λ 数量级范围内。

(3)波段连续,有些成像光谱仪可以在 350~2 500 nm 的太阳光谱范围内提供连续地物光谱。

(4)数据量大,随着波段数的增加,数据成指数增加。

(5)信息的冗余增加,由于相邻波段的图像数据高度相关,因此冗余信息也相对增加。

高光谱成像仪所获得的高光谱图像能对图像中的每个像素提供一条几乎连续的光谱曲线,其在待测物上获得空间信息的同时又能获得比多光谱更为丰富的光谱数据信息,这些数据信息可用来生成复杂模型,以判别、分类、识别图像中的材料。通过高光谱成像获取待测物的高光谱图像包含了待测物丰富的空间、光谱和辐射三重信息,这些信息不仅表现了地物空间分布的影像特征,同时也能以其中某一像元或像元组为目标获取它们的辐射强度及光谱特征。空间、辐射和光谱是高光谱图像中的三个重要特征,这三个特征的有机结合就是高光谱图像。高光谱图像数据为数据立方体,图像像素的横坐标和纵坐标分别用 x 和 y 表示,光谱的波长信息用 z 轴表示。该数据立方体由沿着光谱轴以一定光谱分辨率间隔的连续二维图像组成。

在军用方面,成像光谱技术可以揭露伪装,调查武器生产、武器使用,以及近海探测和反潜等。

高光谱成像系统的工作波长范围较宽,光谱波段多,探测器接收的能量弱,因此对高光谱成像系统的光学系统的要求较高,具体如下。

(1) 工作波长范围宽。

高光谱成像仪一般的工作波长在 $0.4 \sim 1.0$ μm 或 $0.4 \sim 2.5$ μm,因此要求光学系统工作波长应该能够覆盖此范围,有时需要同时覆盖中红外和热红外波段。

(2) 能量利用率高。

高光谱成像仪具有上百个谱段,每个谱段的带宽只有 $5 \sim 20$ nm,而来自地球表面反射的光辐射能量是有限的,这就要求光学系统对入射能量的衰减尽可能小。

(3) 具有较强的集光能力。

由于带宽很窄,探测器像元接收的能量弱,因此在系统性能和仪器体积、质量符合技术要求的前提下,应尽量加大光学系统的相对孔径来提高光学系统能量收集能力。

(4) 系统的调制传递函数要足够高。

高光谱成像仪的信噪比较低,一般在 $100 \sim 200$,要求系统有足够高的调制传递函数(Modulation Transfer Function,MTF),才能在较弱的光照度条件下对地物目标具有较强的空间分辨能力。

3. 超光谱成像系统

超光谱成像系统的波段范围很宽,获取的图像数据通常超过 1 000 个谱段,光谱分辨率为 0.001λ,一般在 1 nm 以下。超光谱成像系统常用于大气探测等精细光谱探测方面,比较典型的有美国 NASA 研制的地球同步成像傅里叶变换光谱仪(Geosynchronous Imaging Fourier Transform Spectrometer, GIFTS)。

5.1.2 光谱成像系统的组成

虽然不同类别的成像光谱仪工作方式和结构不同,但其基本组成相同,通常包括以下几个部分。

1.光学系统

光学系统由透镜、反射镜或扫描镜等零部件组成。透镜采集来自地面目标和背景的辐射或反射电磁波,反射镜或扫描镜用于实现对地物的扫描。

2.辐射定标系统

对于光谱成像系统的多数应用,要求其输出数据能用于定量分析。必须知道一幅图像究竟是哪个窄波段的、图像中不同像点的温度或亮度到底具体是多少,这对许多分析应用来说是很重要的。为此,在光谱成像系统中常常包括能进行定标的装置,即用已经过准确标定的参照物的信号作为标准,输入到信号通道中与系统接收的地面像元信号进行比对,去量化其响应值,并赋以相应单位。需定标的内容包括辐射量、光谱量、空间度量等。保证定标满足一定精度同样是很重要的。用作辐射量标定参照物的有黑体、标准灯、太阳;用作光谱量标定参照物的有特定波长的激光器、光谱灯等。

辐射定标是指建立光谱成像系统的数字量化输出值与其所对应视场中辐射亮度值之间的定量关系。辐射定标有绝对定标和相对定标。绝对定标是通过各种标准辐射源,在不同波谱段建立光谱成像系统入瞳处的光谱辐射亮度值与光谱成像系统输出的数字量化值之间的定量关系;相对定标是确定场景中各像元之间、各探测器之间、各波谱之间及不同时间测得的辐射量的相对值。

3.分光系统

分光系统是光谱成像系统特有的,它把前一系统采集的混合光分解为若干较窄波段,从而实现多光谱探测。

4.探测与信号预处理系统

常用作探测器材的有相机中的胶片、线列或面阵 CCD、红外焦平面阵列等光电探测器件。探测与信号预处理系统实现光电转换,由敏感元分别将分光后聚焦的场景各点相应波段的电磁波强弱转换为对应大小的电信号。信号预处理对电信号进行放大、修正及其他预处理后,转换成图像信号或其他形式的信号。

5. 信息记录或传输系统

信息记录或传输系统将经初步处理后的图像信息用适当的介质记录下来。常用的记录介质有胶片、磁带、磁盘、光盘等。为尽快得到遥感信息，对各种数字式的信号可通过传输单元将其从空中、空间传输到地面进行记录或实时图像显示。

5.2 光谱分光方式

常用的分光方式有滤光片型分光、色散分光和干涉分光。色散分光包括棱镜和光栅分光。干涉分光包括迈克尔孙干涉法、三角共路干涉法和双折射偏振干涉法等。其中，滤光片和棱镜分光是最常用的分光方式，也是技术最成熟的分光方式。

5.2.1 滤光片分光

滤光片是一种能从连续光谱中滤出所需波段的单层或多层介质膜片。滤光片通过不同的光学现象，如选择性吸收或反射、干涉、偏振、散射等起作用。滤光片应满足以下基本要求：滤光片的透射光谱曲线符合设计要求，并在探测器的光敏波段内；对需要通过的光，能量损失尽量少，对不需通过的光，则最好全部被反射或吸收；热稳定性、防潮性、机械强度等物理化学性能良好。滤光片有截止型滤光片、光楔型滤光片、带通型滤光片和可调谐滤光片型四类。

1. 截止型滤光片

截止型滤光片是能从复合光中滤除掉全部长波或短波，而仅仅保留自己所需的波段范围，因此可分为短波截止滤光片和长波截止滤光片两种，把抑制短波区、透射长波区的滤光片称为长波通滤光片。相反，抑制长波区、透射短波区的滤光片称为短波通滤光片。图5-3所示为使用截止型滤光片分光的多光谱相机，有将红外光反射或滤除、可见光通过的红外截止滤光片。

2. 光楔型滤光片

为满足成像光谱仪在光谱和空间区域都能连续取样，引入了集成探测器阵列技术，发展出"线性渐变滤光片"，它是一种多层窄带通干涉滤光片，其镀层具有楔子形状，因此又称光楔型滤光片，如图5-4所示。可以看出，不同光楔集中在一起形成渐变滤光片。由于光楔的顶角不同，因此光线通过光楔时不同波段的色光的相位延迟和偏转角度就不同，可以分离出多个波段，在底板的探测器上成像。

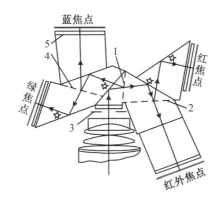

1—蓝绿光、红外光分色器；2—红光、红外光分色器；
3—光阑和快门；4—蓝光、绿光分色器；5—滤光片

图 5-3　使用截止型滤光片分光的多光谱相机

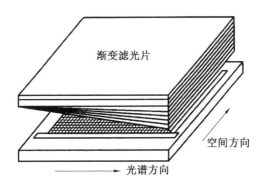

图 5-4　光楔型滤光片

3.带通型滤光片

带通滤光片只允许较窄波长范围的光通过,常见的是法布里－珀罗型滤光片,它实质上是一个法布里－珀罗标准具。具体结构是玻璃衬底上涂一层半透明金属层,接着涂一层氟化酶隔层,再涂一层半透明金属层,两金属层构成了法布里－珀罗标准具的两块平行板。当两极的间隔与波长同数量级时,透射光中不同波长的干涉高峰分得很开,利用别的吸收型滤光片可以把不允许透过的光滤掉,从而得到窄通带的带通滤光片,其通频带宽度远比普通吸收型滤光片要窄。

带通型滤光片有线阵的和圆形的,如图 5-5 所示,可根据实际需要选择。

圆形带通滤光片将不同种滤光片安装在一个转轮上,如图 5-5(b)所示,通过转轮来切换滤光片,这种方式体积较大,且需要机械结构,比较耗时,对结构稳定性要求较高。

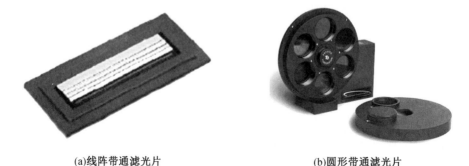

(a)线阵带通滤光片　　　　　(b)圆形带通滤光片

图 5-5　带通型滤光片

4.可调谐滤光片型

可调谐滤光片主要有声光型可调谐滤光片(Acousto-Optic Turnable Filter,AOTF)和液晶型可调谐滤光片(Liquid Crystal Turnable Filter,LCTF)两种。

声光型可调谐滤光片如图 5-6 所示,其主要是基于声光效应原理,核心元件是一个高频震动的、具有光学弹性的晶体。当复色光通过晶体时,某一波长的光会在晶体内部产生衍射,以一定角度从晶体中透射出来,其他未发生衍射的波长方向保持不变透射过晶体,当晶体震动频率改变时,可透射单色光的波长也相应改变,从而每次获取的图像信息为特定波长的信息,通过扫描频率获得一组不同波长的图像信息及图像立方体。

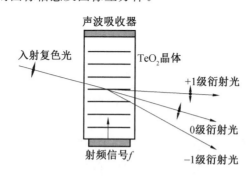

图 5-6　声光型可调谐滤光片

液晶型可调谐滤光片如图 5-7 所示,它是基于偏振光的干涉原理制成的,是一种里奥(Lyot)型可调谐双折射器件(结构如图 5-8 所示),由依次排列的许多级级联而成,每一级包含两个相互平行的偏振片,中间夹着液晶延迟片。当光通过其中一级单元时,由于沿着液晶快、慢轴传播的两束光震动方向相同,而相位差一定,因此发生干涉作用,干涉波长取决于 e 光和 o 光。光通过液晶产生光程差(相位差),由双折射液晶造成的相位差可以通过电压进行调节,即通过施加不同的电压,不同波长的光可以发生干涉,实现不同波长的选择输出,因此液晶延迟片选择可以透过的波长,真正起调谐作用的是液晶元件。液晶调谐的调制速度较慢,波长切换时间较长,而声光调谐的调制速度较快,采用具有良好的光学性能、较高的声光品质因数和较低声光衰减的光学材料制作的器件可以获得较好的效果。

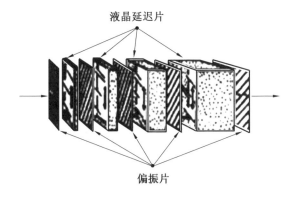

图 5-7 液晶型可调谐滤光片

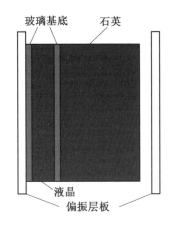

图 5-8 Lyot 型滤光片结构图

滤光片型多光谱成像仪的工作原理是在照相光路中加入滤光片作为分光元件,通过更换滤光片来获得不同的光谱通道。LCTF 作为分光元件置于照相系统中,以电调谐的方式改变通过中心的波长,每调整一次波长后相机曝光一次,系统记录下该波段的二维图像数据,然后设定下一透过中心波长。如此循环,直到完成所有预定波长的图像采集任务,将上述数据按照波长顺序组合起来,即可获得目标的包括二维图像信息和一维光谱信息的光谱图像数据立方体。

5.2.2 色散分光

1. 棱镜分光

棱镜分光主要利用棱镜分光原理,如图5-9所示,光经光楔折射后发生偏转,不同的波长会产生不同的偏折角,从而达到分光的目的。棱镜的优点是分光结构简单,所有光学能量都能通过棱镜,形成唯一的光谱色散谱线,光谱利用率高;缺点是不同波长的光线经过棱镜后的色散是非均匀性的,会使不同波长波段间的空间位置和信号严重不均衡。棱镜分光大都用于可见光和近红外波段。

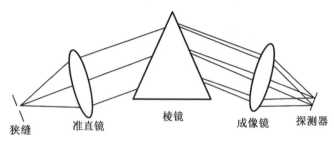

图5-9 棱镜分光原理

2. 光栅分光

光栅是在一个平面上刻上一组平行的周期性的线条或沟槽(常刻成斜面)的光学元件。

一束复色光入射到光栅平面这种周期性结构时会发生衍射,透射或反射的衍射光会产生干涉,光的能量重新分布,不同波长的光行进方向不同,在一定的位置上形成特定波长的叠加极值,从而实现分光(图5-10)。光栅分光的优点是分光波长分布的线性度很好,与线列探测器的光敏元配准好。此外,光栅分光的级数多,光谱分辨能力高,可小于单位波数($1\ cm^{-1}$),获得精细的光谱数据,是目前高光谱分辨率成像光谱仪使用最普遍的分光条件。采用光栅分光可简化分光系统的结构,使仪器更加轻便。衍射极限限制了光栅光谱分辨率的进一步提高。早期人们曾用棱镜色散的方法来分光,虽然简单,但分光后波长分布的线性不好,探测器的尺寸制作和工作波段的配准都很麻烦,已逐渐被光栅分光取代。

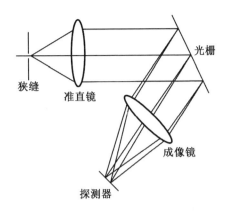

图 5-10　光栅分光

5.2.3　干涉分光

1.迈克尔孙干涉法

迈克尔孙双光束干涉分光是精细分光中最重要的技术。图 5-11 所示为迈克尔孙双光束干涉分光的基本工作原理。从光源发出的光经准直后成为平行光,入射到半透半反射的分光片后被分成两束,一束到达位置固定的平面反射镜,另一束到达位置可微动的反射镜,通过镜面微动改变其光程。两束光被反射回来后相遇,因有光程差而产生干涉,在干涉条纹处放置光电探测器接收。如果不断移动微动反射镜,则会连续改变光程差,记录中央干涉条纹光强变化,得到干涉图。通过对干涉图做傅里叶余弦变换运算,可将其转换成任何波数的光谱图样。这种分光方法固有的光谱分辨本领高(光谱分辨率可达 0.01λ),且与波长无关,是光栅分光所不及的。

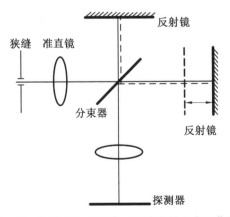

图 5-11　迈克尔孙双光束干涉分光的基本工作原理

2. 双折射偏振干涉法

双折射偏振干涉光学系统由前置光学系统、狭缝、准直镜、起偏器、渥氏(Wollaston)棱镜、检偏器、成像透镜、柱面镜和探测器等部分构成,其光学原理如图5－12所示。可以看出,前置光学系统将目标成像于入射狭缝上(即准直镜的前焦面),然后经准直镜入射到起偏器。沿起偏器偏振化方向的线偏振光入射到渥氏棱镜,该棱镜将入射光分解为两束强度相等的寻常光(o光,垂直于主平面震动)和非寻常光(e光,平行于主平面震动)。这两束震动方向垂直的线偏振光经检偏器后,变成与检偏器偏振化方向一致的二线偏振光,经过再成像系统后,在探测器方向上就可以得到干涉图。

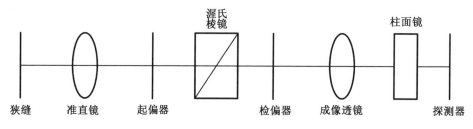

图 5－12　双折射偏振干涉法光学原理

3. 三角共路干涉法

三角共路干涉法是应用最为广泛的横向剪切干涉技术。图5－13所示为三角共路干涉分光法基本原理,可以看出前置光学系统将被测光线聚焦于狭缝,狭缝出射的光经分束器分为反射光和透射光,再经过静镜和动镜两个反射面及分束面反射或透射后入射到傅里叶透镜上。当动镜移动,与静镜不对称时,由于存在光程差,因此经傅里叶透镜后就形成了干涉。由于光路设置,因此入射光阑置于傅里叶透镜的前焦面处。当动镜与静镜非对称时,两束光相对于光轴向两边分开,形成相对于傅里叶透镜的两个虚物点。由虚物点发出的光束经傅里叶透镜后变成平行光,在探测器处合束产生干涉。

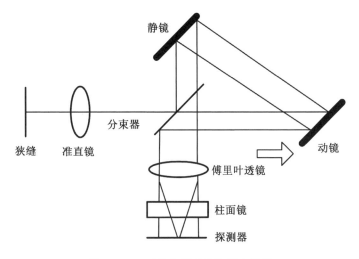

图 5-13 三角共路干涉法基本原理

5.3 成像光谱仪的成像方式

5.3.1 成像光谱仪的空间成像方式

成像光谱仪的成像方式包括空间维和光谱维成像。空间维成像是通过飞行平台的平动及置于飞行平台上的成像光谱仪以一定的工作模式来实现的。其按扫描类型可分为光机扫描型成像光谱仪、推扫型成像光谱仪、凝视型成像光谱仪和快照型成像光谱仪。

1.光机扫描型成像光谱仪

光机扫描(Whiskbroom)型成像光谱仪成像方式如图 5-14 所示,扫描镜绕平行于遥感的前进方向扫描,完成一个空间维的成像,通过载荷平台前向方向的运动,完成另一空间维的成像,成像光谱仪分光系统及线列探测器完成每个瞬时视场像元的光谱维获取。

光机扫描型成像光谱仪扫描单元是一个成 45°斜面的扫描镜,由电机驱动进行 360°旋转,其旋转水平轴与遥感平台前进方向平行。扫描镜对地左右扫描成像,扫描动方向与平台运动方向垂直。光学分光系统一般由色散元件组成,色散元主要包括光栅和棱镜,入射光经色散后汇聚到线列探测器上。成像光谱仪获取的图像具有光谱分辨率和空间分辨率两方面的特性。

光机扫描型成像光谱仪具有如下优点。

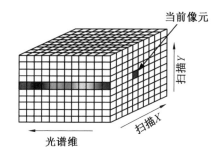

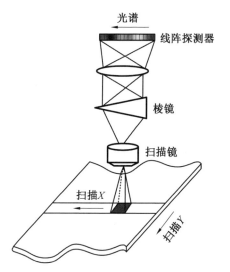

图 5-14 光机扫描型成像光谱仪成像方式

(1) 总视场很大，FOV 可达 90°。

(2) 像元配准好，不同波段任何时候都凝视同一像元。

(3) 定标容易，每个通道只有一个探测元件需要定标，增强了数据的稳定性。

(4) 由于分光是在物镜后，因此仪器的光谱范围可以做得很宽，如从可见光一直到热红外波段。

光机扫描型成像光谱仪的不足之处在于具有光机扫描部件，像元积分时间较短，限制了空间和光谱分辨率及信噪比的提高。目前波段全、实用性强的此类成像光谱仪有美国喷气推进实验室(Jet Propulsion Laboratory, JPL)的机载可见光/红外成像光谱仪(Airborne Visible Infrared Imaging Spectrometer, AVIRIS)系统、GER 公司的地理与环境研究成像光谱仪(Geographical & Environmental Research Imaging Spectrometer, GERIS)系统和我国的实用型模块化成像光谱仪(Operational Modular Imaging Spectrometer, OMIS)系统等。

2.推扫型成像光谱仪

推扫型成像光谱仪成像方式如图 5—15 所示,面阵探测器的一维通过载荷平台的运动完成平台前进方向空间维的成像,成像光谱仪分光系统和面阵探测器的另一维完成光谱维的成像。

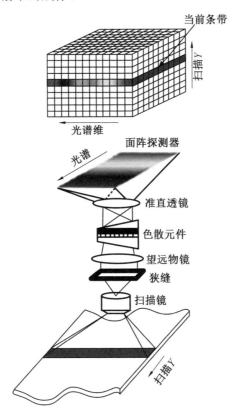

图 5—15 推扫型成像光谱仪成像方式

长线列探测器在垂直于飞行方向上横向排列,对应于地面上的一行扫描带。每个探测器敏感元分别对应该扫描条带的一个地面分辨元,对接收的光信号做光电转换。当飞行平台向前飞行完成一维纵向扫描时,线列探测器就向扫帚扫地一样实现带状扫描,推扫型扫描也是由此而来的。光学系统将地面辐射会聚在探测器上,控制线列探测器的信号读出时序,系统在飞过地面一个分辨元的距离时输出一行地面视频图像信号,当对准下一个邻近扫描条带时又重新开始采样。这样,当平台向前运动时,就形成对地面景物的逐行扫描。信号经处理后,形成飞机飞过下方地域的视频图像。所用的探测器早期为线阵探测器,其阵列方向与平台运动方向垂直,为空间维,多个线阵探测器沿平台运动方向排列,为光谱维;使用面阵探测器时,其扫描行方向与平台运动方向垂直,为空间维,列方向平行于平台运动方向,为光谱维。

与光机扫描相比,推扫型扫描代表了更为先进的遥感器扫描方式。它采用长线列探测器作为敏感元件,用电子自扫描方式成像。推扫型扫描仪的总视场和瞬时视场受限于线列探测器的长度。当线列探测器长度(即敏感元数量)一定时,在总视场确定时瞬时视场也随着被确定;否则,应依据对总视场和瞬时视场的要求来制作特定元数的探测器。红外波段的长线列焦平面阵列器件和可见光波段的 CCD 器件是较理想的推扫型扫描成像器件,它们感受光谱范围宽、动态范围大、光敏面驻留时间长、信噪比得到改善、有较高的光谱分辨率和空间分辨率。在这种工作方式中,如果线列探测器的各个敏感元性能不够均匀或有个别盲元,则产生的图像在纵方向出现深浅不同的条纹,成为一种固定的图像噪声。在信号处理时应采取措施进行均匀性修正,以减弱或消除这种噪声。

推扫型成像光谱仪具有以下优点。

(1)像元的凝视时间大大增加,积分时间增加,相对于光机扫描型成像光谱仪,凝视时间的增加量可以达到 10^3 数量级,大大提高了系统的灵敏度和信噪比,促进了系统空间分辨率和光谱分辨率的提高。

(2)没有扫描运动部件,系统可靠性高、噪声低、畸变小、体积小、质量小、功耗小、寿命长。

推扫型成像光谱仪的不足之处有以下两点。

(1)由于探测器器件和光学设计困难,因此总视场角不可能做得很大,FOV 最大可达 30°左右。

(2)光学系统复杂,面阵 CCD 器件上万个探测元件的定标较困难。

目前,此类成像光谱仪有美国地球观测系统(Earth Obserration System,EOS)研制的高分辨率成像光谱仪、超光谱分辨率数字图像收集实验仪,加拿大的 AVIRIS,以及我国中国科学院上海技术物理研究所的推扫型成像光谱仪 PHI 等,它们都采用推扫方式,波长范围从可见光延伸至短波红外。推扫型高光谱成像系统的典型例子是加拿大 CASI－2 成像光谱仪,其典型性能为:工作波段 0.4～0.85 μm,波段数 288,视场 37.8°,瞬时视场 1.2 mrad,光栅分光,612×288 元 Si－CCD 阵列,光谱分辨率 2.2 nm。

法国 SPOT 卫星上自扫式多光谱扫描仪典型技术参数是使用 4 个 6 000 元长线列 CCD 器件,四波段分别为 0.50～0.59 μm、0.61～0.68 μm、0.51～0.73 μm 和可见光全色波段,分光器和探测器放在光学系统焦面上,视场为 2.4°。其卫星高度为 832 km,地面分辨率为 20 m 和 10 m,地面收容宽度为 60 km。

3.凝视型成像光谱仪

凝视型成像光谱仪成像方式如图5-16所示,面阵探测器同时对二维场进行探测,探测单元与系统观察范围内的目标一一对应,成像谱仪分光系统及面阵探测器完成光谱维的成像。凝视型成像方式的优点在于取消了扫描机构,系统结构变得简单紧凑,像元的凝视时间变长,对目标辐射的响应更快;不足之处在于数据后期处理困难,空间率分辨及光谱通道数受限。

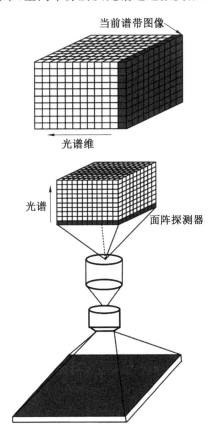

图5-16 凝视型成像光谱仪成像方式

凝视型成像方式分为小画幅和全画幅两种。小画幅采用滤光片阵列同时获得一帧谱段各不相同的图像。全画幅采用机械扫描的旋转型带通滤光片或电扫描调谐的可调谐液晶滤光片(改变电压)和可调谐声光滤光片(改变射频信号频率)的方式,每次获得一帧单一谱段的图像。

4.快照型成像光谱仪

快照是一种新兴的图谱信息获取方式,它不需要扫描即可获取三维图谱信息。快照型光谱成像技术实现方式主要有三种：一种是视场分割三维成像的方式，利用玻璃堆进行视场分割，再利用分光器件将三维信息展开到二维平面进行面探测(图5-17)；第二种是计算层析的方式，利用正交光栅等分光器件将三维信息层析投影到二维平面，再利用算法重构三维图谱；第三种是孔径编码计算光谱成像的方式，通过孔径编码的形式引入计算维，再进行分光得到编码的混合图谱信息，最后通过计算解码重构三维信息的孔径编码计算成像技术。

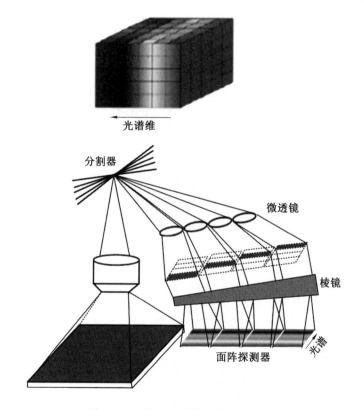

图5-17 快照型成像光谱仪成像方式

5.3.2 成像光谱仪的光谱成像方式

成像光谱仪的光谱维成像从原理上可以分为滤光片型、色散型、干涉型、三维成像型等。

1.滤光片型成像光谱仪

滤光片型成像光谱仪基本原理是目标辐射通过滤光片后，将滤光片透过的波长信息成像在对应的每一行像元上。滤光片型成像光谱仪采用相机加滤光片的方案，其原理简单，按使用的滤光片类型可分为可调谐滤光片型和光楔滤光片型。

(1) 可调谐滤光片型成像光谱仪。

可调谐滤光片型成像光谱仪主要有 AOTF 和 LCTF。AOTF 主要基于声光效应的原理,核心元件是一个高频震动的、具有光学弹性的晶体,当复色光通过晶体时,某一波长的光会在晶体内部产生衍射,以一定角度从晶体中透射出来,其他未发生衍射的波长方向保持不变透射过晶体,从而实现波长的分离;LCTF 主要利用液晶的场致双折射效应,使 o 光和 e 光折射率发生改变,从而改变二者出射的相位差,实现对不同波长的选择输出。

(2) 光楔滤光片型成像光谱仪。

光楔滤光片型成像光谱仪是在面阵探测器前放置楔形多层膜介质干涉滤光片,不同光楔集中在一起形成渐变滤光片,由于光楔顶角不同,不同波长的光通过光楔时产生不同的相位延迟和偏转角度,因此实现了波长分离,在底板探测器的不同位置成像。

2. 色散型成像光谱仪

色散型成像光谱仪基本原理是入射狭缝位于准直系统的前焦面上,入射的辐射经准直光学系统准直后,经棱镜和光栅狭缝色散后由成像系统将光能按波长顺序成像在探测器的不同位置上。色散型成像光谱仪出现较早,技术较成熟。常用的色散元件包括棱镜和光栅,棱镜利用棱镜材料对不同波长的光有不同折射率性质来分光,光栅利用光栅每个缝对光线的衍射和缝间的干涉来分光。

色散型成像光谱仪按探测器的构造可分为线列和面阵两大类,它们分别对应光机扫描型(Whiskbroom)成像光谱仪和推扫型(Pushbroom)成像光谱仪,其工作原理如图 5—18 和图 5—19 所示。

在线阵型色散光谱仪中,线列探测器用于探测任一瞬时视场(对应一个空间像元)内目标点的光谱分布并同时输出。扫描镜的作用是对目标表面进行横向扫描,空间第二维扫描由飞行器(卫星或飞机)的运动产生。这种成像光谱仪的代表有 AVIRIS 和中分辨率成像光谱仪(Moderate Resolution Imaging Spectroradiometer,MODIS)等。

在面阵型色散光谱仪中,面阵探测器用于同时记录目标垂直于平台前进方向一行像元的光谱分布并同时输出。面阵探测器垂直于平台前进方向的探测器数量应等于目标垂直于平台前进方向方向上的像元数,沿平台前进方向的探测器数量与光谱仪的波段数量一致。同样,空间第二维扫描既可由飞行器本身实现,也可使用扫描反射镜。这种成像光谱仪的代表有 AIS、HRIS、HIS、MODIS—T等。

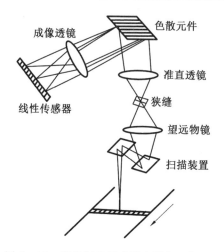

图 5—18　光机扫描型成像光谱仪工作原理

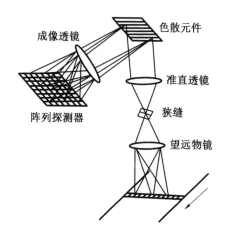

图 5—19　推扫型成像光谱仪工作原理

色散型成像光谱技术既可以应用在准直光束中,也可以应用在发散光束中,后者具有较多优点,如简化系统结构、色散像按波长线性分布在像面上、色散像没有几何失真等。

3.干涉型成像光谱仪

干涉型成像光谱仪的基本原理是目标辐射通过干涉元件后形成干涉图,对干涉图进行傅里叶变换得到光谱图,获得每个像元的光谱分布。其在获取目标空间维信息方面与色散型技术类似,都是通过光机扫描或推扫得到目标上的像元。

目前,遥感用干涉成像光谱仪技术中获取像元辐射干涉图的方法主要有三种:迈克尔孙干涉法、双折射干涉法和三角共路(Sagnac)干涉法。基于这三种干涉方法,形成了三种典型的干涉成像光谱仪。

(1)迈克尔孙干涉成像光谱仪。

迈克尔孙干涉成像光谱仪是通过动镜的机械扫描,引入光程差,产生物面像元辐射的时间序列干涉图,再对干涉图进行傅里叶变换,便得到相应物面像元辐射的光谱图。由于两相干光束的最大光程差取决于动镜的最大可移动长度,因此增加动镜的最大可移动长度,可以获得很大的最大光程差,而光谱分辨力与最大光程差成正比,因此迈克尔孙干涉成像光谱仪可以实现相当高精度的光谱测量。但它也有如下两个明显的缺点。

①需要一套高精度的的动镜驱动系统,在运动过程中要保持动镜运动的匀速性,并且对扰动和机械扫描精度都很敏感,这就使得光谱仪结构复杂、成本高。

②由于物面像元的干涉图是时间调制的,因此不能测量空间和光谱迅速发生变化的物面的光谱,只适用于空间和光谱随时间变化较慢的目标光谱图像测量,导致应用领域受限。

(2)双折射型干涉成像光谱仪。

双折射型干涉成像光谱仪是利用双折射偏振干涉方法,在垂直于狭缝(用于在推扫型仪器中选出目标上的一个行)的方向同时产生物面像元辐射的整个干涉图。探测器上每一行对应于入射狭缝上不同的点,这样就可以得到沿狭缝长度方向的空间分辨率。

双折射型干涉成像光谱仪具有如下优点。

①探测器所探测的不是像元辐射中的单个窄波段成分,而是整个光谱的傅里叶变换,又因傅里叶变换的积分过程是一种"平均"过程,故有改善信噪比的作用,并且个别探测器单元的失效不会造成相应波段信息的丢失。

②狭缝的高度和宽度只确定成像的空间分辨力,而不影响光谱分辨力,所以光通量和视场可以较大。

③装置无运动部件,结构紧凑,抗外界扰动和震动能力强。

④空间调制,实时性好,可用于测量光谱和空间变化的目标。

双折射型干涉成像光谱仪的缺点是分辨能力有限,光学系统结构复杂。另外,它只是在"一行"测量中因无动镜扫描而可"瞬时"完成,但是推扫过程中也不允许光谱和空间发生变化。

(3)三角共路型干涉成像光谱仪。

三角共路型干涉成像光谱仪是用三角共路干涉方法,通过空间调制产生物面的像和像元辐射的干涉图。目前,该方法是成像光谱仪设计中应用最为广泛的横向剪切干涉技术。1993年,夏威夷大学与佛罗里达工学院等在美国海军研究局(Office of Naval Ressarch,ONR)支持下联合研制了采用了Sagnac横向剪切干涉仪作为分光元件的空间调制干涉型成像光谱仪,即空间调制成像傅里叶变换光谱仪(Spatial Modulation Imaging Fourier Transform Imaging Spectrometer,SMIFTS),光谱范围为 $1\sim 5~\mu m$,光谱分辨率为 $100\sim 1\,000~cm^{-1}$。此后,美国在1995年又研制了PTVHSI,其光谱范围为 $0.44\sim 1.1~\mu m$,波段数为256,视场角为15°,瞬时视场角为0.8 mrad。中国科学院西安光学精密机械研究所研制的我国环境与灾害监测超光谱成像仪(Environment and Disaster Imaging Spectrometer,EDIS)和"嫦娥工程"干涉成像光谱仪(Chang'e Engineering Imaging Spectrometer,CEIS)都采用了基于Sagnac横向剪切干涉仪的基本结构。

三角共路型干涉成像光谱仪有如下优点。

①狭缝的长度和宽度只确定成像的空间分辨率,而不影响光谱分辨率,所以光通量和视场可以较大。

②两束光沿相同路径反向传播,外界扰动和震动的影响自动补偿。

③实时性好,可测量光谱和空间变化的目标。

三角共路型干涉成像光谱仪的缺点是分辨能力有限,介于迈克尔孙型干涉成像光谱仪与双折射型干涉成像光谱仪之间。与双折射型干涉成像光谱仪类似,它也只能在"一行"测量中因无动镜扫描而可"瞬时"完成,但推扫过程中也不允许光谱和空间发生变化。

上述三种类型的干涉成像光谱仪结构不同,其性能各有所长。但归根结底,都是对两束光的光程差进行时间或空间调制,在探测面处得到光谱信息。

在空间调制型干涉成像光谱仪的基础上,利用菲涅尔双面镜,将干涉光谱仪系统转变成为全反射式的,可克服透射元件(分束器)对光谱范围的限制,实现宽波段的光谱成像测量。

4.三维成像型成像光谱仪

三维成像型成像光谱仪是在光栅(棱镜)色散型成像光谱仪的基础上改进而来的。传统的色散型成像光谱仪是在望远系统的焦面上放置光谱仪系统的入射狭缝,而三维成像型成像光谱仪在望远系统的焦面上放置的是一个像分割器(图5-20),而这是三维成像型成像光谱仪的核心,它的作用是将二维图像分割转换为长带状图像。像分割器由两套平面反射镜组成:第一套反射镜将望远系统所成的二维图像分割成多个条带,并将各条带按不同方向反射成为一个阶梯型长条带;第二套反射镜接收每个单独条带的出射光,并将它们排成一个连续的长带。从几何光学的角度来看,重新组合的长带与长狭缝几乎没有任何区别,但是仪器的安装和调试困难,加长狭缝高度也势必造成仪器的结构变大。利用这个像分割器作为棱镜和光栅色散型成像光谱仪的入射狭缝就可以组成一台三维成像型成像光谱仪(第一反射镜每条左右倾角不同,像平面拼成阶梯型长条形,第二反射镜每条俯仰角不同,接收每个单独条带的出射光,并将它们排成一个连续的长带,需要一个棱镜和一个面阵CCD即可)。

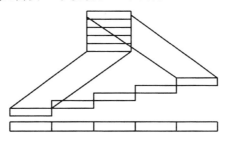

图 5-20 像分割器的工作原理

思 考 题

1. 光谱成像系统按其光谱分辨率可以分为哪几种?
2. 常规多光谱成像有哪些局限性?
3. 多光谱成像系统由哪些部分组成?
4. 常用的分光方式有哪几种?简要说明其工作原理。
5. 简述高光谱成像技术特点。
6. 对高光谱成像系统的光学系统有哪些要求?

第 6 章　合成孔径雷达成像系统

合成孔径雷达(Synthetic Aperture Radar,SAR)是利用与目标做相对运动的小孔径天线,把在不同位置接收的回波进行相干处理,从而获得较高分辨力的成像雷达。SAR 成像系统是一种主动式微波成像传感器,它利用脉冲压缩技术提高距离向分辨率,利用合成孔径原理提高方位向分辨率,从而获得大面积的高分辨率雷达图像。SAR 成像具有全天时、全天候、多波段、多极化、可变侧视角及高分辨率等优点,已广泛装备在各类侦察机和成像侦察卫星上。

6.1　雷达成像基础知识

在电磁波谱中,波长在 1 mm~1 m(对应频率为 300 MHz~30 GHz)波段范围内的无线电波称为微波,它比可见光到红外(0.38~18 μm)波长要长得多。微波通常分为毫米波、厘米波、分米波和米波。微波在发射和接收时常常仅用很窄的波段,所以又将微波波段再加以细分,并用特定的字母表示。常用的微波波段名称及其波长与频率的关系见表 6-1,波段名称分别是 P、L、S、C、X、Ku、K、Ka。在微波遥感中,L、S、C、X、Ka 等都是常用波段。

表 6-1　常用的微波波段名称及其波长与频率的关系

波段名称	波长范围/cm	频率范围/MHz
P	100~30	300~1 000
L	30~15	1 000~2 000
S	15~7.5	2 000~4 000
C	7.5~3.75	4 000~8 000
X	3.75~2.40	8 000~12 500
Ku	2.40~1.67	12 500~18 000
K	1.67~1.1	18 000~26 500
Ka	1.1~0.75	26 500~40 000

6.1.1　雷达的组成

雷达一般由天线、发射机、接收机、存储器、处理器和显示器组成,如图 6-1

所示。脉冲发射机产生脉冲信号,由转换开关控制,经天线向观测地区发射。地物反射脉冲信号,也由转换开关控制进入接收机。接收的信号在显示器上显示或记录在记录介质上。下面介绍雷达的几个主要组成部分。

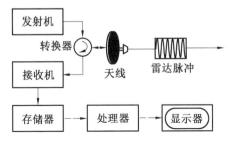

图 6-1 雷达一般组成示意图

1. 天线

天线是雷达的一个重要组成部分,它是在无线电波与高频电流之间进行相互转换的变换器,具有向某一特定方向集中发射电波或集中接收来自某一特定方向电波的作用。也就是说,天线是无线电波的空间滤波器,即天线是将电路中的高频振荡电流或馈线上的导行波有效地转变为某种极化的空间电磁波,并保证电磁波按所需的方向传播(发射状态)或将来自空间特定方向的某种极化的电磁波有效地转变为电路中的高频振荡电流或馈线上的导行波(接收状态)。

(1) 天线的作用。

在雷达中,天线的作用有两个:一是能量转换;二是定向辐射或接收。能量转换是将发射机产生馈线引导的电磁波转换为向空间辐射的电磁波,并接收目标反射的空间回波,将回波能量转换成馈线引导的电磁波馈送给雷达接收机。天线将发射机产生的导波场转换成空间辐射场,并接收目标反射的空间回波,将回波能量转换成导波场,由传输馈线送给雷达接收机。雷达一般还要求天线实现如下功能。

①发射时,像探照灯一样,将射频辐射能量集中到具有一定形状的波束中,去照射所希望方向上的目标;接收时,收集指定方向返回的目标微弱回波,在天线接收端产生可监测的电压信号,同时抑制其他方向来的杂波或干扰。

②分辨不同目标并测试目标的距离和回波的方向。

③窄定向波束在需要的空域范围作快速扫描,以实现雷达对目标的搜索和跟踪,并确定雷达多次观察目标之间的时间间隔。

(2) 天线参数。

天线的主要参数有天线增益、波束宽度和副瓣电平。

①天线增益。天线的一个重要技术指标是天线增益。天线增益表示为某

一天线与标准天线得到同样功率时在同一方向上的功率密度之比,它定量地描述一个天线把输入功率集中辐射的程度。使用等方向的天线作为标准天线时的增益称为绝对增益;把某一天线中特定方向的功率密度与从全辐射功率中求出的平均功率密度之比称为指向性增益。天线的增益代表了天线的聚束性能,即天线把由发射机传输的能量集中成一个瞄向目标的波束的程度。天线增益越高,方向性越好,能量越集中,波瓣越窄。天线的增益由振子叠加而产生,增益越高,天线长度越长。天线是无源器件,不能产生能量。天线增益只是将能量有效集中向某特定方向辐射或接受电磁波的能力。

天线增益的定义为

$$G = \frac{\text{实际天线的最大辐射功率}}{\text{具有相同输入功率的无耗各向同性天线的辐射功率}}$$

② 波束宽度。天线方向图的主要特性之一是主瓣的波束宽度(简称波束宽度),工程上常用半功率波瓣宽度 $\theta_{0.5}$ 或 $\theta_{3\text{ dB}}$ 表示,它是指场强方向图中主瓣上幅度为峰值的 0.707 的两点间的夹角,或功率方向图中主瓣上功率为最大值 1/2 的两点间的夹角。半功率波瓣宽度也常用作天线的分辨力指标。因此,如果等距离处的两个目标能够通过半功率波瓣宽度被分开,就说明这两个目标在角度上是可以分辨的。

对于口径尺寸大于 λ 的天线,某个切面方向图的波束宽度与工作波长成正比,与天线在这个切面上的孔径尺寸成反比,即

$$\theta_{3\text{ dB}} = K \frac{\lambda}{D} \tag{6-1}$$

式中 K——波束宽度因子,与孔径上的电流分布有关,单位为(°)或 rad。

③ 副瓣电平。在天线辐射方向图的主瓣以外区域的波瓣统称为副瓣。通常将与主瓣相邻的副瓣称为第一副瓣,偏离主瓣180°左右的瓣称为背瓣。对雷达系统来说,副瓣往往是可能引起麻烦的原因。发射时,副瓣表示不能将能量向着所希望的方向辐射,是一种能量浪费。接收时,探测低空飞行目标的雷达可能通过副瓣受到很强的地面回波(杂波)干扰,从而掩盖从主瓣接收到的低雷达散射截面积的微弱回波。另外,来自外界的无意电磁干扰或敌方的有意干扰也会通过副瓣进入雷达天线影响主瓣对正常目标的检测。因此,通常希望天线的副瓣尽可能低,以使上述种种弊端降低到最小程度。

副瓣的高低用副瓣电平来描述。副瓣电平是指副瓣峰值与主瓣峰值的比值,通常用分贝表示。所有副瓣中,电平最高的副瓣称为最大副瓣,通常第一副瓣的电平最大。由于天线方向图性能完全由天线口径形状和口径上的电流分布决定,因此电流均匀分布的口径天线的最大副瓣电平为 -13.3 dB,式(6-1)中的波束宽度系数 $K = 0.88$ rad。在实际工程中,经常需要更低的副瓣电平。

为此，天线口径上的电流分布要按边缘递减方式加权，但这时主瓣宽度会展宽。副瓣电平越低，口径边缘的电流分布值就越低，波束宽度也就越宽。

对于某些雷达系统，所有副瓣电平的平均值比单个副瓣电平更重要。平均副瓣电平是将除主瓣外的所有副瓣的功率求积分并求平均，再以相对于各向同性天线的分贝数表示。例如，若辐射功率的 90% 在主波瓣中，10% 在所有副瓣中，则由于主瓣在空间所占的立体角很小，因此平均副瓣电平是 -10 dBi。若辐射功率的 99% 在主波瓣中，则平均副瓣电平是 0.01 dBi 或 -20 dBi。平均副瓣电平低于 -20 dBi 的称为超低副瓣电平。

2. 发射机

雷达发射机的功能是产生由发射天线辐射并由目标散射的射频信号。雷达发射机的主要部件包括射频功率放大器、调制器和电源。雷达发射机不是基于速调管的功率放大器，就是基于磁控管的功率振荡器。在 20 世纪 40 年代和 50 年代的早期微波雷达中，因为磁控管是那时唯一能够得到的高功率管，所以几乎全部使用这种功率振荡器。但是磁控管是有噪声的器件，限制了可以得到的动目标指示（Moving Target Indication，MTI）改善因子，因此它有很大的局限性。虽然它可以产生高的（兆瓦级）峰值功率，但它不能产生大的平均功率，且其输出信号不容易调制产生脉冲压缩波形。这些缺点都可以用速调管、行波管和晶体管这样的功率放大器来克服。

速调管是一种极好的雷达发射管，它的增益高、效率好，且其平均功率和峰值功率都比大多数其他射频功率源高。行波管的功率、增益和效率都比速调管稍小一点，但它的带宽很宽，特别是在中等功率的时候。磁控管的尺寸较小，采用的电压比速调管低，但它的平均功率有限制，稳定性也差。磁控管多用于非相参体制的雷达，而行波管等放大器则可用于采用脉冲多普勒、脉冲压缩和动目标检测（Moving Targets Detection，MTD）等技术的全相参雷达体制。发射机的主要参数是发射功率、工作比、带宽和脉冲波形参数。

3. 接收机

雷达接收机的功能首先将所需的回波信号从噪声和其他干扰中分离出来，其次要变换频率和放大信号以满足后续信号处理或直接显示的信号幅度要求。雷达接收机多为超外差式，由高频放大、混频、中频放大、检波和视频放大等电路组成。与收发开关相连的接收机前端主要是低噪声放大器和混频器，混频器将射频信号转变为中频信号。中频放大主要完成信号放大和匹配滤波，使输出信噪比最大。包络检波输出幅度信号，而相位检波器可以得到信号相位信息，保证提取目标的多普勒频率。视频放大将信号放大到适合模数变换器进行后续信号处理的电平，或进行直接显示。

4.显示器

雷达显示器是雷达的终端系统和人机交互设备,是操作员与雷达之间交换信息的接口。最初,雷达显示器的作用是将雷达接收机的输出以一种可视的形式表现出来。这样,操作员可以轻易而精确地检测目标的出现,提取目标的位置信息。接收机的输出若不做进一步的处理,通常称为原始信息或一次信息。

6.1.2 雷达的主要参数

1.脉冲波

雷达成像一般都是采用脉冲雷达的工作方式,由发射机发出短促、大功率的射频脉冲,再根据目标返回波的时间差完成各种测量。此脉冲波由 6 个主要参数来表示。雷达脉冲波形图如图 6-2 所示。

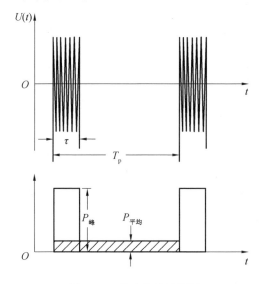

图 6-2 雷达脉冲波形图

(1)发射频率 f。

发射频率 f 即发射机产生的射频电波的频率。

(2)脉冲重复频率 f_p。

脉冲重复频率 f_p 即每秒钟产生脉冲的数目,一般是每秒几十次至几千次。

(3)脉冲重复周期 T_p。

脉冲重复周期 T_p 即前一个脉冲开始到后一个脉冲开始相隔的时间。

(4)脉冲宽度 τ。

脉冲宽度 τ 即一个射频脉冲持续的时间,也就是射频脉冲开始到结束所隔的时间,一般是几微秒甚至十分之几微秒。

(5) 峰值功率 $P_\text{峰}$。

峰值功率 $P_\text{峰}$ 即在发射脉冲期间的发射机输出功率，一般为几百瓦到几千瓦。

(6) 平均功率 $P_\text{平均}$。

把峰值功率 $P_\text{峰}$ 在整个周期内平均即平均功率 $P_\text{平均}$。峰值功率 $P_\text{峰}$ 与平均功率 $P_\text{平均}$ 的关系为

$$P_\text{峰}\tau = P_\text{平均} T_\text{p} \tag{6-2}$$

2. 雷达波束

雷达天线不是把电磁波向所有方向均匀地辐射出去的，而是在与天线平面相垂直的正前方辐射最强，在沿天线平面的方向上辐射最弱，其他方向辐射的强度在最弱与最强之间。因此，在空间离天线等距离处各点的电场强度随着方向的不同（与天线平面夹角的不同）而改变。用来表示空间离天线等距离处各方向辐射强弱的图形称为天线的方向图形，简称波瓣。天线方向图如图6-3所示。波瓣是立体图，通常在与地面平行平面上的方向图称为水平方向图（即水平波瓣），在与地面垂直平面上的方向图称为垂直方向图（即垂直波瓣）。由于天线的空间辐射方向性，因此当天线对准目标时回波最大时，偏离一点回波就变小了。

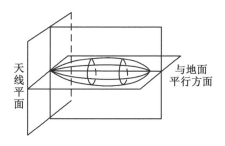

图 6-3 天线方向图

雷达波束方向图如图 6-4 所示，它像一朵不对称的花。因为天线方向图一般呈花瓣状，故又称为波瓣图。在图中伸得最长的"花瓣"称为主瓣，短的"花瓣"称为副瓣或旁瓣，在主瓣背后的称为尾瓣。在雷达天线设计中，尽量要使主瓣的功率大，副瓣与尾瓣的功率则越小越好。

主瓣波束角 β 的大小近似地与发射微波的波长 λ 成正比，与天线的有效孔径 D 成反比，即

$$\beta = \frac{\lambda}{D} \tag{6-3}$$

所以波长一定，则天线越长（有效孔径越大），波束角越小。

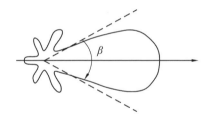

图 6-4 雷达波束方向图

3.雷达方程

雷达方程是描述由雷达天线接收到的回波功率与雷达系统参数及目标散射特征(目标参数)关系的数学表达式。雷达天线发射的是以天线为中心的球面波,地物目标反射的回波也是以地物目标为中心的球面波。若忽略大气等因素影响,则雷达天线接收到的回波功率 P_r 可表示为

$$P_r = \frac{P_t G_t}{4\pi R^2} \frac{\sigma}{4\pi R^2} A_r \qquad (6-4)$$

式中　P_t——发射功率;

　　　G_t——发射天线增益;

　　　R——目标离雷达天线的距离;

　　　σ——目标的雷达散射截面积(雷达接收天线的方向上目标有效面积);

　　　A_r——接收天线孔径的有效面积。

第一项为地物目标处单位面积上所接收的功率,乘 σ 后为地物目标散射的全部功率,再除以 $4\pi R^2$ 后为地物目标单位面积上的后向散射功率,即接收天线单位面积上的后向回波功率。

天线孔径的有效面积 A_r 可表示为

$$A_r = \frac{G_r \lambda^2}{4\pi} \qquad (6-5)$$

式中　G_r——接收天线增益。

由式(6-4)和式(6-5)可得

$$P_r = \frac{P_t G_t G_r \lambda^2 \sigma}{(4\pi)^3 R^4} \qquad (6-6)$$

上式是针对点目标而言的,由于实际地物多为面状目标,因此对于面目标,有

$$\sigma = \sigma^0 A \qquad (6-7)$$

式中　σ^0——后向散射系数;

　　　A——雷达波束照射面积,即地面一个可分辨单元的面积。

面目标的回波功率用积分表示为

$$P_r = \int_A \frac{P_t G_t G_r \lambda^2}{(4\pi)^3 R^4} \sigma^0 \mathrm{d}A \qquad (6-8)$$

若目标为散射体,则 σ^0 为单位体积的散射截面,A 对应辐照体内的体积分。

由雷达方程可知,当雷达系统参数 P_t、G、λ 及雷达与目标距离 R 确定后,雷达天线接收的回波功率与后向散射系数直接相关。

4. 最大探测距离

雷达的最大探测距离与很多因素有关,如雷达的发射功率、接收机的灵敏度及天线的增益等都影响雷达的最大探测距离。从理论上讲,只要能设法使发射机功率增大、提高接收机的灵敏度等,雷达的最大探测距离便可以无限制增大,但实际情况并非如此。首先,地面不是平的,而是一个球形;其次,雷达的电波是沿直线传播的。因此,若目标位置在地球的背面,即在雷达的视野之外,雷达便不能发现它。雷达的最大探测距离有一极限,这个极限与天线架设高度及目标高度有关。就雷达本身讲,它的最大探测距离主要受发射功率、接收机灵敏度及天线增益等因素的限制。根据雷达方程分析,有

$$R_{\max} = \frac{1}{2\sqrt{\pi}} \sqrt[4]{\frac{P_t G_t G_r \lambda^2 \sigma}{4\pi P_{\min}}} \qquad (6-9)$$

式中　$P_{\min}$——雷达接收机最小可接收的目标返回信号功率。

5. 多普勒频率

在生活经验中,人们都有这样的体会,当火车鸣笛向你开来时,响亮的汽笛不仅越来越响,而且声调比静止的火车汽笛声高。音量响表明声波振幅增大,声调高表明声波频率增加。如果火车鸣笛远离人而去,也会感到汽笛声不仅渐渐变轻,而且声调变低哑了,即表明声波的振幅变小,而且频率也降低了。由于观测点与声源之间具有相对运动,因此测得的声波频率发生改变。对于电磁波同样会产生这种现象,这种现象称为多普勒(Doppler)效应。

当一个频率为 f 的电磁辐射源与观察者之间距离(随时间)变化时,则观察者接收的信号频率 f' 不等于 f,其差 $\Delta f = f' - f$ 称为多普勒频移。若二者距离缩小,则 $\Delta f > 0$,多普勒频移为正值;若二者距离增大,则 $\Delta f < 0$,多普勒频移为负值。多普勒频移可表示为

$$\Delta f = f \frac{u}{c} \cos \theta \qquad (6-10)$$

式中　u——辐射源与观察者之间的相对速度;

　　　c——光速,即电磁辐射的速度;

θ——辐射源至观察者间连线与运动方向的夹角。

对于成像雷达这种主动成像方式而言,飞行器与地面相对运动,雷达的发射频率 f 由于多普勒效应,因此到达地面的频率已改变为 f',而最终遥感器所接收的回波频率已是又经过一次多普勒频移的 f'' 了。尽管对于飞机或空间飞行器的运动速度来说,此频率的改变是很小的,但它对成像侦察是有用的。

成像侦察利用频率上表现的多普勒效应可以观测目标的运动,得到地表物体的信息,并可以通过相应技术测出和区分多普勒频移。例如,一个微波雷达装在以 300 m/s 快速飞行的飞机上,若发射频率为 3×10^{10} Hz,则飞机上接收到的从飞机正前方目标反射回来的频率将增加到 6×10^{10} Hz。

6.1.3 雷达的成像过程

雷达工作原理如图 6-5 所示,天线安装在飞机或卫星的侧面,脉冲发射机产生脉冲信号,由转换开关控制,经天线向平台行进方向(称为方位方向)的侧向(称为距离方向)发射一束宽度很窄的脉冲电磁波束,然后接收从目标地物反射回来的后向散射波,由转换开关控制进入接收机,接收的信号经处理后获取地表的图像,进行显示和记录。由于地面各点到平台的距离不同,地物后向散射信号被天线接收的时间也不同,依它们到达接收天线的先后顺序记录在不同的影像位置上,即距离近者先记录,距离远者后记录,因此根据后向反射电磁波返回的时间排列就可以实现距离方向扫描。在相应的影像位置上记录的是地物回波功率及回波信号的相位。平台向前行进,扫描面在地面上移动,进而实现方位方向上的扫描,这样"照射"到地面的连续微波条带就形成了一个类似于行扫描仪所产生的连续视场条幅。

如果每个视场条幅照射到不同微波反射、散射特性的地物,那么被同一天线接收记录的雷达反射、散射回波的强弱就会发生变化。与此同时,视场条幅的两侧至天线距离不一,自左至右或自右至左(这取决于右向侧视或左向侧视)逐渐增大,因此其回波信号到达天线的时间就会有先后。这种强弱、先后都有差异的信号经适当处理后记录下来,即可获得一张反映地面状况的雷达图像。

6.1.4 雷达成像的特点

微波成像与光学成像相比,具有如下独特的优势。

1.具有全天时、全天候工作能力

微波成像属于主动微波成像,不依赖日光,波长大于光波波长,能够穿透烟、雾、雨、雪和霾,具有全天时、全天候成像能力,这是微波成像的突出优势。例如,在 X 波段,波长为 3.2 cm 时,微波穿过 4 km 浓云后,其强度仅衰减 1 dB,

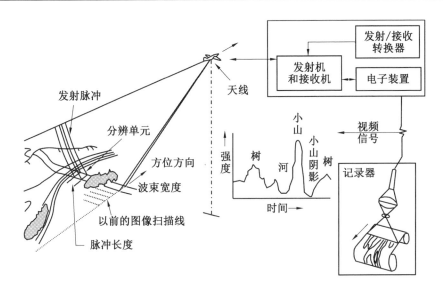

图 6-5 雷达工作原理

对地面目标的成像基本没有影响。只有当波长小于 1 cm 时,其影响才较为显著。对于不同的波段,其全天候成像能力是不同的。例如,X 波段 SAR 在遇暴雨时,穿透能力就明显减弱,以致不能正常成像,即雷达波被暴雨阻挡无法到达地面。

2. 对地表有一定的穿透能力

微波除能穿云破雾外,对一些地物(介质),如岩石、土壤、松散沉积物、植被、冰层等,也有一定的穿透能力。因此,它不仅反映地球表面信息,还可以在一定程度上反映地表以下物质的信息。当电磁波照射到非导电物体表面时,一部分被反射,另一部分进入物体内部。微波能穿透冰雪、植被、人工伪装,并对地面表层土壤有一定的穿透深度,穿透的深度与波长和物质特性有关,不同物质的微波穿透能力有很大不同。同样的频率对于干沙可以穿透几十米,对于冰层则能穿透百米。

3. 对金属目标及地表(海面)、地下(海下)有较强的探测能力

大部分军事目标都含有金属材料,因此许多伪装目标很容易被 SAR 发现。由于 SAR 发射的波束照射到地面,因此地面的起伏在 SAR 图像上形成明显的明暗色调。分析这些色调的明暗程度对判读地形、地貌、海浪、海面风场、内波、水下地形及水下潜艇都是非常有益的。

4.利用微波信号中的极化信息、相位信息和多普勒信息可提高 SAR 的探测能力

微波回波信号中的极化信息可用于提高对目标的分类和识别能力;微波回波信号中的相位信息可用于提取目标的高程信息;微波回波信号中的多普勒信息可用于提取目标的运动参数,实现地面动目标检测(Ground Moving Target Indication,GMTI)。

6.2 合成孔径雷达原理

SAR 是将天线孔径在空间进行合成的一种雷达体质。因此,在介绍 SAR 原理之前,必须首先介绍天线孔径合成的概念。

6.2.1 合成孔径的概念

SAR 是利用与目标作用相对运动的小孔径天线,把在不同位置接收的回波进行相干处理,从而获得较高分辨力的成像雷达。其特点是在距离向上与真实孔径侧视雷达相同,采用脉冲压缩来实现高分辨率,在方位向上则通过合成孔径原理来改善分辨率。通过对位置不断变化的同时包含相位的信号进行接收、记录、处理,就可以得到比采用实际天线更长的假设天线长度(合成孔径长度)进行成像的同样效果。合成孔径雷达的基本思想是利用一个小孔径的天线作为单个辐射单元,将此单元沿一直线不断移动(图 6-6)。

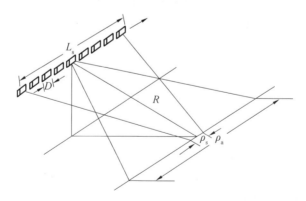

图 6-6 合成孔径侧视雷达工作过程

在移动中选择若干个位置,在每一个位置上发射一个信号,接收发射位置的回波信号(包括幅度和相位)存储记录下来。当辐射单元移动一段距离 L_s 后,存储的信号与实际天线线阵阵列诸单元所接收的信号非常相似(图 6-7)。SAR 正是利用这一原理进行成像的,不同的是 SAR 天线是在不同的位置上接收同一地物的回波信号，真实孔径天线则在一个位置上接收目标回波。

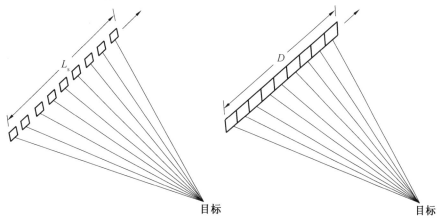

图 6－7　两种天线接收信号的相似性

6.2.2　合成孔径雷达的分辨率

雷达空间分辨率定义在两个方向上：一是与飞行方向垂直；二是与飞行方向平行。垂直于飞行方向的雷达分辨率称为距离向分辨率，平行于飞行方向的雷达分辨率称为方位向分辨率，在距离方向和方位方向的地面分辨率是不一样的。

1.距离向分辨率

距离分辨率 ρ_R 是在距离方向上能分辨的最小目标的尺寸。距离分辨率示意图如图 6－8 所示，有

$$\rho_R = \frac{\tau c}{2\cos\theta} = \frac{c}{2B}\sec\theta \tag{6-11}$$

式中　c——波速；
　　　B——频带宽度，$B=1/\tau$；
　　　τ——脉冲宽度；
　　　θ——俯角。

从式（6－11）中可以看出，俯角越大，距离分辨率越低；俯角越小，其距离分辨率越高。另外，脉冲的持续时间（脉冲宽度 τ）越短，距离分辨率越高。若要提高距离分辨率，需要减小脉冲宽度，但脉冲宽度过小会使雷达发射功率下降，回波信号的信噪比降低，这二者之间的矛盾使得距离分辨率难以提高。为解决这一矛盾，一般采用脉冲压缩技术来提高距离分辨率。

脉冲压缩的核心技术就是线性调频调制和信号相关运算，将较宽的脉冲调

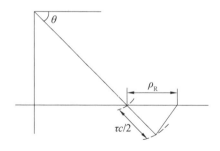

图 6-8 距离分辨率示意图

制成振幅大、宽度窄的脉冲技术,具体描述如下。设第 n 个脉冲时 SAR 发射信号为

$$s(t_n) = e^{2\pi j[f(t-nT_p)+k_r(t-nT_p)^2]} = e^{2\pi j[ft_n+k_r t_n^2]} \quad (6-12)$$

式中 T_p ——脉冲重复周期;

f ——主频率;

k_r ——调频速率;

τ ——脉冲长度,$|t_n| \leqslant \tau/2$。

脉冲参数关系图如图 6-9 所示。

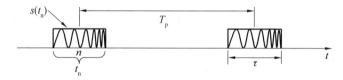

图 6-9 脉冲参数关系图

经过时间 T_d 延时以后,接收信号为

$$V_r(t_n) = e^{2\pi j[f(t_n-T_d)+k_r(t_n-T_d)^2]} \quad (6-13)$$

令 $t_n - T_d = t_r$,有

$$V_r(t_r) = e^{2\pi j[ft_r+k_r t_r^2]} \quad (6-14)$$

再经过匹配滤波压缩算法,即信号相关运算有

$$\begin{aligned}
y(t_r) &= \int_{-\tau/2}^{\tau/2} V_r(t_r+t) s^*(t) dt \\
&= \int_{-\tau/2}^{\tau/2} e^{2\pi j[f(t_r+t)+k_r(t_r+t)^2]} e^{2\pi j[ft+k_r t^2]} dt \\
&= e^{2\pi j[ft_r+k_r t_r^2]} \int_{-\tau/2}^{\tau/2} e^{4\pi j k_r t_r t} dt \\
&= \tau e^{2\pi j ft_r} e^{2\pi j k_r t_r^2} \mathrm{Sa}(2\pi k_r t_r \tau) \quad (6-15)
\end{aligned}$$

输出信号为一个抽样函数,脉冲压缩原理如图 6-10 所示。此时脉冲宽度

为抽样信号最大峰宽度,设时间原点在最大峰处,抽样函数过零点时间坐标 t_{r0} 为

$$2\pi k_\tau t_{r0}\tau = \pm k\pi, \quad k \text{ 为整数}$$

即有

$$t_{r0} = \pm \frac{k}{2k_\tau \tau} = \pm \frac{k}{2\Delta f} \tag{6-16}$$

式中 Δf——脉冲宽度内频率变化量。

因此,压缩后脉冲宽度为 $2t_{r0} = 1/\Delta f$。

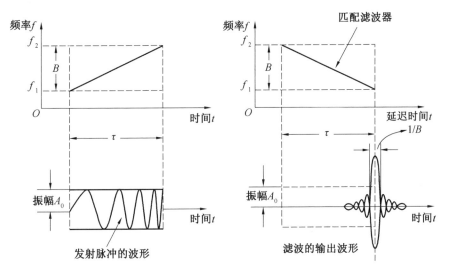

图 6-10 脉冲压缩原理

2. 方位分辨率

(1) 真实孔径方位向分辨率。

方位向分辨率 ρ_a 是在方位方向上能分辨的最小目标的尺寸。方位分辨率 ρ_a 主要由波束角和目标与天线之间的距离 D 决定,方位分辨率示意图如图 6-11 所示。由于 $\beta = \lambda/D$,因此

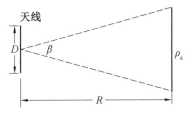

图 6-11 方位分辨率示意图

$$\rho_a = \frac{\lambda}{D} R \tag{6-17}$$

由上式可见,发射波长 λ 越短、天线孔径 D 越大、目标与地物距离 R 越近,则方位分辨力 ρ_a 越高。

因此,在天线波束范围内,目标位于距离近的方位分辨率要高于目标位于远处方位分辨率,方位分辨率与距离的关系如图 6-12 所示,有

$$\rho_a = \beta R \tag{6-18}$$

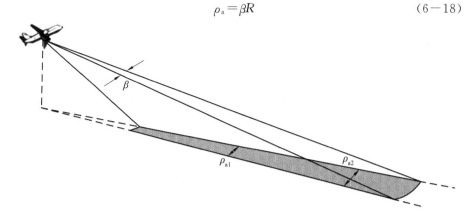

图 6-12 方位分辨率与距离的关系

例如,当波长 $\lambda=1$ cm、天线孔径 $D=5$ m、目标与地物的距离 $R=5$ km 时,方位分辨率力 $P_a=10$ m;当波长 $\lambda=5$ cm、天线孔径 $D=5$ m、目标与地物的距离 $R=5$ km 时,方位分辨率力 $P_a=50$ m;当波长 $\lambda=1$ cm、天线孔径 $D=5$ m、目标与地物的距离 $R=500$ km 时,方位分辨率力 $P_a=1$ km;当波长 $\lambda=1$ cm、天线孔径 $D=50$ m、目标与地物的距离 $R=500$ km 时,方位分辨率力 $P_a=100$ m。

由式(6-17)可以看出,要提高真实孔径雷达的方位分辨力,只有加大天线孔径、缩短探测距离和工作波长。这几项措施无论在飞机上还是在卫星上使用时都受到限制。例如,波长 $\lambda=3$ cm 的雷达,其天线孔径 $D=4$ m,在 200 km 高度上对地面进行探测,方位分辨力为 1.5 km。若要求方位分辨力达到 3 m,以便分辨出公路上的汽车,天线孔径就要求达到 2 000 m。这样长的天线,无论对机载还是星载都是不可能采用的。为解决这个矛盾,目前采用合成孔径技术来提高侧视雷达的方位分辨率。

(2)合成孔径方位向分辨率。

在合成孔径雷达中,来自地表目标的反射脉冲在波束能照射到的时间内都会不断地被接收,随着平台的前进,平台和目标的相对位置关系会发生变化,在不同时刻和位置接收到同一地面目标信号的频率会发生变化,即出现多普勒频

移效应。

频率偏移对于时间而言是线性的,利用多普勒效应的 SAR 成像原理如图 6-13 所示。对于目标 A,天线在与它不同的相对位置上,随着时间的增加,依次接收的信号频率降低。因此,反射脉冲可以解释成是经过线性调频调制处理而得到的。因此,将在不同位置接收 A 目标的信号,通过频率偏移具有逆特性的匹配滤波器滤波调制,即得 A 目标的唯一像点。

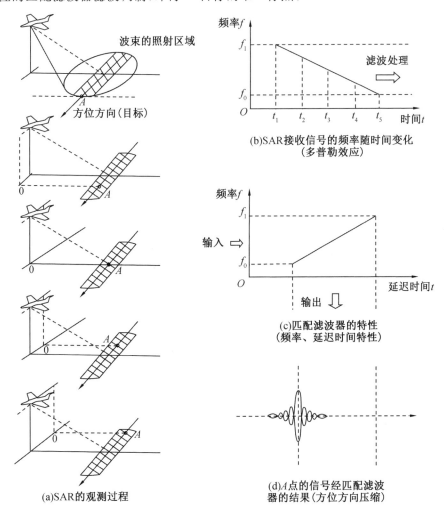

图 6-13 利用多普勒效应的 SAR 成像原理

具体分析如下,由式(6-15)可得

$$y(t_r) = \tau \mathrm{e}^{2\pi \mathrm{j} k_r t_r^2} \mathrm{Sa}(2\pi k_r t_r \tau) \mathrm{e}^{2\pi \mathrm{j} f(t_n - T_d)}$$

$$= \tau e^{2\pi j k_r t_r^2} \mathrm{Sa}(2\pi k_r t_r \tau) e^{-4\pi j \frac{R(t)-R_n}{\lambda}} \quad (6-19)$$

将 $R(t)-R_n$ 在某一处 R_0 展开成泰勒级数，舍去二阶以后的量有

$$y(t_r) = \tau e^{2\pi j k_r t_r^2} \mathrm{Sa}(2\pi k_r t_r \tau) e^{-\frac{4\pi j}{\lambda}[R_0 + R'(t-t_0) + \frac{R''}{2}(t-t_0)^2]} \quad (6-20)$$

令 $t_a = t - t_0$，有

$$y(t_r, t_a) = \tau e^{2\pi j k_r t_r^2} \mathrm{Sa}(2\pi k_r t_r \tau) e^{-\frac{4\pi j}{\lambda}[R_0 + R' t_a + \frac{R''}{2} t_a^2]} \quad (6-21)$$

因为多普勒相位，所以

$$\begin{cases} \varphi = -\frac{4\pi}{\lambda} R(t), \varphi' = -\frac{4\pi}{\lambda} R'(t) \\ R'(t) = -\frac{\lambda}{4\pi} \varphi' = -\frac{\lambda f_{DC}}{2}, R''(t) = -\frac{\lambda}{4\pi} \varphi'' = -\frac{\lambda f_R}{2} \\ y(t_r, t_a) = \tau e^{2\pi j k_r t_r^2} e^{-4\pi j \frac{R_0}{\lambda}} \mathrm{Sa}(2\pi k_r t_r \tau) e^{2\pi j [f_{DC} t_a + \frac{f_R}{2} t_a^2]} \end{cases} \quad (6-22)$$

同理，对方位向进行压缩，有

$$Y(t_r, t_a) = \tau e^{2\pi j k_r t_r^2} e^{-4\pi j \frac{R_0}{\lambda}} \mathrm{Sa}(2\pi k_r t_r \tau) \int_{-\tau_A/2}^{\tau_A/2} e^{2\pi j [f_{DC}(t_a+t) + f_R(t_a+t)^2/2]} e^{-2\pi j [f_{DC} t + f_R t^2/2]} dt$$

$$= \tau \tau_A e^{2\pi j k_r t_r^2} e^{-4\pi j \frac{R_0}{\lambda}} e^{-2\pi j [f_{DC} t_a + f_R t_a^2/2]} \mathrm{Sa}(2\pi k_r t_r \tau) \mathrm{Sa}(2\pi f_R t_a \tau_A)$$

$$(6-23)$$

经调制处理后，正如距离向压缩一样得到一个抽样函数，改善了方位方向上的分辨率，这种处理过程称为方位压缩。利用合成孔径技术，合成后的天线长度为 L_s，其方位分辨率为

$$\rho_s = \beta_s R \quad (6-24)$$

由于合成孔径长度 L_s 等于真实孔径长度的天线能够照射到的范围，即

$$L_s = \beta R \quad (6-25)$$

而合成波束宽度 β_s 为

$$\beta_s = \frac{\lambda}{2L_s} = \frac{D}{2R} \quad (6-26)$$

因此

$$\rho_s = \beta_s R = \frac{D}{2R} R = \frac{D}{2} \quad (6-27)$$

上式表明合成孔径雷达的方位分辨率与距离无关，仅与实际天线的孔径有关，且天线越短，分辨率越高。例如，当天线孔径为 8 m，波长为 4 cm，目标与平台间的距离为 400 km 时，真实孔径雷达的方位向分辨率为 2 km，而合成孔径雷达的方位向分辨率仅为 4 m。

6.2.3 合成孔径雷达的工作模式

SAR一般有条带、聚束、滑动聚束和扫描四种工作模式。条带模式和聚束模式是SAR的两种最常用的工作模式。

随着雷达平台的移动，天线的指向保持不变，其对地面的一个条带场景进行成像，雷达移动的距离决定场景的大小，由于天线匀速扫过，因此可以得到不间断的连续图像，方位向的分辨率就由天线的长度决定，为天线长度的一半。条带模式也是目前合成孔径雷达成像的主流模式，其工作示意图如图6－14(a)所示。

聚束模式通过控制天线方位向波束指向来调整雷达视角，使其固定指向某一场景来提高方位向积累时间，从而通过等效的增加合成孔径长度的方法得到很高的方位分辨率，如图6－14(b)所示。但该模式只能对一小块区域成像，成像的最大范围为天线的波束宽度。如果要求大面积的高分辨率成像，则这两种模式都有些无能为力。

滑动聚束模式是一种新颖的SAR成像模式，它通过控制天线辐照区在地面的移动速度来控制方位分辨率，其成像的面积比聚束SAR大，并且其分辨率可以高于相同天线尺寸条带SAR的分辨率，它可以在高分辨率和大面积成像中做出很好的权衡，其成像示意图如图6－14(c)所示。

条带SAR、聚束SAR和滑动聚束SAR的基本原理是相同的，都是通过对平台运动所产生的多普勒频率进行分析从而提高方位分辨能力，因此对大部分概念和术语，三者基本一致，但各模式又拥有与其他模式不同的特性。

从图中可以看出，在数据采集过程中，条带模式天线波束指向固定不变；聚束模式波束指向实时调整并始终照射地面固定场景；滑动聚束模式的合成孔径长度比条带SAR的长，即超过天线真实波束宽度，但也不像聚束SAR那样整个场景始终在天线波束的覆盖之中。滑动聚束SAR通过控制辐照区在地面的移动速度来增加方位向的相干累积时间，从而提高方位向分辨率。实质上，滑动聚束SAR的天线波束中心始终指向的位置远于成像场景的中心位置，这是三者最为本质的差别，正是这一差别才导致了后续各种区别。条带模式和聚束模式可以看成滑动聚束模式的特例：当辐照区在地面的移动速度为零时，滑动聚束模式成为聚束模式；当辐照区在地面的移动速度为平台飞行速度时，滑动聚束模式成为条带模式。

由于受距离模糊、天线波束宽度、数据率和回波窗口大小等的限制，因此传统条带模式SAR距离向测绘带的宽度有一个上限值。为在一次扫描过程中得到更宽的距离向测绘带宽度，很多合成孔径雷达系统都有扫描模式这样的工作

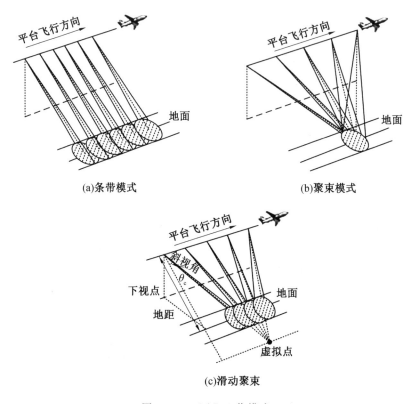

图 6-14 SAR 工作模式

模式。它是通过天线指向的快速变化实现不同子条带间的扫描,获得组合观测带宽度上的连续无间隙的合成孔径雷达图像。图 6-15 所示为四条带 ScanSAR 的工作示意图。

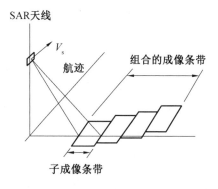

图 6-15 四条带 ScanSAR 的工作示意图

6.3 SAR 图像的信息特点

6.3.1 SAR 图像的几何特征

侧视雷达在记录地面目标的影像位置时是按其回波的到达时间顺序记录在相应位置上的，即依照目标与天线之间的距高大小按顺序记录，所以雷达图像是地面的距离投影，具有固有的几何特点。认识这些几何特点对于正确地分析雷达图像是十分必要的。

1.斜距图像的比例失真

雷达图像中一般沿航迹向的比例尺是一个常量，它取决于记录地物目标的速度与飞机或卫星航速之比，但是沿距离向的比例尺就复杂了。雷达系统的图像记录有两种类型：斜距图像（Slant−Range）和地距图像（Ground−Range）。在斜距显示的图像上，发射脉冲与接收脉冲之间有一个时间"滞后"，雷达回波信号的间隔与相邻地物的斜距（遥感器与目标间距）成正比。因此，在斜距图像上各点目标间的相对距离与目标的地面实际距离并不保持恒定的比例关系，使图像在距离向受到不同程度的压缩。一般来说，与底点较近的目标被压缩得严重些，与底点较远的目标压缩得较轻些。

斜距与地距几何图如图 6−16 所示，图中表示了地面上相同大小的地块 A、B、C 在斜距图像和地距图像上的投影，A 是距离雷达较近的地块，但在斜距图像上却被压缩最大，可见比例尺是变化的，这样就造成了图像的几何失真，这一失真的方向与航空侦察所得到的图像形变方向刚好相反，航空侦察图像中是远距离地物被压缩。

为得到在距离向无几何失真的图像，就要采取地距显示的形式，通常在雷达显示器的扫描电路中加延时电路补偿，或在光学处理器中加几何校正，或采用数字信号处理的方式以得到地距显示的图像。

2.透视收缩和叠掩

雷达波束入射角与地面坡度的不同组合使其出现程度不同的透视收缩现象，即雷达图像上的地面斜坡被明显缩短的现象。

斜坡的成像解译如图 6−17 所示，设雷达波束到山坡顶部、中部和底部的斜距分别为 R_t、R_m、R_b，从图 6−17(a)中可见，雷达波束先到达坡底，最后才到达坡顶，于是坡底先成像坡顶后成像，山坡在斜距显示的图像上显示其长度为 ΔR，很明显 $\Delta R < L$。而图 6−17(b)中由于 $R_t = R_m = R_b$，因此坡底、坡腰和坡顶的信号同时被接收，图像上成了一个点，更无所谓坡长。图 6−17(c)中由于

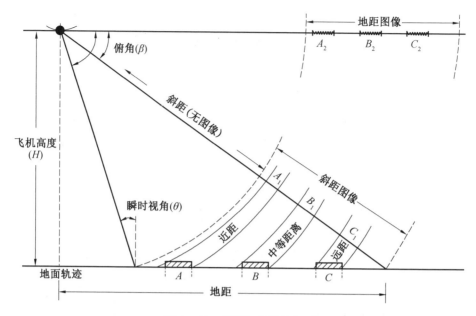

图 6-16 斜距与地距几何图

坡度大,雷达波束先到坡顶,然后到山腰,最后到坡底,因此 $R_b > R_m > R_t$,这时图像所显示的坡长为 ΔR,同样是 $\Delta R < L$。图 6-17(a)所示的图像形变称为透视收缩,图 6-17(c)所示的图像形变称为叠掩,与航空摄影正好相反。

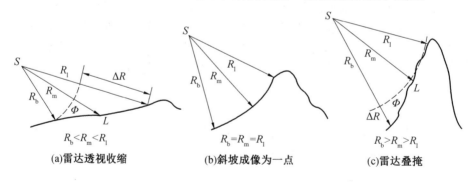

(a)雷达透视收缩　　(b)斜坡成像为一点　　(c)雷达叠掩

图 6-17 斜坡的成像解译

一般令雷达图像显示的坡长为 L_r,则有

$$L_r = L \sin \theta \tag{6-28}$$

式中　θ——雷达波束入射角。

可见,当 $\theta = 90°$ 时,$L_r = L$,即波束贴着斜坡入射时,斜坡的图像显示才没有变形,其他情况下 L_r 均小于 L。

以上是考虑朝向雷达波束的坡面即前坡的情况。背向雷达波束的坡面称为后坡,对于同一方向的雷达波束,后坡的入射角与前坡不一样。前后坡图像收缩情况对比如图 6-18 所示,后坡坡度与前坡相同时,后坡总是比前坡长,前坡的透视收缩严重,由于透视收缩本身表明回波能量相对集中,因此收缩意味这更强的回波信号,一般图像上的前坡更短、更陡、更亮,后坡更缓、更暗。

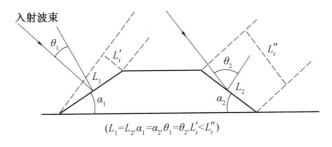

图 6-18 前后坡图像收缩情况对比

3. 雷达阴影

雷达波束在山区除会造成透视收缩和叠掩外,还会对坡后形成阴影。雷达阴影的产生如图 6-19 所示,在山的坡后雷达波束不能到达,因此也就不可能有回波信号,在图像上的相应位置出现暗区,没有信息。雷达阴影的形成与俯角和坡度有关。图 6-20 所示为背坡角对雷达图像的影响。当背坡坡度小于俯角即 $\alpha<\beta$ 时,整个背坡都能接受波束不会产生阴影;当 $\alpha=\beta$ 时,波束正好擦过背坡,这时就要看背坡的粗糙度如何,如果是平滑表面,则不可能接收到雷达波束,如果有起伏,则有的地段可以产生回波,有的则产生阴影;当 $\alpha>\beta$ 时,即背坡坡度较大时,则必然出现阴影。

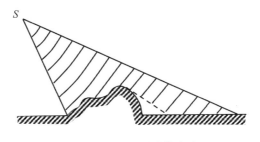

图 6-19 雷达阴影的产生

雷达阴影的大小与 β 角有关,在背坡坡度一定的情况下,β 角越小,阴影区越大。这也表明了一个趋势,即远距离地物产生阴影的可能性大,与产生叠掩的情况正好相反。

由图 6-20(c)还可以看出,斜距内的雷达阴影的长度 S_s 与基准面上的地物高度 h、雷达到阴影最远端的斜距 S_r 及航高 H 有关,其表达式为

$$S_s = \frac{hS_r}{H} \tag{6-29}$$

若用俯角表示,则有

$$S_s = \frac{h}{\sin\beta} \tag{6-30}$$

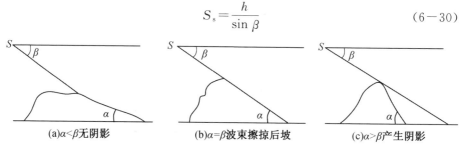

图 6-20 背坡角对雷达图像的影响

4. 虚假现象

合成孔径雷达通过接收地物目标反射的雷达波来进行成像。雷达图像在形成过程中,地物的反射和散射或多路径散射可能会导致虚假的目标。图 6-21 所示为角反射器引起多重回波,若强反射体如金属塔附近有光滑表面,如路面、水面等,就可能形成角反射器。除金属塔角反射引起多重回波外,雷达波束还会被附近光滑表面反射到金属塔,然后又被反射出去,这样就可能出现另外多重回波信号。当图像分辨率较高时,一个塔在图像上可能变成几个塔。

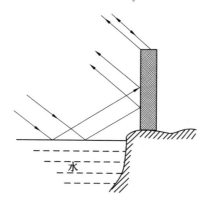

图 6-21 角反射器引起多重回波

另外,若天线的方向图中旁瓣照射到反射目标如桥梁上,而主波束却照射到无回波的水面上,这时在真实目标的附近可能出现微弱的虚假目标,雷达图像沿航迹向形成的虚假目标示意图如图 6-22 所示。虽然这种情况是极个别的,但也须引起注意。

虚假现象的出现多与强反射目标有关，在图像分析时，遇到有强反射的目标，应注意附近是否有虚假目标出现。

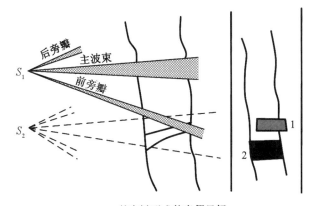

1. 前旁瓣形成的虚假目标
2. 主波束形成的实际目标图像

图 6-22 雷达图像沿航迹向形成的虚假目标示意图

6.3.2 SAR 图像的色调特征

雷达图像多是单波段图像，因此图像色调及色调空间变化所构成的纹理就是从雷达图像中提取信息的主要依据。这里重要的就是雷达图像的色调，其取决于天线接收到的目标回波的强度：回波信号越强，影像色调越浅；回波信号越弱，影像色调越深。

雷达接收到的回波强度是系统参数和地面目标参数的复杂函数，雷达探测单个目标的回波功率 P_r 由式(6-6)给定。其中，雷达后向散射截面积 σ 一般可以认为是雷达系统的参数波长 λ、入射角 θ、极化方式 p、地物目标方位角 φ、复介电常数 ε、表面粗糙度 Γ_1、次表面粗糙度 Γ_2 及不均匀介质中的体散射系数 V 的函数，即

$$\sigma = f(\lambda, \theta, p, \varphi, \varepsilon, \Gamma_1, \Gamma_2, V) \tag{6-31}$$

目前，尚不能得出上式的具体解析形式，只能给出部分参量与 σ 的定量关系，一般都是根据理论分析和大量实验结果对它进行定性和部分定量的描述。

由式(6-6)和式(6-31)可知，回波信号的强弱主要与雷达发射功率、天线增益、雷达波长、目标本身的微波散射特性及其极化方式等因素有关。除雷达本身发射功率及天线特性外，主要还有以下因素影响到地物在图像上的影像色调。

1. 雷达系统参数

(1) 平台高度。

平台高度的大小影响微波在大气中传播路程的长短。一方面，由于微波在大气中传播时，会受到大气分子的吸收和散射，因此会影响微波传输的透过率。大气对微波吸收的主要因素是氧分子和水蒸气，波长越短，被吸收得越多；大气中粒子引起的散射主要是由雾、雨滴引起的，且波长越短，散射影像越大。在相同的大气条件下，距离越短的吸收和散射越少，衰减越少；而距离越远的自然吸收和散射越多，衰减越多。另一方面，根据雷达方程可知，雷达接收到的目标回波功率与目标离雷达天线的距离 R 的 4 次方成反比。距离越小，雷达接收到的回波功率越大；距离越远，接收到的目标回波功率越小。因此，同一目标在不同高度上被成像时，其影像色调会发生变化，平台高度越高，其影像色调会相对越深一些。

(2) 波长。

由雷达方程可知，雷达回波强度与入射波长直接相关。雷达遥感系统所选择的波长长短一方面决定了表面粗糙度的大小和入射波穿透深度的能力（波长越长，对地物的穿透能力越强）；另一方面表明了波长不同，地物目标的复介电常数不同。这些都直接影响到雷达回波的强弱。因此，对于不同的雷达波长，同一目标的影像特征不一样。

实际情况表明，当波长为 1 cm 时，大多数表面都被认为是粗糙面；而当波长接近 1 m 时，则很少有显得粗糙的。当波长为 1 cm 时，穿透能力可以忽略不计；而当波长为 1 m 时，对潮湿土壤的穿透能力为 0.3 m，而对干燥的土壤则有 1 m 或 1 m 以上的穿透能力。

(3) 入射角。

雷达系统的俯角 β 是雷达波束与飞行水平面（或水平地面）间的夹角；入射角 θ 是达波束与水平地面法线间的夹角；而与实际地面法线的夹角称为局地入射角。入射角 θ 与后向散射强度密切相关，地面回波构成一个立于地面的椭球体，θ 减小，回波强度增大，回波强度与入射角的关系如图 6-23 所示。

(4) 照射带宽度。

雷达波束的宽度在其距离向（侧视向）上对应于一定的俯角范围。在这一范围内，雷达波束照射的地面宽度称为照射带宽度，它可有几十至几百公里宽。图像的近距点对应波束的俯角大，回波强度大；远距点对应于波束的俯角小，回波强度小。同一目标处于雷达波束的不同俯角区时，其回波大小可能不同，在雷达图像上的表现也可能很不同。

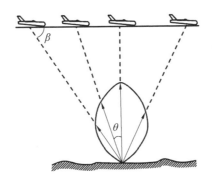

图 6-23 回波强度与入射角的关系

(5)极化方式。

成像雷达采用的电磁波主要有水平极化波 H 和垂直极化波 V 两种。水平极化波 H 是指电磁波的电场矢量与入射面(入射波与目标表面入射处的法线所组成的平面)垂直,垂直极化波 V 是指电磁波的电场矢量与入射面平行。水平极化和垂直极化如图 6-24 所示。

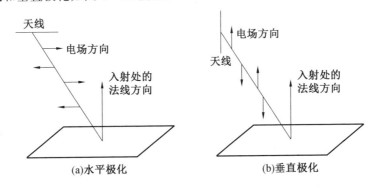

图 6-24 水平极化和垂直极化

雷达成像系统发射的水平极化波 H 与地表相互作用时,会使电磁波的极化方向发生不同程度的旋转,形成水平和垂直两个分量,可用不同极化的天线去接收,这样就有了 HH 和 HV 两种极化方式的图像。当雷达系统发射垂直极化波 V 时,同样可以接收到两种分量的信号,产生 VV 和 VH 图像,但一般较少这样做,多是发射水平极化波 H。

极化方式是否改变取决于被照射目标的物理和电特性。目标表面粗糙造成的多次散射、非均质物体引起的体散射等都可能产生交叉极化的回波。不同极化方向会导致目标对电磁波的不同响应,使雷达回波强度不同,并影响到对不同方位信息的表现能力。利用不同极化方式图像的差异,可以更好地观测和确定目标的特性和结构,提高图像的识别能力和精度。

当地物表面非常粗糙,回波与入射角无关(地表散射各向同性)时,水平与垂直同极化(HH和VV)信号的测量之间基本上没有什么差别。但是在地表较平滑的情况下,回波就与极化有一定程度的相关关系。对水平极化测量来说,可以低到15 dB,比相同表面的垂直极化回波测量结果要小。在近垂直入射时,两种极化的电场矢量都在水平面内,HH与VV的差别趋于消失。对于水面来说,情况是类似的。在城区,情况有所不同,对于房屋建筑,HH的回波通常比VV回波大,有时高出10 dB,这些都是对同极化而言的。对于交叉极化,通常回波比同极化低8～25 dB,故用以接收交叉极化的雷达接收机的增益要高些,因此在比较同极化图像和交叉极化图像的灰度时应注意。

2. 地表特性

(1) 复介电常数。

复介电常数通常随湿度和截止中传播的电磁波频率变化,是地物和目标的重要物理特性参数之一,其对雷达回波有着重要的影响。

地物和目标的复介电特性是影响微波雷达穿透能力和反射回波强弱的重要因素,地物和目标的复介电常数高,则雷达的穿透能力低。某些地物和目标的复介电常数受湿度(即含水量)控制,同波段的微波雷达对干沙土壤的穿透深度大于湿沙土壤。

一般来说,复介电常数越高,反射雷达波束的作用越强,穿透作用越小,雷达图像上色调越浅。复介电常数相对于单位体积的液态水含量呈线性变化。当水分含量低时,雷达波束穿透力大,反射能量小;当水分含量高时,穿透力就大大减小,反射能量增大。在整个微波波段内,水的复介电常数值变化范围为20～80,而大多数天然物质(植被、土壤、岩石、雪)的复介电常数变化范围只有3～8,可见水的复介电常数之高,它对于各种含水物质的影响非常大。在雷达图像解译中,含水量经常是复介电常数的代名词,这对于植被、土壤湿度分析是十分重要的。

另外,微波能量的损失或衰减是物质传导率和辐射频率的函数。一般来说,频率越高,物质的衰减作用越大,有效穿透越低,这对于植被的回波影响较大。频率高时,因为穿透能力差,所以回波主要来自植被上部;而频率低时,因为穿透能力强,所以回波主要来自植被下面的地表面。

(2) 表面粗糙度。

表面粗糙度指小尺度的粗糙度,即尺度比分辨单元的尺寸要小得多的地物表面粗糙度,它是由细小的物质如叶面、砂石等决定的粗糙度。这是决定回波振幅的主要因素,其定量表示是地物表面起伏高差h的均方根值。一般这种粗糙度分为三种情况,即完全光滑表面、稍粗糙表面和十分粗糙的表面。表面的几种类型如图 6—25 所示。

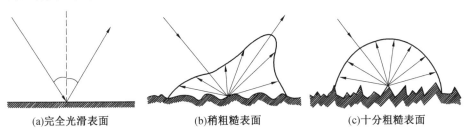

图 6—25　表面的几种类型

完全光滑表面产生镜面反射,反射角等于入射角。在这种情况下,几乎所有的反射能量都集中在以反射线为中心的很小立体角角度范围内,因此在一般情况下几乎没有回波信号,只有当雷达波束垂直于这类地物表面时,才能收到很强的回波。对于稍粗糙表面,被反射的能量不再完全集中在反射线方向,而是在各个方向上均有反射能量分布,常称为漫反射或散射。这时,尽管镜面反射方向能量仍占大部分,雷达天线已可以接收到少部分能量,图像出现回波信号,但是信号较弱。对于十分粗糙表面,可以向所有方向较均匀地反射能量,镜面反射的情况没有了,这就是所谓各向同性散射,这时雷达天线接收的回波较强。因此,在一般情况下,十分粗糙表面在雷达图像上的色调是亮色调,稍粗糙表面是灰色调,而完全光滑表面呈暗色调。瑞利准则的推导如图 6—26 所示,两条入射波①和②在俯角为 θ 时入射到高度 h 不规则的地物表面上,由于这种高度不规则,因此产生两条射线的光程差 Δr(折线 ABC)为

$$\Delta r = 2h \sin \theta \tag{6-32}$$

这时,两条射线的相位差就是

$$\Delta \varphi = \frac{2\pi}{\lambda} \Delta r = \frac{4\pi h}{\lambda} \sin \theta \tag{6-33}$$

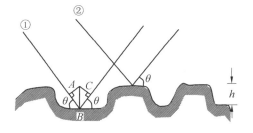

图 6—26　瑞利准则的推导

如果 h 很小,几乎没有相位差,两条反射线能量就如同相加,造成在反射角方向能量的集中,这就是镜面反射的条件。但是当 h 值造成相位差接近 π

弧度时,两条反射线相位相反,破坏了镜面反射的条件,使反射能量分布在很宽的角度上,形成散射。为此,瑞利取相位差为 π/2 作为区分光滑面与粗糙面和区分镜面反射与漫反射的分界线,即如果

$$\Delta\varphi < \frac{2\pi}{\lambda} \text{ 或 } h < \frac{\lambda}{8\sin\theta} \qquad (6-34)$$

地物表面即可看作是光滑表面,这就是瑞利准则。

但是按照这一准则不能区分不同粗糙程度的表面。为此,皮克(Peake)和奥立佛(Oliver)于 1971 年通过理论推导,进一步修改了瑞利准则,将地物表面状况分为三类。他们提出的准则是如果有

$$h < \frac{\lambda}{25\sin\theta} \qquad (6-35)$$

则地物表面是光滑面。当 $h > \frac{\lambda}{4.4\sin\theta}$ 时,则认为地物表面是粗糙面。而介于上述二者之间时,则可视为中等粗糙面或稍粗糙面,这时有

$$\frac{\lambda}{25\sin\theta} < h < \frac{\lambda}{4.4\sin\theta} \qquad (6-36)$$

由以上准则可见,粗糙度不仅取决于 h,还与波长和俯角(或入射角)有关。同一地表面,在波长较长时显得光滑,在波长较短时就被认为粗糙。波长通过相应的有效表面粗糙度影响雷达回波的道理即在于此。

实际的地物目标如静止水面、机场跑道、平铺的道路、平屋顶等都可认定是光滑表面,一般几乎没有雷达回波,除非雷达波束入射角很小,接近垂直投射,才可能有回波信号。草地、森林、林地等一般属于粗糙面,其中森林是典型的各向同性散射体。

(3)亚表面粗糙度和体散射。

当电磁波能穿透地物时,第二层介质的表面粗糙度即亚表面粗糙度和第一层介质及第二层介质的体散射才会产生作用。例如,对覆盖在物体上的雪或干沙,雷达波是可以穿透的,这样就有可能从回波上看到雪和干沙之下的物体信息。

(4)角反射器效应。

当地物目标具有两个互相垂直的光滑表面(如房屋墙面与地表面)或有三个互相垂直的光滑表面(如建筑物的凹部与地表面)时,就是所谓角反射器,它有二面角反射器(图 6-27(a))和三面角反射器(图 6-27(b))之分。当雷达波束遇到这种目标时,由于角反射器每个表面的镜面反射,因此波束最后反转 180°向来波方向传播,这样就产生各条射线在反射回去时方向相同、相位也相同,使信号互相增强的现象,致使回波信号极强。

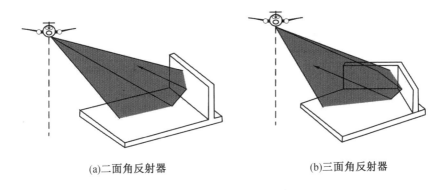

图 6-27 角反射器示意图

对二面角来说，雷达图像上就出现相应于二面角两平面交线（轴线）的一条亮线。对三面角来说，就在图像上形成相应于三个面交点的一个亮点，亮线宽度和亮点尺寸均为一个分辨单元。对于角反射器，二面角轴线与雷达波束所在平面的夹角称为指向角，雷达波束的方向角如图 6-28 所示。

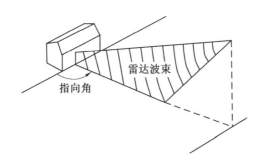

图 6-28 雷达波束的方向角

一般来说，当指向角为 90°时，回波最强；当指向角偏离 90°时，回波就弱。但三面角没有这种指向角的明显效应，无论雷达波束方向如何，其回波总是较强。不同材料的角反射器，其回波强度不同，主要与其介电常数有关，一般金属角反射器比混凝土角反射器的回波要强，混凝土角反射器又比木材角反射器的回波要强。

(5) 硬目标。

具有较大的散射面积，在侧视雷达图像上呈现白色影像的物体统称为硬目标。与雷达波方向垂直的金属板、略呈圆拱形的金属表面、与入射方向垂直的线导体及角反射器等都是硬目标。

金属塔架、铁路、桥梁、飞机、坦克等在侧视雷达图像是亮白色影像。高压输电线路除金属塔架在侧视雷达图像上为亮白色影像外,当线路与雷达波方向垂直时,也为亮白色线状影像。建筑物群中墙与地面、墙与墙之间也构成角反射器,使雷达波返回的可能性大大增加,因此在侧视雷达图像上的街区居民地、与侧视雷达波垂直的街道和成排的房屋色调很亮。另外,当高于地面的堤、行树和沟堑等目标与雷达波垂直时,在侧视雷达图像上也呈线状的白色影像。

值得注意的是,硬目标都有很强的雷达回波,在侧视雷达图像上的影像尺寸一般比按比例缩小的尺寸要大。

思 考 题

1. 微波波段在电磁波谱中的什么位置?微波按其波长或频率又可以分为什么波段?
2. 雷达波有哪些参数,分别描述雷达波什么特性?
3. 简要描述侧视雷达成像原理。
4. 什么是合成孔径成像雷达?
5. 雷达一般由哪几部分组成?简述其成像过程。
6. 什么是合成孔径雷达的距离向和方位向分辨率?写出其计算公式。
7. 合成孔径雷达工作模式有哪些,各有什么特点?
8. 雷达影像的色调受哪些因素的影响?
9. 画图解释透视收缩、叠掩和阴影的产生条件,说明这些几何变形对影像解译的影响。
10. 为什么合成孔径雷达可以提高分辨率?
11. 画图说明虚假现象产生的原理。
12. SAR 成像目标的成像特性主要取决于哪几个方面?

参 考 文 献

[1] 谷秀昌,付琨,仇晓兰.SAR 图像判读解译基础[M].北京:科学出版社,2001.
[2] 中村淳.数码相机中的图像传感器和信号处理[M].徐江涛,高静,聂凯明,译.北京:清华大学出版社,2015.
[3] 张宇.宽视场大面阵 CCD 相机图像采集与处理系统研究[D].长春:中国科学院长春光学精密机械与物理研究所,2010.
[4] 钱元凯.现代照相机的原理与应用[M].浙江:浙江摄影出版社,2008.
[5] 孙家抦.遥感原理与应用[M].武汉:武汉大学出版社,2011.
[6] 左群声,徐国良,马林,等.雷达系统导论[M].北京:电子工业出版社,2016.
[7] 曾光宇,张志伟,张存林,等.光电检测技术[M].北京:清华大学出版社,2006.
[8] 张欣,叶灵伟,李淑华,等.航空雷达原理[M].北京:国防工业出版社,2012.
[9] 杨忠东,李军伟,陈艳,等.红外高光谱成像原理及数据处理[M].北京:国防工业出版社,2015.
[10] 皮亦鸣,杨建宇,付毓生,等.合成孔径雷达成像原理[M].北京:电子科技大学出版社,2006.
[11] 童庆禧,张兵,郑兰芬.高光谱遥感——原理、技术与应用[M].北京:高等教育出版社,2010.
[12] 常本康,蔡毅.红外成像阵列与系统[M].北京:科学出版社,2006.
[13] 易天柱.合成孔径雷达高分辨率成像技术研究[D].长沙:国防科技大学,2019.
[14] 易天柱.机载滑聚 SAR 成像及运动误差补偿技术研究[D].长沙:国防科技大学,2015.
[15] 曹建章,张正阶,李景镇.电磁场与电磁波理论基础[M].北京:科学出版社,2009.
[16] 赵育良.航空摄影原理[M].北京:国防工业出版社,2017.
[17] 韩玲,李斌,顾俊凯,等.航空与航天摄影技术[M].武汉:武汉大学出版社,2008.
[18] 黄巧林.航天光学遥感器 CCD/CMOS 光电成像技术[M].北京:北京理工

[19] 王晓勇.空间光学遥感器光电探测及控制[M].北京:中国宇航出版社,2020.
[20] 乔瑞亭,孙和利,李欣.摄影与空中摄影学[M].武汉:武汉大学出版社,2008.
[21] 刘妍妍.大视场长焦平面 TDICCD 拼接相机最优成像技术研究[D].长春:吉林大学,2016.
[22] 龚大鹏.航天遥感相机焦平面技术研究[D].长春:中国科学院长春光学精密机械与物理研究所,2015.
[23] 习超,邓年茂,王海青,等.基于线阵 CCD 的二维基准大视场传递方法研究[J].应用光学,2016(8):584-589.
[24] 刘海秋.基于 TDICCD 拼接区图像的高分相机像移测量研究[D].长春:中国科学院长春光学精密机械与物理研究所,2015.
[25] 马泽龙.高速相机自动快速调光调焦方法研究[D].长春:中国科学院长春光学精密机械与物理研究所,2017.
[26] 牛海军.长焦距相机调焦关键技术研究[D].长春:中国科学院长春光学精密机械与物理研究所,2016.
[27] 张延.机/弹载 SAR 成像若干关键问题研究[D].西安:西安电子科技大学,2017.
[28] 常本康,蔡毅.机载多光谱相机数据的高质量获取与处理技术研究[D].西安:西安电子科技大学,2014.
[29] 李传荣.无人机遥感载荷综合验证系统技术[M].北京:科学出版社,2014.